D1596764

clave

Wayne W. Dyer ha sido profesor de psicología del asesoramiento en la Saint John's University de Nueva York y actualmente se dedica a dar conferencias, a impartir cursos y a escribir. Entre sus obras publicadas, cabe destacar *Tus zonas erróneas*, posiblemente el libro de autoayuda más leído del mundo.

WAYNE W. DYER

La fuerza de creer

Traducción de
Lourdes Montoro

DEBOLSILLO

La fuerza de creer

Título original: *You'll See it When You Believe it*

Primera edición en esta colección en España: agosto, 2011
Primera edición en México: junio, 2017

D. R. © 1988, Wayne W. Dyer
Traducido de la edición original de William Morrow and Company, Inc., Nueva York, 1988

D. R. © 1989, de la edición en castellano para todo el mundo:
Penguin Random House Grupo Editorial, S. A. U.
Travessera de Gràcia, 47-49, 08021, Barcelona

D. R. © 2017, derechos de edición mundiales en lengua castellana:
Penguin Random House Grupo Editorial, S. A. de C. V.
Blvd. Miguel de Cervantes Saavedra núm. 301, 1er piso,
colonia Granada, delegación Miguel Hidalgo, C. P. 11520,
Ciudad de México

www.megustaleer.com.mx

D. R. © 1989, Lourdes Montoro, por la traducción

ISBN: 978-607-315-441-3

Impreso en México – *Printed in Mexico*

El papel utilizado para la impresión de este libro ha sido fabricado a partir de madera procedente
de bosques y plantaciones gestionadas con los más altos estándares ambientales, garantizando
una explotación de los recursos sostenible con el medio ambiente y beneficiosa para las personas.

Penguin
Random House
Grupo Editorial

A mi esposa y compañera espiritual, Marcie, que recorre este glorioso camino junto a mí, y a nuestro hijo, Sands Jay, que con sus cinco hermosas hijas ejemplifica fehacientemente el tema de este libro: «creerlo para verlo».

Índice

Agradecimientos

Quiero dar las gracias a Jeane F. Bernkopf y a Joanna Spamer Pyle por el esmerado cuidado editorial que se aprecia en cada página de este libro.

John Quincy Adams está bien, pero la casa que habita se encuentra actualmente en ruinas. Los cimientos ceden. El paso del tiempo y las estaciones casi han acabado con ella. El tejado está derruido. Las paredes se agrietan y tiemblan a merced del viento. Supongo que John Quincy Adams deberá mudarse pronto. Pero él está bien, bastante bien.

JOHN QUINCY ADAMS

Introducción

Usted no puede beberse la palabra «agua». La fórmula H_2O no puede mantener un barco a flote. La palabra «lluvia» no puede mojarle. Usted debe experimentar el agua o la lluvia para saber lo que esas palabras significan verdaderamente. Las palabras por sí solas le alejan de la experiencia.

Y así ocurre con todas las cosas sobre las que escribo en este libro. Las palabras aquí utilizadas pretenden conducirle a la experiencia directa. Si las palabras que empleo le inspiran confianza, es muy probable que usted recoja las ideas que expresan y las convierta en experiencia. Yo creo en estos principios y compruebo que funcionan en todo momento. Ahora me dispongo a compartir mi experiencia con ellos.

También ustedes, en su propia vida, ven esencialmente aquello en lo que *creen*. Por ejemplo, si usted cree firmemente en la escasez, piensa en ella con asiduidad y la convierte en el tema de sus conversaciones, estoy convencido de que acabará viéndola en su vida. Por otro lado, si usted cree en la felicidad y la abundancia, piensa únicamente en ellas, comenta el tema con los demás y actúa en consecuencia, es muy probable que también acabe viéndola.

Oliver Wendell Holmes dijo en una ocasión: «Cuando la mente del hombre se abre a una nueva idea, nunca vuelve a su dimensión anterior». Los principios sobre los que escribo en este libro quizá le exijan abrirse a nuevas ideas. Si usted decide aceptarlas y aplicarlas a su vida, sentirá las marcas dejadas por la apertura en su mente y nunca más volverá a ser el que había sido antes.

El pronombre «lo» aparece dos veces en el título de este libro* y se refiere a lo que podría denominarse «transformación personal». Dicha transformación viene dada por el conocimiento profundo de que el ser humano representa mucho más que un cuerpo físico, y de que su esencia incluye la capacidad de pensar y sentir, de poseer una conciencia superior y de saber que existe una inteligencia que llena todas las formas del universo. Usted tiene capacidad para encontrar su parte invisible, usar su mente a su antojo y reconocer aquello que conforma su naturaleza humana. Su dimensión humana no se refiere a una forma o un cuerpo, sino a algo mucho más trascendental, guiado por unas fuerzas del universo que están siempre en funcionamiento.

Los principios expuestos en este libro parten de una premisa: usted es un alma acompañada de un cuerpo, en vez de un cuerpo dotado de alma. Es decir, usted no es un ser humano con una experiencia espiritual, sino un ser espiritual con una experiencia humana. He ilustrado estos principios con ejemplos que forman parte de mi propia trayectoria de transformación personal. Estos principios actúan en el universo incluso mientras usted se halla sentado leyendo estas palabras. Funcionan a pesar de la opinión que usted pueda tener sobre ellos. Es algo comparable a los procesos digestivos y circulatorios que siguen su curso sin contar con su colaboración consciente. El hecho de creer o no creer en estos principios carece de importancia porque ellos continuarán ejecutando su tarea sin solicitarle su aprobación. Pero si usted se decide en su favor, puede encontrarse viviendo en un es-

---

* Se refiere lógicamente al de la edición original, cuya traducción literal es ésta: *Si no lo creo no lo veo*, es decir, lo contrario de lo que dice el conocido refrán. (*N. de la T.*)

trato totalmente nuevo y disfrutando de una clase de conocimiento superior, un *despertar*, por llamarle de alguna manera.

Su resistencia no le traerá ningún beneficio. Con esta afirmación quiero decir que usted continuará con sus viejas ideas y vivirá según la consabida frase de «Si no lo veo no lo creo». Y trabajará con mucho más ahínco, si cabe, para amasar más dinero. Seguirá considerando las apariencias más importantes que la calidad. Se guiará por las reglas antes que por la ética. Si usted pertenece al grupo de los indecisos, le recomiendo que se mantenga junto a aquello con lo que esté familiarizado. Cuando ya no pueda resistir más inicie su trayectoria de transformación personal, algo así como un «despertar», estará usted en un viaje sin retorno. Desarrollará un conocimiento tan profundo que llegará a preguntarse cómo pudo haber vivido anteriormente de otro modo. El despertar a la nueva vida comienza a guiarle, y entonces usted sencillamente sabe en su interior que va por buen camino, y ni siquiera es consciente de las protestas de quienes han elegido otra senda.

Yo nunca había imaginado que necesitaría un cambio. No me había trazado ningún plan para modificar mi forma de hacer, ni me había marcado ideales que pudieran mejorar mi vida. Estaba seguro de que había llevado la vida que había deseado. Había obtenido un considerable éxito profesional, y nada parecía faltarme. Sin embargo, he experimentado una gran transformación que ha realzado de un modo especial cada uno de mis días, y que no hubiera creído posible hace unos años.

Nací en 1940, y me convertí en el benjamín de una familia que ya contaba con dos hijos menores de cuatro años. Mi padre, a quien nunca conocí, nos abandonó cuando yo tenía dos años. Según las historias que han llegado a mis oídos, era un hombre problemático, holgazán y bebedor empedernido, que abusó de mi madre, tuvo sus más y sus menos con la ley y pasó algún tiempo en la cárcel. Mi madre vendía caramelos en una tienda de mala muerte situada en el lado este de Detroit, y los diecisiete dólares semanales que percibía sólo le servían para cubrir los gastos del tranvía y del sueldo de quien nos cuidaba cuando ella se ausentaba. No recibíamos ninguna ayuda de la beneficencia.

Pasé buena parte de mis primeros años en hogares adoptivos, que mi madre visitaba cuando le era posible. Todo lo que llegué a saber de mi padre me lo contaron mis dos hermanos. Me imaginaba a una persona violenta y despiadada, a la que ninguno de nosotros le importaba lo más mínimo. Cuanto más sabía de él, más le aborrecía, y cuanto más le aborrecía, más me enfurecía. Finalmente mi cólera se convirtió en curiosidad y empecé a soñar con la posibilidad de conocerle y enfrentarme con él cara a cara. El odio y el deseo de conocer a ese hombre para poder obtener sus respuestas me obsesionaban.

En 1949 mi madre se volvió a casar y nos reunió a todos de nuevo. A partir de ese momento ninguno de mis hermanos volvió a mencionar a mi padre, y mis indagaciones siempre se vieron censuradas por una mirada que significaba: «No es un hombre bueno. ¿Por qué te empeñas en descubrir más cosas sobre él?». Pero mi curiosidad y mis pesadillas persistieron. A menudo me despertaba sudando y llorando por culpa de algún sueño sobre mi padre que me había resultado demasiado intenso.

A medida que me iba convirtiendo en adulto, mi deseo de conocer a ese hombre se volvió más impetuoso. Me obsesioné con la idea de dar con él. Los miembros de su familia le protegían porque temían que mi madre le demandara por la falta de manutención de aquellos años. Sin embargo, yo seguía haciendo preguntas, efectuando llamadas telefónicas a parientes que ni siquiera conocía y viajando a ciudades lejanas para charlar con sus ex esposas sobre él. Como de costumbre, mi búsqueda acababa en frustración. Me quedaba sin dinero para seguir las pistas, o tenía que asumir mis responsabilidades incorporándome al ejército, yendo a la universidad o formando mi propia familia.

En 1970 recibí una llamada de un primo al que nunca llegué a conocer, el cual había oído el rumor de que mi padre había fallecido en Nueva Orleans. Pero en ese momento yo no estaba en condiciones de ponerme a investigar sobre el caso. Estaba finalizando mis estudios de doctorado y a punto de trasladarme a Nueva York para aceptar un puesto de profesor adjunto en St. John's University, pasando por un angustioso divorcio y atascado a la hora de escribir.

En los años siguientes colaboré en la preparación de varios manuales sobre asesoramiento y psicoterapia. No deseaba continuar escribiendo para un público estrictamente profesional, pero no me quedaba otra alternativa. Estaba atrapado a nivel personal (mi divorcio), físico (mi sobrepeso y pésima forma física) y espiritual (mi pragmatismo puro, carente de todo pensamiento metafísico). Mis sueños sobre mi padre cobraron fuerza. A veces me despertaba sobresaltado, furioso porque había soñado que daba una paliza a mi padre mientras él me sonreía. Fue entonces cuando llegué al momento crucial de mi vida.

En 1974, una colega de la universidad me ofreció un puesto en el Sur. Ella coordinaba un programa financiado por el Gobierno que intentaba comprobar el grado de adecuación de las universidades del Sur a la legislación de los derechos civiles de los años sesenta. Quería que yo visitara la Universidad Estatal para Mujeres de Columbus (Misisipí). Cuando decidí aceptarlo, llamé primero a la enfermería en la que según mi primo había estado mi padre. Allí me comunicaron que Melvin Lyle Dyer había muerto de cirrosis hepática y otras complicaciones hacía diez años, y que su cadáver había sido trasladado a Biloxi (Misisipí). Columbus está a unos trescientos veinte kilómetros de Biloxi. Fue entonces cuando me di cuenta de que todo había acabado. Decidí que al finalizar mi visita a la universidad completaría mi viaje y haría todo lo necesario para poner punto final a ese capítulo de mi vida.

Todavía tenía esperanzas de encontrar alguna respuesta a este asunto sin resolver. Sentía curiosidad por saber si mi padre había dicho a los responsables del hospital que tenía tres hijos, y si nuestros nombres figuraban en el certificado de defunción. Pretendía hablar con sus amigos en Biloxi para descubrir si él nos había nombrado alguna vez. ¿Habría intentado averiguar en secreto cómo les iba la vida a su ex esposa y a sus hijos? ¿Le importaba algo? ¿Habría tenido una capacidad de amar que tal vez había ocultado? Lo que más me interesaba era saber cómo se las había arreglado para dar la espalda a su familia durante toda una vida. Buscaba constantemente una muestra de afecto que pudiera haber dejado, y sin embargo, mi odio con respecto a su comportamiento de aquellos años seguía obsesionándome. A mis treinta y cuatro años, me sentía controlado por un hombre que había muerto hacía una década.

Alquilé un coche nuevo, quiero decir flamante, para dirigirme a Biloxi. El cuentakilómetros sólo marcaba un número: doce. Cuando me disponía a sentarme al volante y a colocarme el cinturón advertí que faltaba el cinturón del acompañante. Salí del coche, desmonté el asiento y de pronto apareció, pegado al suelo del coche con cinta aislante, con la hebilla cubierta de plástico y una goma. Desprendí la cinta y el plástico, y encontré una tarjeta comercial metida en la hebilla. Decía: «Hostal Candlelight... Biloxi, Misisipí», y contenía unas flechas que indicaban el camino. Aquello me resultó extraño, pues el coche no había sido utilizado por nadie antes de que yo lo alquilara. De todas formas, me guardé la tarjeta en el bolsillo de la camisa.

Llegué a los alrededores de Biloxi a las 4.50 de la tarde de un viernes y estacioné en la primera gasolinera que vi, para telefonear desde allí a todos los cementerios de Biloxi. En la guía aparecían tres. En el primero comunicaban y en el segundo no contestaban, así que marqué el tercer número, que era el menos singular de la lista. En respuesta a mi pregunta, una voz de hombre ya mayor me dijo que iba a comprobar si mi padre estaba sepultado allí. Tardó unos diez minutos, y cuando ya me disponía a tirar la toalla, colgar y esperar hasta el lunes por la mañana para proseguir mis averiguaciones, el hombre regresó y pronunció las palabras que ponían fin al viaje de toda una vida:

—Sí —dijo—. Su padre fue enterrado aquí.

Y me dio la fecha de su inhumación.

El corazón me latía con fuerza por la emoción. Le pregunté si me sería posible visitar la tumba esa misma tarde.

—Por supuesto, si cuando se marche es tan amable de volver a colocar la cadena de la entrada, puede venir cuando guste —me contestó. Y antes de que pudiera preguntarle cómo llegar al cementerio, añadió—: Su padre está enterrado junto a las tierras del hostal Candlelight. Cualquiera en la gasolinera podrá indicarle cómo llegar a él.

Temblando, alargué la mano hacia el bolsillo de la camisa y eché una ojeada a la tarjeta y a las flechas. Me hallaba a tres manzanas del cementerio.

Cuando finalmente me encontré delante de su lápida leyendo MELVIN LYLE DYER, me quedé paralizado. Estuve dos horas y media conversando con mi padre por primera vez. Grité sin pensar en si había alguien a mi alrededor. Y hablé en voz alta, exigiendo respuestas a una tumba. A medida que el tiempo transcurría, empecé a experimentar una profunda sensación de alivio y me tranquilicé. La calma reinante era tan sobrecogedora que llegué a pensar que mi padre estaba a mi lado. No le hablaba a una lápida. De alguna manera me hallaba en presencia de algo que no podía, ni puedo, explicar.

Reanudando aquel monólogo, dije: «Siento como si de algún modo me hubieran traído aquí hoy, e intuyo que usted ha tenido relación con ello. Desconozco su papel, si es que lo tiene, pero estoy convencido de que ha llegado el momento de dejar a un lado la rabia y el odio que tanto me han hecho sufrir durante estos años. Quiero que sepa que a partir de este momento, todo ello se ha desvanecido. Le perdono. No sé qué le impulsó a llevar su vida como lo hizo. Estoy seguro de que habrá pasado por momentos de desesperación, sabiendo que tenía tres hijos a los que nunca volvería a ver. Sea lo que fuere lo que ocurría en su interior, quiero que sepa que ya no le odiaré. Cuando piense en usted, lo haré con amor y compasión. Me estoy desprendiendo de todo ese desorden que existe en mí. En el fondo, sé que sólo hizo lo que podía hacer según las circunstancias de la vida en ese momento. A pesar de que no recuerdo haberle visto nunca y de que mi deseo más ferviente era conocerle en persona y escuchar sus propias palabras, no permitiré que esos pensamientos me impidan sentir el amor que ahora tengo por usted». Aquel día, delante de la solitaria lápida al sur de Misisipí, pronuncié palabras que nunca he olvidado, porque marcaron mi forma de vivir a partir de entonces: «Le envío mi amor... Le envío mi amor... De todo corazón le envío todo mi amor».

En un momento de pureza y honestidad experimenté el sentimiento de perdón por el hombre que había sido mi padre y por el niño que yo había sido y que tanto había deseado conocerlo y amarlo. Me invadió una sensación de paz y purificación totalmente nueva para mí. Aunque en ese instante no era consciente de lo que me estaba sucediendo, aquel sencillo acto de perdón iba a significar el comienzo de una nueva dimensión en mi vida. Estaba en el umbral de una etapa de mi vida en la que iba a verme rodeado de unos mundos que nunca hubiera imaginado en aquellos días.

Cuando regresé a Nueva York empezaron a producirse una serie de milagros. Escribí *Tus zonas erróneas* con cierta facilidad. Un agente literario apareció en mi vida en el momento justo y bajo unas «extrañas» circunstancias. Tuve una entrevista con un directivo de la editorial T. Y. Crowell, y al cabo de unos días me comunicaron que iban a publicar mi libro.

Cada paso a lo largo del camino hacia *Tus zonas erróneas* parecía un milagro. Con una frecuencia que me resultaba encantadora, ocurrían hechos extraños y a la vez maravillosos. La persona «adecuada» estaba allí cuando la necesitaba. El hecho de haber realizado el contacto perfecto constituía una de las circunstancias más extrañas. Mi programa como orador se amplió y mis conferencias ante el público se me hacían cada vez más fáciles. Acabé hablando sin ningún tipo de apunte, aunque los seminarios durasen seis u ocho horas. Posteriormente mis charlas se convirtieron en una serie de cintas grabadas que gozaron de mucho éxito. Mi propia vida personal mejoró casi de inmediato, y empecé a tomar decisiones sobre asuntos que había meditado durante años. En un abrir y cerrar de ojos había conseguido lo que todo autor anhela. Mi libro era el más vendido de los Estados Unidos y me hallaba en la cumbre de mi carrera, apareciendo en programas radiofónicos de gran audiencia. En los años siguientes mi actividad como escritor me llevó hacia otros derroteros. Pasé de escribir sobre «cómo» utilizar ciertas estrategias para conocerse uno mismo a escribir sobre «cómo» llegar a ser una persona más positiva. Pasé de contar a la gente cómo hacer alguna cosa a escribir sobre la importancia de acceder a niveles transcendentales como seres humanos.

Hoy estoy convencido de que mi experiencia del perdón, aunque fue emocionalmente agotadora, supuso el inicio de mi transformación. Significó mi primer encuentro con el poder de mi propia mente para traspasar lo que yo consideraba previamente como las barreras del mundo físico y de mi cuerpo físico.

Pablo Picasso dijo en una ocasión: «Cuando trabajo dejo mi cuerpo al otro lado de la puerta, al igual que los musulmanes hacen con sus zapatos antes de entrar en las mezquitas». Esto es lo que hice cuando escribí este libro. Dejé mi cuerpo al otro lado de la puerta. Con ello quiero decir que el mundo de los dolores y las intrusiones se quedó fuera, y que a mis dominios de escritor sólo entró mi mente. En el mundo del pensamiento puro no existen límites. ¿Cuál es el límite de su imaginación? Esta parte de mí constituida por mis pensamientos es energía pura que permite que las ideas se plasmen en palabras y luego tomen forma en mi máquina de escribir. No hay excusas, ni cansancio, ni temores, ni angustia, simplemente energía que de algún modo fluye de mí hacia usted sin limitación alguna. A medida que voy creando me doy cuenta de que estas palabras e ideas no son sólo para mí, de que yo soy la vía por la que ellas fluyen y de que, cuando me abro, soy libre y dejo mi cuerpo al otro lado de mi puerta como Picasso, entonces formo parte de un proceso creativo que está relacionado con un despertar. Este libro trata precisamente de este proceso del despertar y de las recompensas inherentes a todo proceso transformador.

Para iniciar este proceso del despertar usted debe familiarizarse con el concepto de paradoja. ¿Por qué? Porque usted es una gran paradoja que camina, habla y respira en cada momento de su vida. El Bhagavad Gita, uno de los libros espirituales más antiguos de nuestro planeta, resume la paradoja en los siguientes términos:

> Por la pasión hacia las «parejas de opuestos»,
> por aquellas dicotomías de gusto y aversión, príncipe,
> todas las criaturas viven confundidas, salvo algunas
> que, libres de pecado, santas en acto, cultas,
> se liberan de los «opuestos» y llevadas por la fe
> se abren paso hacia mí.

Y usted continuará confundido a no ser que se familiarice con opuestos como los siguientes. Usted existe a la vez en la forma, con todas las reglas y leyes aplicables a la forma, y en la no-forma, con un conjunto de reglas y leyes totalmente opuesto. Usted es, en su mismo cuerpo, tímido y agresivo. Es perezoso y trabajador. Consigue una mayor aceptación cuando menos interesado se muestra. Cuanto más aprieta el agua menos líquido tiene en sus manos. Las cosas que nos preocupan en los otros son lecciones que debemos aprender por nosotros mismos. Usted no puede examinar únicamente el polo norte de un imán; por muy delgado que usted lo corte, siempre habrá un polo sur que deberá tenerse en consideración. La dualidad siempre está presente. Antes de que abandone esta idea según le dicte la circunvolución cerebral izquierda, recuerde que usted posee al mismo tiempo un lado intuitivo en la parte derecha del cerebro que permite que los opuestos coexistan en perfecta armonía. Siempre me ha fascinado la descripción de Ram Dass sobre la paradoja en *No te vayas*:

> La paradoja más exquisita... tan pronto lo deja todo, todo puede ser suyo... Cuando ansía el poder no puede tenerlo. En cuanto no lo desea, puede poseer más del que nunca llegó a imaginar.

Hasta que no consiga familiarizarse con este concepto y se enfrente con su propia situación de existir como una persona *llena de forma* e *informe* (es decir, «falta de forma») a la vez, usted se verá luchando con esta paradoja.

Después de escuchar mis cintas sobre la transformación, una mujer me escribió, diciéndome: «Caramba, esto sí que funciona cuando le permites la entrada». Yo no podría explicarlo mejor. Pero William James, en un escrito de 1926, lo define de esta manera:

> Los límites más distantes de nuestro ser se sitúan, en mi opinión, en otra dimensión de la existencia, diferente del mundo visible. Llámese región mística, o región sobrenatural, como usted prefiera..., nosotros seguiremos perteneciendo a un mundo mucho más visible. Cuando comulgamos con él, el trabajo es de hecho realizado por nuestra limitada personalidad, puesto que nosotros nos hemos convertido en nuevos hombres.

Hay una cosa de la que estoy seguro: comulgando con todos estos principios universales, escribiendo sobre ellos, viviéndolos día a día, me he transformado en un hombre nuevo, un hombre más feliz, más resuelto, más vivo de lo que me hubiera imaginado jamás capaz. Ahora espero que mis esfuerzos y mi energía se reflejen en este libro y que también contribuyan a marcar grandes cambios en su vida.

Desde el amor y la luz,

WAYNE W. DYER

1989

1

Transformación

La transformación es la capacidad y la voluntad de vivir más allá de su forma.

Siento como si hubiera atravesado una puerta que se ha cerrado sin permitirme regresar al lugar donde solía vivir. Para mí, el hecho de atravesar esa puerta significa transformación. Pero ¿qué quiero decir con esto?

Empecemos con la palabra «forma», el meollo de otra palabra: transformación. Es un término que describe la persona física. Incluye todas las propiedades fisiológicas asociadas al ser humano que es usted. La forma incluye el peso total de sus huesos, arterias, vasos capilares, piel, globos oculares, uñas de los pies, corazón, pulmones, riñones y demás elementos de su fisiología. Sin embargo, usted no se reduce a un montón de huesos, piel y demás. Todo lo que usted vería en esa forma también podría encontrarlo en un cerdo o un caballo. El usted real, el único usted es en un 99 por ciento invisible, intocable, inodoro e indiferente a los sentidos físicos, que sólo la forma conoce. La mayor parte de lo que usted es en realidad, va más allá de la forma. Se le llama

27

mente, sentimientos, pensamientos o conciencia superior, pero en cualquier caso, resulta claro que no es la forma. Todos sus pensamientos y su conocimiento espiritual existen en esta dimensión sin forma, informe.

Ahora consideremos el prefijo *trans*, que significa «más allá», «situado detrás» o, literalmente, «al otro lado». Cuando colocamos ese prefijo delante de *forma*, obtenemos «transforma». Si añadimos el sufijo *ción*, que significa «acción» o «resultado», tenemos la palabra *transformación*. Para mí esta palabra significa el resultado o la acción de *ir más allá de la forma de uno*. Y esto es literalmente el reto que plantea este libro: ayudarle a que se vea a sí mismo como un ser mucho más avanzado y divino de lo que una mera forma es.

Su forma debe seguir las reglas de la forma. Variará en infinidad de ocasiones a lo largo de su vida. De hecho, cada célula de su forma se renovará cada siete años más o menos y, con todo, *usted* seguirá existiendo. Usted ya estuvo en el cuerpo de un bebé, de un niño, de un adolescente, y de acuerdo con la edad que fue cumpliendo su forma, también habitó otros cuerpos. La forma ha cambiado muchas veces, y sin embargo el usted real ha permanecido invariable. Cuando comprenda este concepto, se hallará camino de la puerta que ha de atravesar.

Toda creación humana comienza con un pensamiento, una idea, una visión, una imagen mental. El pensamiento entonces se aplica de alguna manera en crear un nuevo producto. En este preciso instante estoy tomando mis pensamientos, los estoy aplicando a una máquina de escribir y estoy creando un nuevo producto que acabará siendo un libro. Todos pasamos por este proceso muchas veces al día. El último elemento para convertirnos en una persona transformada consiste en vernos a nosotros mismos como seres no limitados por nuestra forma.

Si usted vive exclusivamente en la forma, vive en un mundo de limitaciones. Piense en todos los límites que tiene su forma. Los límites son una especie de fronteras para uno. Usted sólo es capaz de levantar determinado peso; sólo puede correr a cierta velocidad; únicamente alcanza cierto nivel de rendimiento laboral. Pero los límites pertenecen a la dimensión de la forma.

Ahora examinemos la parte de usted sin límites físicos, la dimensión cognitiva o del pensamiento. Su capacidad de pensar no tiene límites. *Imagínese* que está haciendo algo en este momento. Usted es capaz de mantener una relación perfecta con su pareja en su pensamiento. En esta dimensión cognitiva ajena a la forma, usted puede ser cualquier cosa, ir adonde le plazca, experimentar cuanto desee.

Lo que sugiero es que usted está capacitado para experimentar una gran parte de su vida en esta dimensión que trasciende su forma, es decir, en la transformación. Usted podrá mantener su *forma*, satisfacer sus necesidades y comprender sus avisos, a la vez que ser consciente de que la forma le está sirviendo a usted, al usted *real*. Nuestra cultura pone especial énfasis en valores externos a la persona, en la apariencia física. Yo propongo que el énfasis se ponga en un interés por el uno mismo más allá de la forma, sin olvidar que en la forma se aloja el usted real. Cuando adquiera suficiente práctica en esta dimensión, será capaz de eliminar todas las limitaciones de su vida.

Superará los límites de la forma y actuará tal como san Pablo propone en Romanos, 12:2:

> Y no queréis conformaros con este mundo: antes bien, transformaos con la renovación de vuestro espíritu, a fin de que podáis discernir cuál es la voluntad de Dios, qué es lo bueno, agradable y perfecto.

Éste es el lugar de la transformación. Éste es el lugar en el que usted no sólo puede vivir un milagro, sino también hacerlo.

Usted puede lograr un alto nivel en su vida diaria sin necesidad de acudir a un maestro espiritual o de asistir a un curso de metafísica. ¿Cómo? Creyendo que usted es un alma acompañada de un cuerpo, en vez de un cuerpo dotado de alma. Usted creará para sí una vida sin limitaciones. Empezará a ver milagros desde que cree en ellos y confía en que se hagan realidad. Usted mismo se convertirá en un hacedor de milagros.

Cuando se le presente algún problema de salud comenzará a darse cuenta del extraordinario milagro que es usted. Modificará la costumbre tan perjudicial de comer demasiado y no hacer ejercicio, sin necesidad de proponérselo o someterse a una fuerte disciplina. Sus nuevos hábitos responderán automáticamente a su nuevo sentido de valoración y a *todo* lo que usted es, aunque se sienta incapaz de definirlo con palabras. Su fe en la capacidad de su cuerpo para sanar se reflejará en el modo como usted cuida del precioso templo que le da cobijo. El temor a la muerte desaparecerá tan pronto como tome conciencia de que el pensamiento, la meditación, nuestra misma esencia, nunca mueren. El pensamiento no puede morir. Es la energía de la que se compone la propia existencia del universo, y una vez tenga este firme convencimiento en su ser, puede estar seguro de que nunca más volverá a temer la muerte.

Hace unos años una hermosa mujer llamada Peace Pilgrim cruzó los Estados Unidos, con un mensaje de paz, amor y transformación personal. Describió las características de esta transformación en una breve lista:

ALGUNOS INDICIOS Y SÍNTOMAS DE PAZ INTERIOR·

> *Tendencia a pensar y actuar con espontaneidad sin ningún temor derivado de experiencias anteriores.*
> *Capacidad para disfrutar de cada instante.*
> *Pérdida de interés por juzgar a otras personas.*
> *Pérdida de interés por interpretar las acciones de los demás.*
> *Pérdida de interés por los conflictos.*
> *Disminución de las preocupaciones.*
> *Frecuentes e intensas etapas de apreciación.*

Sentimiento de satisfacción por saberse conectado a los otros y la naturaleza.

Frecuentes estados de alegría.

Creciente receptividad hacia el amor ofrecido por los demás, a la vez que necesidad imperiosa de ofrecer el propio.

Esto es lo que contiene para usted. La vida llegará a ser un viaje fascinante lleno de alegría y respeto. Esa parte de usted que se vio reducida por las limitaciones que usted mismo se impuso al vivir exclusivamente en la forma, se liberará y *verá* todo un nuevo panorama... sólo si usted cree en ello.

Se sorprenderá a sí mismo reduciendo la marcha y viviendo en ese tranquilo espacio interior que le permitirá apreciar todo lo que aparezca en su camino. Su corazón le dirá que no tiene motivo alguno para sentirse amenazado por opiniones o acciones de terceros. Su vida se llenará de mayor alegría y serenidad, puesto que eso es precisamente lo que usted irradiará al exterior. Le resultará mucho más fácil aceptar opiniones adversas, al saber que usted no está manipulado por nada ni nadie fuera de usted mismo. Encontrará una gran satisfacción en la tranquilidad que reemplaza al resentimiento y al dolor. El conflicto y el enfrentamiento desaparecerán de su vida, ya que no tendrá necesidad de demostrar nada a nadie. Como resultado, empezará a sacar partido del enorme poder de su mente. Actuará de mediador, con calma, aunque los otros piensen que usted está desvariando. Usted *será* el poder de una mente tranquila, y decidirá acceder a *ella* con frecuencia. Descubrirá cosas sobre usted mismo que quizá nunca hubiera considerado con anterioridad. Se encontrará en esa inteligencia perfecta que hay dentro de toda forma, dentro de ese milagroso espacio interior en el que todo lo que usted pueda visualizar es posible.

He llegado a saber que existe una inteligencia invisible, intocable, imperceptible y sin embargo muy real, detrás de, o apoyando, toda forma. A esta inteligencia se la ha designado con muchos nombres. Algunos la llaman Dios, otros fuerza de la vida, conciencia superior, espíritu divino. El nombre no importa; su existencia, por el contrario, sí. Es una sensación similar a la que Carl Jung expresó cuando un entrevistador le preguntó si creía en Dios. Su sorprendente respuesta fue: «No». Tras un silencio, añadió: «*Sé* que existe un Dios».

Observe un árbol y contemple la inteligencia en o detrás de él, que le permite un perfecto funcionamiento de su forma. Las hojas se renuevan, la savia asciende por los vasos y las fibras, las flores se abren en su momento. Es mucho más que una simple forma. Contiene una fuerza vital y al mismo tiempo es muy real.

Últimamente suelo mirarme bastante la palma de la mano. Cuando me pellizco, la piel que la cubre ya no se tensa como antes, sino que forma una especie de meandro y vuelve a su posición original. De mis ojos arrancan unas patas de gallo que nunca estuvieron allí. Me han empezado a crecer pelos en las orejas y a caérseme los de la cabeza. Veo como mi forma va cambiando. Si pensase que eso es todo lo que soy, los cambios físicos me angustiarían. Pero sé que soy mucho más que mi forma corporal. Sé que soy un alma acompañada de un cuerpo, y no lo contrario. Lo que algunos denominan «alma», y que yo llamo «yo mismo» (o «mismidad») es la pura esencia de lo que somos. Es la inteligencia que subyace a la forma, y la gran diferencia entre el que soy ahora y el que era hace unos años es que hoy experimento el hecho de saber que no sólo soy una forma.

Buckminster Fuller afirmó en cierta ocasión que el 99 por ciento del ser de uno, es invisible e intocable. Es la capacidad de pensar y de ir más allá de la forma la que determina nuestra calidad de vida. Hoy día, la principal transformación de mi vida radica en mi capacidad de expresar y experimentar la frase: «Soy mi capacidad de pensar y sentir; no soy forma únicamente».

Veo que en esta vida he adoptado una gran variedad de papeles. Solía creer que esos papeles constituían mi yo real, y que todo lo que hacía determinaba mi esencia. Actualmente experimento mi forma cuando hago lo que he elegido, pero al mismo tiempo sé distanciarme de mi forma y observar los movimientos y acciones de mi naturaleza humana. Así, trabajo y sudo, juego a tenis, escribo, hablo ante grandes auditorios, hago el amor con mi mujer, paseo por la playa, pago mis deudas, procuro ahorrar algún dinero, hablo por teléfono sobre mis inversiones, abrazo a mis hijos, y hago todas aquellas acciones que he seleccionado para mi ser. Esas acciones, esos papeles adquieren una cualidad mágica, de encantamiento, cuando mi ser se encuentra en plena acción. Cuando involucro a esa parte invisible e intocable de mí mismo, entonces reconozco que mi forma no es todo lo que soy. Cuando acompaño mis acciones físicas con mis pensamientos y sentimientos, experimento un equilibrio, un todo, la totalidad de mi ser. Mi capacidad de *ser* el propio pensamiento es el milagro real del que formo parte.

Nadie puede situarse detrás de mis globos oculares y experimentar mi realidad interior, y yo no puedo entrar en la forma de nadie y experimentar el proceso que le es propio. Pero sí puedo convertirme en mi mente en vez de en mi forma. En la actualidad vivo cada día como si esa inteligencia que existe en todas las cosas, incluyéndome a mí, fuese la esencia real de mi vida. Ya no temo a la muerte, puesto que sé que nunca estamos conformados del todo, que siempre permanecemos en un estado de transición y que, aunque pueda parecer que la forma ha muerto, el pensamiento no muere.

La diferencia primordial que me he notado es la extraordinaria y nueva comprensión hacia los demás que se ha apoderado de mi ser en estos últimos años. En ocasiones en que anteriormente no hubiera hecho caso de nadie o me hubiera encerrado en mi mundo, ahora me encuentro más conectado a nivel emocional con la energía interior de todas las formas de la vida. Por ejemplo, mis compromisos como conferenciante me obligan a viajar bastante, y en el pasado mi reacción hubiera sido abrirme paso entre la gente agolpada en un avión e instalarme en mi asiento. Ahora no puedo dejar de ayudar a alguien a guardar su equipaje de mano, mientras que años atrás ese alguien hubiera podido ser el blanco de mis empujones. Me encanta esta nueva comprensión hacia los demás. Me da fuerza para realizar grandes cosas, y por supuesto también ayuda a que los demás tengan una experiencia más amorosa.

Por otro lado, estoy desarrollando un estilo de inteligencia, nuevo para mí, que no me supone ningún esfuerzo consciente. He adquirido sensibilidad y comprensión con respecto a ciertos conceptos que tiempo atrás me parecieron confusos o raros. Me divierto leyendo sobre la realidad de los cuantos físicos, la relatividad, la metafísica, y encuentro fascinante lo que antes consideré insondable e incluso aburrido, por ejemplo todo lo relacionado con el pensamiento oriental. En las librerías me dirijo a las secciones de filosofía, la nueva era, la metafísica y cosas parecidas, y lamento no tener tiempo para leer todo lo que encuentro allí. Estas materias son una nueva distracción para mí, pero lo que es más importante, todas encajan perfectamente en el ánimo de mi disposición actual. Me he vuelto más receptivo hacia todas las cosas del universo. Mi disposición me permite explorar a mis anchas, sin que ningún juicio de valor la enturbie.

Y lo que pone las cosas aún más interesantes, es que ahora todo ello tiene sentido. Entiendo todo lo que antes veía confuso. Ésta es una extraordinaria experiencia del despertar y, a decir verdad, me impone un gran respeto. Con frecuencia me encuentro leyendo libros o escuchando cintas que me embargan de emoción. No sé si se trata de mi receptividad hacia estas nuevas ideas, o si sencillamente he desarrollado una mayor inteligencia gracias a mis estudios, pero en cualquier caso me encanta y, aún más, me encanta poder compartirlo con usted y con los demás. Es como si en un santiamén hubiera comenzado a comprender y vivir las enseñanzas de los maestros espirituales. Y todo eso sin contar con programas de estudio regulares, sin intentar mejorar mi conciencia espiritual, sólo transformándome en un nuevo yo, lleno de admiración por el milagro que esto representa.

También poseo un sentido menos acusado del éxito y las posesiones. Ya no me identifico con mis logros y mi currículo. Es como si ahora, al sentirme un ser sin fronteras, fuera menos rígido en el concepto de mí mismo. Me siento como si pudiera situarme detrás de mí mismo (de mi forma) para que mi propio yo pueda ser infinitas cosas, sin que mis acciones me limiten. Me define un estado de conocimiento o ser interno que desafía cualquier descripción externa. Ya no importa tanto *lo mucho* que conseguí, sino el saberme en armonía con mi propio sentido de pertenencia a la raza humana. Mis propias etiquetas ya no me son necesarias.

No es que los hechos ya no existan, sino que ahora se integran en el proceso de mi propia definición. Cuanta menos importancia concedo a lo externo, menos restricciones encuentro en mi vida. Me siento capaz de cualquier cosa que me dicte la voz que sólo yo puedo escuchar.

Se ha producido un gran cambio en mi ética personal. Quien se presente en mi vida pretendiendo controlar o juzgar será repelido por mi energía emocional. Ya no siento la necesidad de demostrar algo o de dar cuenta de mis creencias. He superado la obsesión de convencer a las personas sobre la verdad de mi posición o de situarme en el polo opuesto de su punto de vista. Irradio un tranquilo sentido de lo que soy, respetuoso con la manera de ser de los demás.

He profundizado en algunas de mis relaciones personales, sobre todo con mi esposa y mi familia más cercana, mientras que otras han dejado de interesarme. Todavía me divierto mucho cuando asisto a reuniones sociales, pero ya no me considero un ser que necesita formar parte de dichas actividades, como sucedía años atrás. Soy partidario de pasar el tiempo a solas o en compañía de mi familia y unos pocos amigos, que me proporcionan relaciones personales afectuosas y ricas.

De hecho, en mi vida nadie depende de mí, a excepción de mis hijos pequeños. No me interesa en absoluto que los demás dependan de mí para su sustento emocional o de cualquier otra clase. Sin embargo, y aunque pueda parecer una paradoja, me he vuelto más generoso en mi entrega a los otros. Lo que más me gusta es ayudar al prójimo. Me resulta extraño y a la vez maravilloso poder actuar basándome exclusivamente en mi verdad y al mismo tiempo acoger con agrado y sin prejuicios a quienes operan en una frecuencia diferente. De igual manera, me es mucho más fácil emitir en mi propia frecuencia y hacer caso omiso de las súplicas de quienes pretenden convencerme para que viva a su manera. La frontera entre mi propio yo y los demás ha desaparecido. Veo a los otros yendo por sus caminos y ahora puedo amarlos por ser precisamente lo que son.

Cuando los demás pretenden imponerme sus valores y sus actitudes, tal como yo hice una vez, soy consciente de que ello puede alterar mi equilibrio y mi armonía. Pero en esos momentos me transformo en un pacífico observador de lo que exponen sobre sí mismos y su verdad. El auténtico yo, los pensamientos y sentimientos interiores que vivo, no se ven obligados a defensa alguna, y puedo observar tranquilamente sin necesidad de demostrarles que están equivocados. Mi camino está muy claro. Ésta es una nueva clase de enfoque que me permite vivir en la forma y al mismo tiempo fuera del estado de la forma, sin que nadie pueda amenazarme o controlarme. Es un lugar de una apacible gloria.

He superado mi tendencia a culpar a los demás de lo que me sucede en la vida. Ya no juzgo el mundo en términos de desafortunados accidentes o desgracias. Soy consciente de que ejerzo influencia en todo, y comienzo por considerar por qué he generado una determinada situación en vez de preguntar: «Pero ¿por qué yo?». Este elevado conocimiento me lleva a buscar respuestas en mi interior. Soy responsable de todo ello y el enigma se convierte en un reto fascinante cuando modifico aspectos de mi vida sobre los que previamente creía carecer de control. Ahora siento que todo se halla bajo mi control.

Creo en todo lo que tengo y necesito, y sé que soy capaz de hacer milagros cuando me encuentro en equilibrio interior, y de utilizar mi dimensión mental para crear el mundo que deseo para mí. Ahora sé que mis circunstancias no me hacen ser el que soy, sino que tan sólo revelan lo que he elegido ser. Cuanto más tranquila está mi mente, más percibo el lazo de unión que existe entre mis pensamientos y mi modo de sentir. Cuanto más tranquila está mi mente, menos tiendo a ser crítico y negativo. El poseer una mente tranquila me ayuda a gozar de una vida serena, y también contribuye a que los demás consideren la posibilidad de escoger una vida apacible, serena y positiva para sí mismos. En consecuencia, cabe decir que mi manera de pensar puede afectar de una manera directa a cuantos me rodean. Ya se había dicho de Jesús, y de Buda, y de otros líderes espirituales, que allá donde iban elevaban la conciencia de las personas. Ahora soy capaz de comprender y apreciar esta idea. He llegado a la conclusión de que cuando gozo de una total paz interior, y la exteriorizo, la conciencia de quienes se encuentran en la misma situación que yo se tranquiliza.

No hace mucho di una conferencia ante un gran número de asistentes en Chicago. La sala estaba llena de niños, unos quinientos, la mayoría de los cuales no debían de haber cumplido los siete años. Desde luego, el ruido era considerable, pero al cabo de un rato me habitué y no volvió a molestarme. En un momento dado y particularmente intenso de mi exposición, cuando me disponía a recitar un poema de especial relevancia para mí, toda la sala, incluidos los niños, se sumió en el silencio. Una especie de comunicación sin palabras había llegado a todo el público a través de la dimensión del pensamiento.

Las modificaciones que yo mismo y mi manera de vivir hemos experimentado, se han producido sin necesidad de planes previos. Y sin embargo, estos cambios interiores son tan míos como los pulmones o el corazón.

Del mismo modo se han sucedido una serie de cambios en mi estado físico. Corro un mínimo de doce kilómetros diarios y desde que tenía los treinta y seis nunca he faltado a esa cita. ¡Ni siquiera una vez! Explico a la gente que correr no es algo que *hago*, sino algo que *soy*. Forma parte de mi ser. Entra regularmente en el cuidado diario de mi salud, como también un escrupuloso cuidado dental. Esto es lo que soy como ser humano que goza de salud.

Mi «viejo yo» era perfectamente consciente de los beneficios que aportaba a mi cuerpo. Dichos beneficios continúan existiendo. Lo que sucede es que ahora experimento un nuevo nivel de beneficio relacionado con mi propio yo interior, con una pérdida del yo corporal, un desconocimiento de mi condición física mientras estoy corriendo. En esos momentos experimento los niveles de energía más elevados de mi vida, algo que, unido a mis acciones en favor de una buena salud y un óptimo estado físico, atribuyo al planteamiento de la vida desde una conciencia superior.

Me resulta curioso que hoy en día no coma la carne roja que en otras épocas tanto saboreé; que no añada a la comida ni una pizca de sal, ya que antes solía utilizar el salero a discreción; que el azúcar, la cafeína y otros productos sin ningún valor alimenticio hayan sido casi excluidos de mi dieta. Me resulta *curioso*, pero lo más sorprendente es que esa tendencia hacia costumbres alimenticias saludables ha surgido de una aproximación más responsable hacia mí mismo y toda mi vida, y no del deseo de realzar mi atractivo físico o mi fuerza, o de alcanzar una mayor longevidad.

Es como si obedeciera a algún perfecto consejero interior, en vez de confiar en las pautas culturales, las viejas costumbres o lo que me enseñaron. La parte de mí que desea conservar el equilibrio es la que decide sobre mi comida. Me siento interiormente equilibrado y, de alguna manera, esto se convierte en un planteamiento saludable de la nutrición y el ejercicio.

Casi nunca llevo reloj, y sin embargo hace unos años no hubiera podido salir sin él. El tiempo ha dejado de tener importancia en un sentido lineal, y no estoy forzado a seguir con atención cuándo, cómo y a qué velocidad transcurre mi vida. Esto ocurrió sin habérmelo propuesto. Sencillamente dejé de llevarlo y de referirme al tiempo y de programar mi vida siguiendo un horario. Y como resultado ahora soy mucho más eficiente.

Me intriga la paradoja que supone dejar de cumplir una obligación o un deseo por limitaciones de tiempo y, a la vez, sentir que he descubierto un tiempo ilimitado para las cosas que quiero hacer. Incluso me atrevo a afirmar que al verme sin ningún impedimento de tiempo, mi vida no solamente transcurre mejor, sino que también ha aumentado en riqueza y textura.

Experimento la paradoja de desprenderme de los límites del tiempo en lugares como, por ejemplo, las colas en las cajas de los supermercados. Estoy seguro de que usted sabe por experiencia lo que el «viejo yo» sentía antes, cuando alguien delante de mí tardaba mucho a la hora de pagar. Me volvía impaciente, tenso y crítico; llegaba incluso a acercarme a esa persona para que se diera cuenta. El «nuevo yo» no se siente atrapado en el tiempo, y en consecuencia no necesita preocuparse por tener que salir de la tienda al cabo de un tiempo determinado. Por el contrario, a menudo experimento un nuevo nivel de ser en el tiempo. Mediante el pensamiento descubro mi «viejo yo» en la persona que me antecede en la cola. Mis pensamientos son de amabilidad y simpatía hacia *mi* lentitud o torpeza. Un mensaje de amor, de relajación y de libertad de acción hacia el que yo he sido. El amor incondicional que yo elegiría para mí en esa situación parece transmitirse a la otra persona y pretendo ayudarla a encontrar la moneda exacta o cualquier otra cosa que necesite. Y con frecuencia este proceso mental genera una sonrisa, una energía comprensible entre esa persona y yo mismo, una riqueza y una textura.

Uno de los actos más bellos, y a la vez más difíciles de describir, es la experiencia de un contacto íntimo, físico y emocional, con otra persona. Las sensaciones orgásmicas físicas constituyen sin duda un aspecto maravilloso de nuestra sexualidad. Pero los sentimientos afectivos y emocionales son también una parte muy hermosa de esta experiencia. Para mí la sexualidad es ahora la máxima perfección del amor, y no la obligación de un hombre casado. El acto sexual es una expresión del amor interior que podemos alcanzar, cuando los dos nos sentimos equilibrados y satisfechos, y es también nuestra expresión recíproca de ese amor.

Ya no deseo organizarme de manera lineal, y en este proceso de cambio mi vida se ha enriquecido, se ha hecho más llevadera y ha conseguido el equilibrio perfecto. Esta nueva perspectiva me permite abordar cualquier proyecto con un sentido de emoción interior y de conocimiento que no me obliga a demostrar quién soy o a ser juzgado por los resultados. Yo solamente soy el que soy, y hago lo que he decidido hacer, aceptando los resultados o la falta de ellos. Curiosamente, de esta manera obtengo más logros (que comparto en gran medida). Obtengo mucho más de lo que jamás imaginé en mis viejos días lineales.

Mi escasa motivación por conseguir y lograr se pone particularmente de manifiesto en la competitividad. Cuando era joven sentía la necesidad de vencer al otro chico para demostrar quien era. En estos últimos años me he alejado totalmente de la competitividad. Continúo jugando a tenis, pero en mitad de un partido difícil me detengo y deseo suerte a mi contrincante, y de alguna manera, paradójicamente, mejora mi propio nivel de juego. Me imagino que éste es un resultado natural, consecuencia de los sentimientos y pensamientos que mi yo irradia sobre el amor incondicional y la ausencia de crítica.

La cooperación ha reemplazado a la competición en todas las facetas de mi vida, y los resultados son sorprendentes, tanto para mí como para quienes me rodean. Me siento profundamente atraído por la siguiente afirmación: «En un mundo de seres individuales, la comparación no tiene sentido». Los acontecimientos externos carecen de importancia para mí a no ser que produzcan orden o desorden en el mundo. Valoro todo lo que hago. Si un acto provoca armonía en mí y los demás, lo considero un acto positivo. Si crea turbulencia o desorden, intentaré darle la vuelta.

Mi misión consiste en ayudar a los demás a modificar su conciencia, para que todos sus pensamientos y sus acciones se encaminen hacia el orden y la armonía. Significa vivir sabiendo que la inteligencia subyacente a toda forma es importante y no haciendo nada que pueda destruir o dañar la vida. Sacar partido de la energía interior (nuestro propio yo) mediante una actitud de aceptación contribuye a un sentido personal del equilibrio y la armonía. Cuanto más evolucionemos hacia este nivel de equilibrio personal, antes crearemos la mejor forma externa de nuestro mundo. De esta manera participaremos en la transformación de nuestro universo. Me deleito constatando el amor que existe en mi vida y lo que han aprendido mis seis hermosos hijos. Sólo les enseño amor, y eso es lo que veo cuando se relacionan entre sí o con personas ajenas al círculo familiar.

Mi esposa y yo hemos madurado en el amor, el respeto mutuo y nuestra propia singularidad, de modo que los dos somos capaces de enviarnos ese resplandor interior mutuamente. Contamos con una maravillosa ausencia de crítica y de negatividad con respecto al otro, porque hemos aprendido a ser de esa manera en nuestro interior. Desavenencias, ¡sí! Mal genio, ¡nunca!

Quiero enfatizar que este «nuevo yo» todavía es dogmático y se mantiene firme sobre mi propia vida. No estoy defendiendo el verter azúcar y miel sobre los males del mundo, con la esperanza de que desaparezcan. Todo lo contrario, lo que estoy experimentando es una relación mucho más profunda con la vida, gracias a la cual sé exactamente lo que haré y no me desvío de mi camino. Soy capaz de continuar en él, haciendo lo que amo y amando lo que hago. He pasado de ser una persona que emitía juicios absolutos, que requerían respuestas concretas y rigurosas, a otra que ve y sabe que toda experiencia humana es una oportunidad que nos permite reflexionar sobre el lugar que ocupamos o dejamos de ocupar. Al final todo se reduce a una renuncia de los viejos y arraigados modelos, lo cual significa atraparme a mí mismo en el instante en que llevo a cabo un acto que no es armónico, y caer en la cuenta de mi posición y del lugar que no ocupo en este preciso momento. Y esto implica utilizar mi mente para situarme en el punto interior donde quiero estar, y desplazarme lento pero seguro hacia esa armonía interna.

Hace poco tuve una experiencia que puede servir de ejemplo. Mi esposa me contó que una de nuestras hijas había destacado maravillosamente en su clase de primero, y terminó diciendo: «Me alegro de haber trabajado con ella en este proyecto y de haberle enseñado a comportarse en el aula sin temor o vacilación». En mis años de juventud yo hubiera contestado: «Alto. Yo soy el que la enseñó a hacerlo. No vayas a creer que el mérito es tuyo, como siempre». Mi reacción ahora fue: «¡Estupendo! Estoy muy contento de que vaya ganando seguridad en sí misma, y tú realmente has contribuido en gran medida». Por dentro, siento que también he aportado mi granito de arena, y aprecio mi sentimiento sin necesidad de que me sea reconocido de un modo externo. Sé que la confianza de nuestra hija es el resultado de numerosos impulsos procedentes de nosotros, de su propio ser interior y también de muchos otros. Me siento feliz por ella; mi satisfacción no se basa en la necesidad de verme reconocido, o de quitar reconocimiento a mi esposa. Mi competitividad y confusión interior han sido sustituidas por paz y armonía. Es el amor incondicional, que empieza por uno mismo.

Cuando usted se retira a su serena soledad interior, entra en esa cuarta dimensión que le abre las puertas de un mundo totalmente nuevo. Pero, antes de que llegue a ese destino, quizá necesite poner a prueba su resistencia ante esta nueva y poderosa idea de transformación personal.

¿Por qué alguien iba a resistirse a este estado de ser? Ante todo, por seguridad. Si está convencido de que usted es únicamente su forma, no necesita tener en cuenta su propia grandeza y los riesgos que comporta la transformación.

Piense en ello por un instante. Todas las trabas a su éxito y felicidad pueden explicarse en términos de limitaciones de su existencia física. Desde este punto de vista usted puede decidir que los otros simplemente tuvieron suerte o que ellos nacieron con todas las de ganar, o que a los de más allá se les brindó la oportunidad. Transformarse requiere abrirse ante la posibilidad de una idea totalmente innovadora. La mayoría de nosotros rechaza las ideas nuevas en bien de aquellas a las que estamos cómodamente habituados.

Es también una postura muy cómoda y natural que adoptemos la posición contraria a la que alude el título original de este libro. Es decir: «Debo verlo para creerlo. Eso lo primero». A casi nadie le gusta salirse de su cómoda zona de influencia. Quizá sepa que la vida se resiste a que la justifiquen con meras teorías físicas y que la ciencia es incapaz de contestar categóricamente a preguntas como «¿Qué es la vida? ¿Adónde va cuando muere? ¿Cómo pienso?». A pesar de ello, puede suceder que usted prefiera quedarse con aquello que sus ojos han visto, es decir, única y exclusivamente con la forma. Creer en un estado sin forma tal vez resulta demasiado irreal y extraño. Sin embargo, usted intuye que en realidad es mucho más que el cuerpo que habita.

Al principio puede resultar arriesgado renunciar a las comodidades de siempre y dar ese paso adelante para ponerse en contacto con su ser interior, con ese lugar que habita: su espacio interior. Ahí es donde usted siente todas las cosas. Ahí es donde residen sus pensamientos. Pero puede darse el caso de que usted no esté dispuesto a explorar este espacio en el que es plenamente responsable de lo que está experimentando.

43

También es posible que se resista a la transformación porque le atemorizan los cambios o el tener que examinar algo que no comprende. A eso lo denomino aproximación con la cabeza gacha a su propia espiritualidad. «Deje que alguien en el púlpito predique sobre lo que se supone que debo hacer en el reino celestial. ¿Yo? Yo ya me ocuparé de pagar la hipoteca. Todo este asunto espiritual se dirige a los pensadores profundos y a los creyentes devotos.» Estamos condicionados para creer que todos los temas relacionados con la conciencia superior incumben principalmente a los guías religiosos. Sin embargo, si usted considera las enseñanzas de los grandes maestros espirituales, se dará cuenta de que todos dicen lo mismo pero de diferente manera. «El reino de los cielos se halla en el interior.» «No pida a Dios que lo haga por usted, reconozca su propia divinidad y magnificencia.» «Mire en su interior, no en su exterior.»

Es posible que usted piense que la transformación personal puede colisionar con su educación religiosa. Pero no estoy escribiendo sobre nada que tenga que ver con las discrepancias existentes entre las enseñanzas de los maestros espirituales. ¡No tiene nada que ver! La transformación se basa en el amor, la paz, la realización personal, el trato respetuoso de los demás, y la consecución de la armonía en este planeta como una única familia de hombres. En ningún sentido lo que escribo puede juzgarse como un intento de criticar o ridiculizar las creencias religiosas de nadie. Aunque opino que algunos actos cometidos en nombre de Dios o de alguna institución religiosa atentan contra el ser humano, no critico las creencias esenciales de la religión. Un ser transformado es incapaz de comportarse de un modo no espiritual con los demás.

Por último, quizá usted se resista a este proceso de transformación porque en realidad se siente incapaz de superar la vida que usted mismo se ha creado. Tal vez usted suponga que ya conoce los límites hasta los que puede llegar, y que quiera ahorrarse el esfuerzo intenso y la ansiedad que conlleva la elevación por encima de la vida a la que se ha acostumbrado. También es posible que usted no desee imaginarse lo que puede llegar a ser, porque sencillamente no está preparado para efectuar ese cambio y prefiere quedarse con el entorno interior que ya conoce y que le resulta más cómodo.

La mayor parte de su resistencia a aceptar la posibilidad de la transformación tiene su origen en su voluntad de continuar como hasta entonces. Sin embargo, sé que usted no estaría leyendo estas páginas si como mínimo no sintiera curiosidad por la posibilidad de elevarse por encima de lo que hasta ahora ha constituido su manera de vivir. Y puedo garantizarle que el trabajo no es arduo. Una vez acepte que usted es mucho más que un montón de huesos, músculos, órganos y sangre, se hallará bien encaminado. Una vez empiece a preguntarse qué tipo de persona es usted mismo, continuará bien encaminado. Una vez comience a hacerse cargo de que usted, su propio ser, es divino por poseer una mente y una inteligencia universal que sirven de soporte a su forma, irá recto hacia adelante. El resto se producirá casi automáticamente.

ALGUNAS SUGERENCIAS PARA LA TRANSFORMACIÓN PERSONAL

– Practique el pensamiento sobre usted mismo y los demás fuera de la forma corporal. Aproveche algunos momentos al día para evaluarse no en términos de su actuación en el mundo físico, sino en términos de su pensamiento puro y sus sentimientos. Imagínese detrás de su propio ser físico. Observe su propio modo de actuar, de relacionarse y de sentir. No critique o juzgue, simplemente anote cómo se comporta su forma y lo que siente. Sea un observador de los movimientos y acciones que ejecuta su forma.

– Practique la observación sobre otras personas. Advierta cómo destruyen su potencial de felicidad y éxito porque se identifican únicamente con sus formas. Cuando contemple sus frustrantes movimientos piense que ahí no acaba el ser humano, que detrás de cada uno con los que se encuentra diariamente existe un ser pensante divino e invisible. En sus relaciones personales, reúnase con los seres queridos en un espacio ilimitado, en el pensamiento subyacente a la forma, y comprenderá que la mayoría de sus diferencias son triviales, de que el verdadero ser humano que subyace a esa forma significa mucho más de lo que sus ojos le revelan. Comprométase con ese ser verdadero.

— Haga un esfuerzo para superar sus cómodos dominios convencionales. Escuche a su auténtico yo interior que le anima a ir más allá de usted mismo, en vez de fijarse en el viejo yo que le repite que es incapaz de llevar a cabo semejante tarea. Pregúntese: «¿Qué esquemas de vida adopto una y otra vez porque me resultan los más cómodos?». Cuando responda con plena honestidad, trabaje para iniciar un nuevo planteamiento de sus procesos mentales. Si todavía no ha estado una temporada en el campo porque la idea no es compatible con su concepto de cómodos dominios, impóngase la obligación de hacerlo. Mediante la expansión del propio yo a otros niveles, usted está transformando su vida.

— Intente dejar de etiquetarse como si éste fuera un medio para identificarse como ser humano. En lo que a mí respecta, hace mucho tiempo que dejé de identificarme con mi profesión. Cuando la gente me pregunta a qué me dedico, normalmente les respondo con esta inocente frase: «Me dedico al placer». Sin embargo, detrás de ese escueto y agudo comentario se esconde una gran verdad: lo hago todo porque lo soy todo. Sí, naturalmente, escribo, pero esto sólo representa una pequeña parte de lo que soy, y el escribir me sirve para dar a conocer mis pensamientos. Sí, también doy conferencias para profesionales, pero esta etiqueta sólo serviría para limitarme. Mi oratoria es también una manifestación de mi naturaleza humana. Eliminando categorías y etiquetas, reducimos nuestra tendencia a limitar y dividir nuestra vida en compartimientos. Sören Kierkegaard dijo: «En el momento que me colocan una etiqueta me están anulando». Casi todas las etiquetas se refieren de alguna manera a la forma y a lo que hacemos con nuestros cuerpos físicos. Cuando usted deja de identificarse exclusivamente con la forma, entonces su profesión, edad, raza, sexo, nacionalidad, situación económica, rendimiento físico, logros, premios, obstáculos y otras muchas cosas pasan a segundo plano. Desconectarse de las etiquetas le ayudará a definirse en términos más espirituales y profundos. En caso de que tenga que aceptar una etiqueta, le propongo la siguiente: «Estoy conectado a la inteligencia perfecta que sostiene toda forma, y en consecuencia soy parte integral de ella. No tengo limitaciones ni compartimientos. No necesito *conseguirlo* todo, pues ya soy ese todo».

– Comience a examinar su mente, su dimensión sin forma, como si se tratara de algo nuevo y milagroso. Aprenda que su mente es capaz de traspasar su forma, y que su cuerpo está controlado en gran medida por su mente. Imagínese con un limón en la mano. Ahora piense que se lo lleva a la boca y le da un mordisco. Este ejercicio le producirá un aflujo de saliva en la boca, como reacción de su cuerpo ante el imaginario ácido cítrico. Esto es transformación en acción. Su mente provoca que su ser físico responda. De eso trata precisamente la hipnosis. Es una forma de contactar directamente con el estado mental que le permite traspasar su forma, superar el dolor mediante la anulación de los síntomas. Este sorprendente poder nunca le abandonará.

– Ocúpese cada día de superar dos de los factores que más le impiden su transformación personal: la negatividad y la crítica.

Cuanto más negativos sean sus pensamientos, más probabilidades tiene de fijarse exclusivamente en su dimensión física y actuar de un modo que puede conducirle a la destrucción de su cuerpo. Todo pensamiento negativo retarda la transformación personal. Le obstruye el paso hacia su transformación personal, igual que el colesterol en una arteria. Si está lleno de negatividad, le será imposible alcanzar cotas más altas y más plenas de felicidad.

La tendencia a juzgar a los demás también retarda su transformación personal. *Cuando usted juzga a una persona, no la está definiendo a ella sino a usted mismo*. El juicio crítico no dice nada sobre la persona juzgada; sólo expresa que usted necesita juzgarla de la manera en que lo está haciendo. Por tanto, está hablando más de usted mismo que del otro.

Cuando se encuentre pensando y actuando en términos negativos o de crítica, recuerde que eso también es un indicio del lugar que ocupa en ese momento y del lugar que no ocupa; en este sentido, puede significar que se está identificando de alguna manera con la persona juzgada. Lo que más nos molesta de los demás es algo que con frecuencia nos negamos a admitir en nosotros mismos, o incluso algo de lo cual pedimos más. Procure poner más interés en saber qué es lo que está provocando su negatividad en vez de descubrir qué tiene de «malo» una persona. Al cabo del tiempo sustituirá la negatividad y la crítica por una afectuosa y tierna mirada interior que le preguntará cómo se ha dejado «atrapar» por eso. La conciencia superior o transformación personal conlleva la aplicación de esta regla de oro a la práctica, y así, cuando usted cometa un tropiezo, esta regla también caerá sobre usted. Descubrirá que el mundo no ha cambiado, pero que *usted* es ahora un ser humano totalmente diferente, un ser humano transformado. En realidad, el control de la vida interior de uno mismo produce una sensación gratificante.

–Examine el modo como trata su yo físico o visible. Cuando inicie el proceso de depuración propuesto anteriormente, comprenderá que se está convirtiendo en un ser cada vez más equilibrado, que mejora en sus ejercicios físicos y en sus comidas. Cuando la negatividad y la crítica desaparezcan, los malos hábitos relacionados con el abuso y dirigidos a la forma corporal también lo harán. Aprenderá que los alimentos que ingiere son los que mantienen el prodigioso templo en el que usted reside. Contemplará la huida de las viejas y perjudiciales costumbres y rendirá honores a la forma en aras de su nueva personalidad. La verdad es que todo funciona a las mil maravillas cuando uno mismo lo permite.

– Concédase un tiempo para meditar con tranquilidad. La meditación es un instrumento muy útil, y resulta tan fácil como respirar. Elija el tipo de meditación que prefiera. Tal vez le facilitaré algo las cosas si le cuento algo sobre la mía.

Me traslado a un sitio tranquilo, y con los ojos cerrados visualizo una luz en tono pastel. Cualquier pensamiento que interfiera es apartado sin concesiones por el poder de la luz. Cuando me relajo veo una luz blanca en medio de un campo en tono pastel y noto que cada vez me acerco más y más al color blanco. Cuando al final consigo atravesar esa luz, la sensación es muy parecida a la descrita en las primeras páginas, la de dejar el cuerpo al otro lado de la puerta. Mi energía se revitaliza y siento que me controlo a mí mismo y a lo que me rodea. La mejor definición que se me ocurre para hablar de este lugar es el de «paz exquisita». Al final estoy tan descansado como si hubiera dormido ocho horas.

Cuando abandono este nivel, me siento totalmente conectado con la humanidad. De hecho, entiendo esta meditación como mi conexión con la eternidad, porque en algún punto de mi interior me he liberado de mi forma por completo. Tras meditar, soy consciente de que ¡he conseguido algo! Algunas de mis ideas más profundas, de mis mejores charlas, de mis más brillantes escritos han surgido después de meditar. Y mi afecto por mis seres queridos sólo puede describirse como un punto culminante de mi experiencia.

Inténtelo. Utilice su propio método. Pero concédase el tiempo y el sitio tranquilo para estar a solas con su yo invisible. Los milagros le aguardan en ese gran espacio. Vaya. ¡Será realmente exquisito!

– Por encima de todo, sea amable y comprensivo con usted mismo. Sea especialmente amable consigo mismo si está comportándose de un modo que le disgusta. Háblese con amabilidad. Tenga paciencia consigo mismo cuando descubra lo mucho que le cuesta ser una persona «santa». Se necesita mucha práctica, tanta como la que empleó para desarrollar sus costumbres neuróticas y negativas. Concédase el perdón, y entonces si no se comporta como desea sírvase de sus acciones como recordatorio del lugar donde se halla, y del lugar donde no se halla. Cuanto más amable sea con usted mismo, mayor será su respuesta espontánea hacia los otros.

A modo de resumen, se me ocurre la metáfora del brócoli. Imagínese que va al supermercado de su barrio y compra un paquete de brócoli congelado porque se siente atraído por la bonita presentación del envoltorio. Cuando llega a casa continúa tan atraído que echa a la basura el contenido del paquete y se dispone a cocinar el envoltorio. Cuando se sirve el envoltorio en el plato, se da cuenta de que si eso es todo lo que va a comer se quedará con hambre.

Su vida quizá se asemeje a lo que he relatado. Es posible que esté prestando tanta atención al paquete de su verdadero yo, que desperdicie el contenido esencial. Su forma es el paquete, y aunque su belleza y aspecto puedan parecer de primera magnitud, su función primordial consiste en contener el resto de su magnífica humanidad. El recipiente no puede darle el placer, la satisfacción y el alimento que le dan los contenidos. Aunque usted no pueda ver lo que hay dentro del bonito paquete, sabe que sea lo que sea le proporciona un alimento importante e insustituible. Si toda una vida se centrase exclusivamente en el paquete (la forma), acabaría produciendo un yo espiritualmente desnutrido y bastante infeliz.

2

Pensamiento

*No somos seres humanos que gozamos de una experiencia
espiritual. Somos seres espirituales que gozamos de una experiencia humana.*

El pensamiento es mucho más que algo que usted
hace. En realidad, es lo que usted y el resto de nosotros
somos. El pensamiento constituye todo nuestro ser, a excepción de esa parte que es forma, el paquete que va y
viene con nuestras mentes. Procure considerar el pensamiento como algo que no solamente existe en su interior,
sino también en el mundo exterior. Esta tarea puede resultarle difícil porque está habituado a creer que sus pensamientos son un mecanismo interno que rige esa parte
que es la forma. Pruebe a considerar el pensamiento como
un universal en el que ha nacido. Es algo que usted hace
y también algo que usted es. Cuando lo comprenda no
tendrá dificultad alguna en contemplar *todo* pensamiento
como algo que sin duda forma parte de usted.

Ésta·es una pequeña lección sobre lo que es el pensamiento. Su *deseo* de mejorar su vida es en realidad su
pensamiento sobre mejorar su vida. Su *voluntad* de vivir

es en verdad su pensamiento de vivir. Sus *actitudes* ante la vida son en resumidas cuentas sus pensamientos sobre la vida. *Todo su pasado* hasta el presente no es más que pensamiento. *Todo su futuro* a partir de este momento no es otra cosa que pensamiento. Sus *relaciones* con la gente de su vida no son sino pensamiento. Su *determinación* por conseguir el éxito no responde más que a su pensamiento. La *idea* del éxito es realmente el pensamiento del éxito.

Puesto que usted no puede colocarse detrás de los ojos de una persona y pretende sentir lo que hace, se queda usted a un paso del proceso mental de esa persona y la experimenta a través del pensamiento. Usted se relaciona con todas las cosas o todas las personas de este planeta mediante el mecanismo del pensamiento. Lo que determina la calidad de su vida no es el mundo, sino la manera que ha elegido de procesar el mundo en sus pensamientos.

Muchos pensadores pertenecientes a materias bien dispares que han sido sumamente respetados han concluido que el pensamiento, la mente, es el determinante absoluto del camino que nuestras vidas toman. El filósofo holandés Spinoza afirmó: «Vi que todas las cosas que me infundían temor o a las que yo les infundía miedo, no tenían nada bueno ni malo en sí mismas excepto hasta el punto donde la mente las afectaba». Albert Ellis, fundador de la terapia racional emotiva, dijo: «Las personas y las cosas no nos trastornan, mejor dicho, somos nosotros los que nos trastornamos al saber que nos pueden trastornar». Ralph Waldo Emerson declaró: «Nos convertimos en lo que pensamos a lo largo de todo el día». «No hay nada bueno o malo, sólo lo que el pensamiento califica de tal», explica Shakespeare. Abraham Lincoln manifestó: «La gente está contenta cuando decide estarlo». «Cambia tus pensamientos y cambiarás el mundo», sugirió Norman Vincent Peale. Jesús nos dice: «Tal como pienses serás».

Nuestro futuro está constituido por los pensamientos que tenemos con mayor regularidad. Nos convertimos literalmente en lo que pensamos, y contamos con el don de poder escribir nuestra propia historia. En mi opinión ésta es una verdad irrebatible. En mi parábola *Los regalos de Eykis*, Eykis comenta: «No hay un camino hacia la felicidad, la felicidad es el camino».

Mis pensamientos siempre han creado mi mundo.

Después de que mi madre consiguiera reunirnos a todos de nuevo, fuimos a vivir al este de Detroit. Pasé muchas noches viendo *El programa de esta noche*, protagonizado por Steve Allen, en una diminuta televisión en blanco y negro mientras los demás dormían. Me encantaba la extravagancia de Allen. Sentado en la pequeña sala de estar de la calle Moross, me imaginaba en *El programa de esta noche* y mentalmente conversaba con Steve Allen. En realidad me fijaba unos esquemas y preparaba mis respuestas ya que imaginaba que era un invitado del programa.

Pero la imagen de mi mente no correspondía al chico de trece años que miraba la televisión; el que aparecía en la pantalla y discutía sobre cosas que yo consideraba ciertas era yo pero en mi etapa de adulto. Mi personalidad de adulto coincidía bastante con mis creencias, incluso de esa época, en torno a la idea de que somos capaces de elegir nuestro propio destino y de hacer relativamente felices a los demás. Estos pensamientos me resultaban tan reales que solía contar a mis hermanos lo que iba a decir en el programa de esa noche cuando apareciera. Ellos me consideraban un muchacho con una imaginación desbordante que estaba siempre en otro mundo. Se reían de mí y continuaban haciendo lo que les parecía más real.

Pero mis imágenes mentales nunca sufrieron daño a causa de las actitudes de los demás. Desde que tengo uso de razón recuerdo que he sido capaz de penetrar en este mundo de pensamiento «puro», y puedo afirmar que para mí es tan real como lo es el mundo de la forma para todos nosotros. Muchas veces, de niño, sabía lo que me iba a suceder antes de que me ocurriera en realidad, porque lo experimentaba en mi mente con anterioridad. De jovencito, esta capacidad nunca me aportó ningún beneficio, así que con el tiempo dejé de contárselo a la gente.

Tal como mencioné en la Introducción, cuando regresé a Nueva York en 1974 tras mi experiencia transformacional ante la tumba de mi padre, supe que tenía que hacer grandes cambios en mi vida. Aunque me apasionaba la enseñanza en la universidad, algo en mi interior me decía que había llegado la hora de marcharme, de cambiar el ritmo de vida y tomar rumbos nuevos.

Pasé casi un año obsesionado por la idea de que debía marcharme y perder la seguridad que mi nómina bimensual me ofrecía. A través del ojo de mi mente contemplaba imágenes maravillosas. Me veía en los Estados Unidos hablando con todo el mundo sobre las ideas que acababa de exponer en *Tus zonas erróneas*. Intuía que el libro iba a tener un gran éxito. Así pues, un día anuncié a mi clase superior de doctorado que en breve abandonaría la universidad y que a partir de entonces seguiría mi camino solo. Tras esto, sufrí una fuerte conmoción. A esas alturas, el tema de mi posible dimisión sólo daba para diálogos dentro de mi familia, pero lo cierto es que yo ya lo había hecho público y definitivo. Seguramente mi forma estaba siguiendo la fuerza invisible de mi mundo interior.

A la mañana siguiente, en mi mente se reflejaba una imagen muy nítida de lo que quería hacer. Me veía solo en mi aventura, sin ninguna garantía, y sin embargo más relajado que nunca. Sabía que había llegado el momento, y que al cabo de unas pocas horas me relevarían del cargo y seguiría por mi cuenta y riesgo, sin poder contar con la seguridad de una nómina.

Cuando llegué a la universidad fui directo al despacho de la decana. Ni mi esposa ni mi familia sabían que aquél era el día elegido. La visión que había tenido aquella mañana fue la que me decidió. Todo el proceso de mi entrada en el despacho de la decana era mental. Todos mis pensamientos. Todas las visiones que yo era el único en conocer. Todas las imágenes de mí mismo que ya no podía borrar. Ni yo mismo podía creerlo. Y allí estaba, esperando para anunciarle a la decana mi dimisión a escasas semanas del final del semestre.

Nuestra conversación fue breve. Le dije que deseaba marcharme y hacer algo en que verdaderamente creía. Ella me pidió que reconsiderara el tema y que lo discutiera con mi familia y algunos colegas, pero le contesté que ya estaba todo decidido en mi mente —mis pensamientos— y que simplemente estaba siguiendo los pasos necesarios para formalizarlo en el mundo físico y real. Me habló de los riesgos que corría, de lo difícil que me resultaría ganarme la vida escribiendo y dando conferencias, de que volver a encontrar un trabajo como aquél era casi un imposible en los años setenta, puesto que en el mundo académico sobraban profesores y escaseaban vacantes. Le dije que era consciente de todo y que precisamente ello constituía una de las grandes razones por las que mi vida estaba dando ese giro. Bajaba por el camino que Robert Frost denominaba, en una conocida poesía, *El camino menos trillado*:

> Dos caminos divergían en el bosque, y yo...
> yo tomé el menos trillado,
> y ahí está la diferencia.

Cuando salí del despacho de la decana, anduve a mi aire inundado por una luminosidad interior. Era libre, libre para avanzar con confianza hacia la consecución de mis sueños.

Vacié mi despacho, informé a mis estudiantes y doctorandos de la situación y regresé a casa, pensando mientras conducía por la autopista que aquélla era la decisión más importante de mi vida. Y ahí estaba yo, un perfecto desconocido, que echaba por la borda su seguridad y pretendía contar al mundo las ideas de su nuevo libro. Estaba extasiado porque lo había visto todo en mi mente, antes de que sucediera en el mundo de la forma.

Charlé de mi nueva aventura con mi esposa e hija, y las dos me brindaron todo su apoyo. Puesto que siempre había sido una persona responsable y cumplido con mis obligaciones económicas, confié en estos precedentes, en vez de imaginarme algún tipo de desastre inminente que pudiera afectar mis obligaciones familiares. Haría uso de nuestros ahorros; pediría un préstamo si hacía falta; y reduciríamos nuestros gastos, en caso necesario. Mi familia estuvo totalmente de acuerdo conmigo; el dinero no iba a representar impedimento alguno para mi felicidad. Parecía como si ellos supiesen que aquél era un fin que yo debía perseguir, y como suele ocurrir cuando la familia quiere lo mejor para uno, no solamente me animaron, sino que además me hicieron saber que presentían que todo saldría bien. Todos estaban deseando aceptar el reto, sabedores de la dicha que nos retribuiría el esfuerzo.

Cada obstáculo que se anteponía en mi camino se convertía en una nueva oportunidad. Me dijeron que habían salido a la venta muy pocos ejemplares de mi libro, y que el hecho de que me presentara en los medios de comunicación no serviría de nada, puesto que la mayoría de las librerías estaban sin existencias. Así pues, pensé que lo mejor que podía hacer era comprar yo mismo un gran número de ejemplares y llevarlos directamente al público. En un principio, actué literalmente como mi propio distribuidor.

Dejé mis libros depositados en algunas librerías a lo largo y ancho de los Estados Unidos en 1976, y tuve la gran suerte de que algunas personas maravillosas entraron en mi vida en el momento preciso. Una de ellas, Donna Gould, se volvió una admiradora tan fervorosa tras la lectura de mi libro, que empleó parte de su tiempo en conseguirme pedidos por todo el país. Donna sabía que yo costeaba la mayoría de mis gastos, y contribuyó con muchísimas horas de su tiempo y toneladas de energía para ayudarme. Mi editor me apoyó un poco más al comprobar los resultados de mi proyecto. Al cabo de poco tiempo me encontré viajando de ciudad en ciudad, haciendo acto de presencia en coloquios radiofónicos y respondiendo a entrevistas en periódicos locales.

Primero recorrí la Costa Este, luego el Medio Oeste, y por último me embarqué en un largo viaje por todo el país en compañía de mi esposa e hija, corriendo con todos mis gastos, durmiendo en moteles baratos y, lo que es más importante, disfrutando al máximo de cada minuto de aquella nueva aventura. Pocas veces pensaba en el dinero. Había publicado tres exitosos libros de texto, además de muchos artículos para profesionales, pero ninguno me reportó ningún beneficio económico. Por consiguiente, no tenía motivación para desear hacer fortuna. Sencillamente, estaba haciendo lo que quería sin tener que dar cuentas a nadie. Puesto que yo mismo me financiaba el viaje y la adquisición de los libros, controlaba todo el desarrollo de esta promoción.

Con el paso de los meses, mi programa de entrevistas se amplió hasta llegar a quince diarias. Las librerías de las ciudades que visitaba empezaron a hacer nuevos pedidos al editor. En un principio, únicamente había sido capaz de conseguirlos en las pequeñas ciudades, pero ahora sucedía que los medios de comunicación de las grandes ciudades requerían mi presencia en sus programas.

Un «experto» en publicidad y publicaciones me había explicado que el único modo de poder llegar a todas las gentes de los Estados Unidos en los años setenta era a través de la televisión, pero que esa opción me estaba vedada puesto que no disfrutaba de renombre a nivel nacional. Añadió que ya podía darme por satisfecho si vendía unos miles de libros en la zona de Nueva York, le sacaba un par de ediciones al texto y conseguía que recibiera alguna atención para su posterior promoción en la universidad. Esta opinión era compartida por muchos que también conocían el negocio editorial al dedillo. Parecían desconocer la gran verdad que encerraba la frase de Víctor Hugo: «Nada es más poderoso que una idea a la que le ha llegado su hora».

¿Qué es una idea sino un pensamiento? Los expertos tenían sus propias ideas y actuaban guiados por ellas. Yo también tenía mi idea. Estaba de acuerdo en que la manera más sencilla de hablar con toda la gente en los Estados Unidos era a través de la televisión, pero también creía que no era la única. Podía llegar a la gente de mi país si estaba dispuesto a invertir tiempo, gastar energías y correr los riesgos que suponía mi proyecto. Yo estaba dispuesto y también muy deseoso de hacerlo. Interpretaría cada obstáculo que se me cruzase en mi camino como una nueva oportunidad de comprobar si era capaz de salvarlo. Y me fue muy bien. Al mismo tiempo que permitía que ciertas cosas sucedieran a través de mis pensamientos, consentía en que otras ocurrieran sin tener que enfrentarme con nada ni con nadie, solamente haciéndolo todo con amor y buen humor. Todo me resultaba muy divertido: los días, las entrevistas, las nuevas ciudades, los nuevos amigos. Todo me parecía muy emocionante.

Los meses se convirtieron en años, y mi familia y yo seguíamos en marcha. De alguna manera, mi situación financiera se había estabilizado. Un día, estando en la emisora de radio KMOX de St. Louis, recibí una llamada de Arthur Pine, mi amigo y agente literario, diciéndome que a la mañana siguiente mi obra aparecería en el puesto número ocho de la lista de libros más vendidos del *New York Times*. Acababa de lograr algo que todo el mundo había calificado de imposible. Sin contar con ninguna aparición en radio o televisión a nivel nacional, había sido capaz de llegar a las gentes de mi país y conseguir que compraran el suficiente número de ejemplares para colocarme en la lista de los superventas. Sentí emoción y respeto a la vez.

Pero ése era únicamente el comienzo de la manifestación de mis imágenes y pensamientos. Había llegado a plasmar en la forma aquello que tantas veces había pensado y, lo que era más significativo, me estaba acercando a la posibilidad de que mi meta se encontrara conmigo mismo. Había comenzado a desechar la negatividad y la crítica que tanto habían interferido en el fluir de mi proceso anterior.

También se produjeron otros cambios. Comencé a hacer más ejercicio cada día. Primero despacio, pero siempre con regularidad. En agosto de 1976 conseguí recorrer un kilómetro y medio sin efectuar ningún descanso. Al final, como se suele decir, no podía con mi alma, por el cansancio, pero mi satisfacción interior era algo indescriptible. Al día siguiente volví a intentarlo. Y al otro. Al cabo de una semana era capaz de hacer ese recorrido sin ningún problema. Dos meses más tarde logré correr doce kilómetros, lo cual sentó un precedente y marcó un hito, que he mantenido día a día desde el 7 de octubre de 1976. Presté más atención a mis costumbres alimenticias y descarté ciertas comidas que hoy se consideran pobres a nivel nutritivo.

Cuanto más libre era, es decir, cuanto menos negatividad y crítica destructiva poseía, más me ocupaba de tratar a mi yo físico de modo más saludable. Cuando permití que mi objetivo diera conmigo mismo, comencé a sentirme más feliz y en mayor armonía con mi otro yo. Al final fue como si me hubiera olvidado de quien era y hubiera sintonizado con mi profundo sentido de misión y objetivo.

Así es como funciona el proceso de iluminación interior. Se pasa por una serie de fases que primero se concentran en uno mismo y de forma consciente se intenta mejorar hasta que la agitación interior desaparece. Cuando eso ocurre, usted se encuentra mucho más resuelto y decidido a compartir con los demás. Cuando usted alcance un auténtico sentido interior de amor y armonía, eso es justamente lo que debe ofrecer.

Cuando mi libro empezó a aparecer regularmente en todas las listas de superventas en los Estados Unidos, creció de un modo espectacular la demanda sobre mis apariciones personales en los medios de comunicación. Incluso los programas que antes habían rechazado a mi colaboradora Donna, llamaban para informarse sobre mi disponibilidad. Una a una comencé a atender las peticiones, y al cabo de unos meses el libro saltó al primer puesto de la lista, donde permaneció por espacio de casi dos años.

Entonces recibí la llamada prodigiosa que me permitiría realizar el sueño que tantas veces tuve de joven cuando miraba la televisión al este de Detroit.

En una fiesta celebrada en Long Island alguien había entregado una copia de mi libro a Howard Papush, miembro del personal de *El programa de esta noche*. El hombre se lo leyó en el vuelo de vuelta a Los Ángeles, y una semana después alguien del programa me llamó para preguntarme si en mi próxima visita a la ciudad podría presentarme en los estudios Burbank para preparar una entrevista en el famoso programa. ¡Imagínense!

Al cabo de diez días me encontré sentado junto a Howard en su despacho, hablándole sobre aquellas ideas en las que creía tan fervorosamente. A esas alturas ya había concedido centenares de entrevistas y había aprendido que la táctica de ser uno mismo era infalible. Se trataba de conversar con el entrevistador como si estuviéramos en mi sala de estar. Howard y yo hicimos muy buenas migas y hasta la fecha hemos continuado siendo excelentes amigos. Me faltaba una semana para aparecer en *El programa de esta noche*.

El artista invitado de esa noche era Shecky Greene, un conocido humorista de Las Vegas. Mientras aguardaba en el pasillo, junto a la habitación en tonos verdes, vi unas cabinas telefónicas y corrí hacia una de ellas para llamar a mi esposa y compartir mi felicidad. En la cabina de al lado había otro hombre, el primer invitado de la velada, aquella persona con la que en tantas ocasiones, en tantas noches, había hablado mentalmente casi unos veinticinco años atrás. Me estoy refiriendo al mismísimo Steve Allen.

En mi opinión la grabación salió magníficamente. Estuve quince minutos en la televisión nacional hablando sobre aquellas ideas que consideraba tan fundamentales. Mi sueño se hizo realidad. Cuando luego me dirigía al aeropuerto para tomar un vuelo nocturno hacia la Costa Este, me sentía inmensamente satisfecho. Pero en el aeropuerto un altavoz mencionó mi nombre. Howard estaba al otro lado del teléfono para darme malas noticias: el programa de esa noche había sido cancelado, por primera vez en tantos años, debido a una prórroga del Congreso Nacional Republicano. No había fecha fijada para su futura emisión.

Durante el vuelo me preguntaba si el programa llegaría alguna vez a emitirse. Al día siguiente recibí otra llamada de Howard en la que me pedía que regresara a Los Ángeles cuanto antes para hacer una aparición junto a Johnny Carson esa misma semana. Así pues, sobrevolé el país por tercera vez e hice el programa con Johnny Carson el miércoles por la noche. Pero para la entrevista sólo dispusimos de seis o siete minutos al final del mismo. Johnny, consciente de ello, me pidió en antena que reapareciera el viernes por la noche. ¡No me lo podía creer!

Permanecí en Los Ángeles dos días más y acudí al programa el viernes por la noche. Todo salió de perlas. Una semana después emitieron aquel primer programa que había sido aplazado. Por tanto, pasé de ser una persona poco conocida a la que únicamente admitían en programas locales, a actuar como la estrella invitada en tres emisiones de *El programa de esta noche*, integrado a la televisión nacional, en el transcurso de tan sólo once días. No tenía ninguna duda con respecto a la gran verdad expuesta por Henry David Thoreau: «Si uno se deja llevar hacia sus sueños, y pone empeño en vivir la vida que se ha imaginado, no tardará mucho en conocer las mieles del éxito inesperado».

Tus zonas erróneas se publicó en veintiséis lenguas en todo el mundo. Le han seguido otros libros, cintas, artículos, conferencias para profesionales a nivel internacional y la oportunidad de influir en las vidas de millones y millones de personas. En ese primer año de andadura en solitario sin la seguridad de una nómina, gané más dinero del que jamás había reunido en los treinta y cinco años anteriores.

EL CÓMO Y EL PORQUÉ DE LA VISUALIZACIÓN

Estoy plenamente convencido de que los pensamientos son cosas. Los pensamientos, cuando son tomados y asimilados adecuadamente, se hacen realidad en el mundo de la forma. Es decir, nosotros pensamos a través de unas imágenes y estas imágenes se convierten en la realidad. Cuando aprendemos el cómo y el porqué de este proceso imaginativo, entonces nos encaminamos hacia el «conocimiento de las mieles del éxito inesperado».

Cuatro principios de visualización efectiva

Considere la producción de pensamientos como una visualización interior sin ninguna limitación de orden físico. En el pensamiento usted puede avanzar o retroceder, y no necesita de los cinco sentidos para penetrar en su mundo; lo hace en sueños mientras duerme. La causa y el efecto no constituyen requisito previo. Con pensamientos puede crear las imágenes que le plazcan, y estas imágenes pueden convertirse en lo mejor de su vida.

Hay cuatro principios básicos que le capacitarán para que haga funcionar este reino sin forma no solamente en su terreno físico sino también en el mental.

1. *Sus acciones se derivan de sus imágenes.* Todos nuestros pensamientos son consecuencia de los pensamientos que le preceden. Si usted se forma la imagen mental de que es incompetente en un área determinada, y continuamente la repite en su mente, a la larga acabará siéndolo. Pongamos por caso que tiene que cargar seis maletas en el maletero de su coche, diseñado para contener sólo cinco. La imagen que forme en su mente determinará la cantidad de equipaje que se llevará de viaje. Si piensa: «Tengo que eliminar una maleta porque este coche no puede llevarlas todas», entonces eso es lo que hará. Pero si por el contrario se imagina yendo de viaje con las seis maletas y congela esa imagen en su mente, actuará según el pensamiento de «Sé que puedo lograr que todas quepan, sólo tengo que cambiarlas de sitio hasta que las seis entren». Me refiero a los pensamientos como *cosas*, porque guardan tanta relación con los pre-

parativos del viaje como los otros objetos, tales como el coche, las maletas, los mapas, la reserva de gasolina, el dinero y todo lo que configura el mundo de la forma. Comprender que un pensamiento es el primer paso en el proceso de vivir contribuye a que usted considere el valor de la visualización bajo un contexto positivo.

Aplique la noción de los pensamientos entendidos como cosas que participan en la adquisición de riqueza. Si se imagina nadando en la abundancia, si mantiene esta imagen fija en su mente a pesar de las barreras con las que choca, y si percibe que la riqueza le aguarda, entonces usted actuará impulsado por esta imagen. Permitirá que ella se convierta en la imagen primordial de su mundo mental. Efectuará quince llamadas al día en vez de las tres o cuatro que solía hacer. Se encontrará ahorrando algún dinero de su sueldo y, de este modo, empezará a pagarse a usted mismo, primer paso en la adquisición de riqueza. Se le ocurrirán pensamientos relacionados con la riqueza y se rodeará de personas que le animarán en la consecución de sus proyectos. Asistirá a clases sobre temas trascendentales que darán color a la misión que esta vida le ha encomendado. Siempre se hallará en un estado de mejora continua. Buscará el conocimiento y la experiencia de quienes, perteneciendo al mismo campo, han conocido el éxito. Leerá biografías de personas de origen humilde que llegaron a triunfar. Toda su vida girará en torno a una cosa muy simple, un pensamiento: la imagen de usted nadando en la abundancia.

Vale la pena que también examinemos la otra cara de esta imagen. Si se imagina sumido en la pobreza, actuará día a día según esta perspectiva. Se rodeará de personas a las que no les sobra el dinero, leerá sobre empresas que han fracasado, se negará a probar cosas nuevas o a creer en la superación personal porque la única idea que cuenta para usted es que es pobre. Su comportamiento siempre surgirá de esta visión. Pensará que los triunfadores han nacido con buena estrella o simplemente les ha sonreído la fortuna. Cada vez que se dé la circunstancia que pueda favorecerle económicamente, creerá que no surtirá efecto en su caso.

De hecho, todo lo que usted hace responde a la imagen que se ha forjado en su mente antes de traducirla en acción. Imagínese incapaz de permanecer ante un público, y seguro que no lo logrará. Sencillamente se apartará de esa experiencia alegando ser una persona muy tímida. Las personas tímidas creen serlo en su mente, y se comportan según esa imagen mientras no consiguen superarla con una nueva imagen mental.

Dejando a un lado las circunstancias de su vida, cabe decir que usted es el guionista, el director y el productor de sus imágenes mentales. Siempre se moverá de acuerdo con ellas. Sus circunstancias no determinarán el tipo de vida que usted llevará; revelarán la clase de imágenes que ha ido seleccionando hasta ese momento. Usted actúa sobre imágenes de su aspecto físico, su régimen alimenticio, su estado económico, la calidad de sus relaciones y todos aquellos aspectos que requieren su intervención. Su mente almacena todas las imágenes que usted elige, y día a día lleva a cabo la labor que esos pensamientos le imponen.

Usted no puede tener un sentimiento sin antes haber concebido un pensamiento. Su comportamiento se basa en los sentimientos, que a su vez están basados en sus pensamientos. Por tanto, de lo que se trata aquí es de modificar esas *cosas* de nuestra conciencia a las que denominamos pensamientos, y no de alterar nuestro modo de hacerlas realidad. Una vez sus pensamientos reflejen lo que usted verdaderamente quiere hacer, el comportamiento y las emociones correspondientes afluirán espontáneamente. ¡Créalo y lo verá!

2. *Dígase a sí mismo que todo lo que visualiza ya está aquí.* ¡Recuerde lo que Einstein nos enseñó sobre el tiempo! El tiempo no existe en el mundo lineal; es una creación del hombre motivada en su visión limitada y su necesidad de compartimentarlo todo. No existe cosa se-

mejante a lo que llamamos tiempo. Deje que estas palabras vayan calando hondo en usted y ábrase a la posibilidad de creer que son ciertas. Ahora, en un universo en el que el tiempo no existe, usted puede encontrarse con cualquier cosa que desee. ¿Dónde, si no? Lo que hemos dado en llamar pensamiento se halla en el mundo físico. No está en otro sistema solar u otro universo. Está aquí. Pero lo que usted no debe hacer es visualizar algo y esperar cómodamente a que se materialice. Debe comprender que la oportunidad de hacer que el pensamiento se convierta en realidad física depende de usted, que la realidad física ya está aquí, en esta página, completamente a su disposición. Su trabajo como visualizador consiste en aprender a llevar el mundo abstracto del pensamiento al mundo físico de la forma.

Supongamos que usted se imagina vendiendo cinco millones de aparatos que ha inventado. Usted podría decirse a sí mismo: «¿Cómo puedo percibir esta imagen si todavía no los he fabricado?». La respuesta es muy sencilla. Se debe a que todo lo que usted visualiza ya está aquí. Pero ¿quién querrá comprar un chisme de ésos? ¿Dónde están esos cinco millones de personas? ¿En otro planeta? ¿En otro sistema solar? Por supuesto que no. Están aquí. Naturalmente, deben seguirse algunos pasos para llevarlo a la forma. Primero aprender a fabricar, a distribuir y promocionar su producto. Los pasos siguientes ya están en su pensamiento. Todo lo que tiene que hacer es conectar sus pensamientos con los de aquellos futuros compradores, y verá cómo lo que imaginó comienza a tomar forma en el mundo físico.

Supongamos ahora que usted se imagina corriendo una maratón de cuarenta kilómetros. ¿Dónde ocurrirá esto? ¡Aquí mismo! No en otra realidad, sino aquí mismo y ahora. Cuando los hermanos Wright visualizaron un avión volando, esa realidad ya estaba aquí. No tuvimos que inventarnos una nueva realidad para la posibilidad de volar en aparatos. Necesitábamos conectar nuestros pensamientos a la realidad que ya estaba allí. Una vez esos pensamientos sintonizaron con la posibilidad de volar, aquello se convirtió en nuestra realidad. La persona saludable que usted se imagina que es, se halla a su lado, aunque todavía rodeada de sus pensamientos previos referentes a la falta de salud. Llegar a comprender que todo lo que usted es capaz de imaginar ya se encuentra aquí le ayudará a responsabilizarse del resto de su vida.

Cada *cosa* es energía. Nada es sólido. Todo oscila en su propio nivel de realidad, y mientras la forma aparece como sólida, un simple examen al microscopio nos revela la existencia de un objeto compuesto de moléculas que danzan y se mueven a una velocidad menor que la de la luz, lo cual les da la apariencia de ser sólidas. La energía es la sustancia del universo, y los pensamientos son parte de esa sustancia. En consecuencia, cuando usted piensa en algo que le gustaría que le sucediera, recuerde que la clave consiste en sintonizar las dos frecuencias para que todo se convierta en realidad. No olvide que si es capaz de concebir una idea en cuanto imagen de algo que desearía que fuese verdad, ese algo ya está aquí. Y cuando empiece a dudarlo, no deje de preguntarse: «¿En qué otro sitio podría estar si no es aquí, en nuestro sistema de la realidad?». El pensamiento que tuve cuando era niño sobre mi aparición en *El programa de esta noche*, por inverosímil que nos parezca, ya estaba aquí. Si el tiempo no existe, entonces 1953 y 1976 son una misma cosa. Si usted está convencido de que las imágenes ya se encuentran aquí sólo por el hecho de que puede pensar en ellas, entonces dejará de seguir a la espera y pondrá manos a la obra para proyectarlas tanto en su mundo físico como en su realidad interior. La pregunta «¿En qué otro lugar pueden estar?» puede serle de gran utilidad cuando comience a dudar de que sus imágenes sean las más idóneas para convertirlas en su realidad.

3. *Esté dispuesto a hacerlo.* ¡Olvídese de la palabra «determinación»! ¡Olvídese de la perseverancia! ¡Olvíde-

se de su trayectoria personal y de aquello que le impulsa a seguir adelante! Estos conceptos no le servirán para comprender el proceso de visualización y acoplarlo a su vida. A menudo oigo decir: «Lo intenté con todas mis fuerzas». «Traté de hacerlo pero no funcionó.» «He seguido fiel a mis creencias a lo largo de estos meses pero todavía no ha surtido efecto.» La palabra clave que falta en estas afirmaciones es *disposición*. A fin de que una imagen se haga realidad en el mundo de la forma, usted debe estar dispuesto a hacer todo lo que haga falta para que ello suceda. Éste es el aspecto más importante en la visualización y la imaginación. Recuerde que todo aquello que su mente es capaz de imaginar ya está aquí, esperando a que usted conecte con ello. Lo único que le queda por añadir es su *disposición* para hacerlo.

Cuando abandoné la universidad en pos de mis sueños estaba dispuesto a todo. Si ello significaba mudarme a otra zona del país, no me importaba. Si se trataba de pedir dinero prestado, lo haría. Si tenía que alejarme de mi familia por algún tiempo, no había inconveniente, porque los míos me apoyaban. Si ello me representaba tener que trabajar unas dieciocho horas diarias durante algunos años, lo haría de muy buena gana.

Cuando doy conferencias sobre el tema de la imaginación positiva y la visualización creativa, siempre alguien del público comenta: «He perseguido mi sueño una y otra vez pero siempre sin éxito. ¿Por qué?». Suelo responderle con otra pregunta: «¿Y qué no estaba dispuesto a hacer?». La contestación acostumbra ser: «Nunca arrancaría a mi familia de nuestro hogar para mudarme a otras ciudades sólo por lograr mi sueño». Entonces le digo: «Quizá lo que usted necesite es averiguar hasta dónde está dispuesto a llegar para hacer de su sueño una realidad». Yo creo que estar dispuesto a hacer *todo* lo necesario para satisfacer las aspiraciones de uno es un factor clave en la consecución de las mismas.

La disposición es en verdad un estado mental. Es una afirmación interna que se repite: «Seré feliz en todo lo que emprenda y daré el paso siguiente para la realización de mi sueño». Este principio no presupone una larga lista de objetivos. Todo lo contrario. Supone una afirmación interior: uno *hará* todo lo que sea necesario porque eso es precisamente lo que considera mejor.

Pienso que la disposición es proporcional a la idoneidad del camino escogido. Si usted es reacio a realizar alguna acción, le sugiero que someta su sueño a examen. Quizá esto sea una indicio de que usted no está haciendo aquello que en el fondo desea. En otra situación avanzaría con plena confianza y no se detendría ante lo que la gente pudiera decir, los obstáculos que se interpusieran en su camino, o cualquier hecho que apuntara al fracaso de su visualización.

En mi despacho tengo dos pósters enmarcados. Uno es una fotografía de Albert Einstein, con las siguientes palabras: «Los grandes espíritus siempre se han tropezado con mentes mediocres». El otro sólo está formado por las palabras: «Estoy muy agradecido a quienes dijeron que no. Gracias a ellos lo logré». ¡Qué grandes pensamientos!

Directamente relacionado con este tercer principio de visualización se encuentra la noción de *apertura*. Cuando usted está dispuesto a hacer todo lo imprescindible para dar *forma* a sus imágenes y sus pensamientos, usted se abre a todas las posibilidades que tiene como ser humano. Pensará que nada es demasiado absurdo para ser intentado. En su conciencia no tendrán cabida los impedimentos ni el desaliento. Estará abierto a todo. Y además, no debe olvidar que cuando usted se abre a la abundancia comienza a adquirir numerosas formas. En muchas ocasiones algunos «expertos» me habían comentado que mis esfuerzos por hablar al mundo en *Tus zonas erróneas* no hallarían eco, pero mi corazón se resistía a aceptarlo al tiempo que mi voluntad se fortalecía y mi mente razonaba que esas opiniones podían ser ciertas para quienes las habían emitido. Disfrutaba de cada paso en mi camino, sin pensar que mis esfuerzos constituían un tortuoso carril por el que tenía que conducir para llegar a un área de servicio. Cada vez que superaba un obstáculo se convertía en una fiesta interior. Y llegué a darme cuenta de que el área de servicio que me proponía alcanzar era una mera ilusión, puesto que el futuro no existe; sólo contamos con la «unidad de explotación» (por así decirlo) que es nuestra vida, lo que ahora existe.

Cuando esté verdaderamente dispuesto a hacer todo lo necesario para lograr su objetivo, a pesar de los obstáculos que se interpongan en su camino, su apertura le conducirá a un estado de armonía interna que le impedirá rendirse. Estar dispuesto no significa *tener que* sufrir, o *tener que* hacerlo todo. Con frecuencia la misma disposición ya resulta suficiente.

4. *Dése cuenta de que el fracaso no existe.* No lo olvide y conseguirá todo aquello que su mente desee. Nunca fracasará; usted simplemente conseguirá resultados. Siempre resultados. Por ejemplo, si pretende golpear una pelota de golf a unos cien kilómetros y se desvía a la izquierda, no ha fracasado. Ha conseguido un resultado. Su concepto de fracaso proviene de haber tenido en cuenta la opinión de una segunda persona respecto a cómo debió proceder en aquella jugada. Usted sin duda ha conseguido un resultado. Puede hacer dos cosas: enfadarse consigo mismo o bien colocar la pelota en el nuevo punto de partida y golpearla desde ese lugar, desde ese resultado que consiguió previamente. Si opta por la segunda posibilidad y tiene que repetir la jugada unas doscientas veces, piense que todavía no ha fallado; sólo ha conseguido doscientos resultados. Así, siguiendo los principios de la visualización, si desea ser capaz de golpear una pelota de golf a unos cien kilómetros de donde se encuentra, debe estar dispuesto a hacer todo lo que haga falta para conseguirlo. Es muy, pero que muy fácil. No tiene que hacer lo que su esposa o Arnold Palmer necesitan efectuar para lograrlo; tiene que hacer lo que usted necesite. Cien, doscientos, seis mil golpes. Si quie-

re que su visión se convierta en realidad en el mundo de la forma, debe estar dispuesto a hacer todo lo que sea preciso, y recordar que no puede fallar en el hecho de ser uno mismo. Siempre conseguirá resultados.

Supongamos que usted pesa 110 kilos y desea pesar 60. Usted no ha fallado, únicamente ha conseguido un resultado excesivo. Ahora aplíquese los cuatro principios que consideran los pensamientos como cosas. Imagínese que pesa 60 kilos, fije esa visión y reténgala. Será entonces cuando comenzará a actuar según esa imagen, y se encontrará cambiando sus hábitos alimenticios y haciendo ejercicio para ajustarse a esa imagen. En segundo lugar, no olvide que esa persona de 60 kilos que usted visualiza ya está aquí, aunque aparezca rodeada de 50 kilos extras. En tercer lugar, esté dispuesto a hacer lo que sea necesario para que su imagen se convierta en una realidad, para alcanzar su objetivo. No haga lo que funcionó en el caso de su hermana. Haga lo que necesite para *su* imagen. Y finalmente recuerde que en el proceso no se puede fallar; así siempre obtendrá resultados.

Si los resultados demuestran que es incapaz de perder peso, ponga manos a la obra para descubrir cuál es el pensamiento que le impide adelgazar, porque la causa será sin duda ese pensamiento. Pienso que en estos casos los métodos más eficaces son los que hacen hincapié en el hecho de que cada uno tiene sus propias respuestas. Debe hallar el planteamiento que más se ajuste a usted, que le conduzca a la responsabilidad de sí mismo y a la comprensión de que lo que uno cree es lo que uno ve. Puede intentarlo con el análisis de los sueños, mediante el cual se busca el conocimiento de uno mismo. La conciencia interior invita a que las soluciones, las respuestas y las aclaraciones se presenten en los sueños y la meditación.

El «usted» que se encuentra más allá de la forma vive eternamente en un mundo sin forma. Una afirmación bastante atrevida, seguramente, pero ¿se convencería si pudiera dejar su cuerpo, existir en un mundo sin forma, y luego volver a entrar en su cuerpo y existir en el estado que denominamos forma? Piense que usted lo hace cada noche, y que pasa aproximadamente un tercio de su vida practicándolo. Se le llama soñar, y puede enseñarnos mucho como parte del pensamiento puro. Observemos lo que sucede cuando abandonamos nuestros cuerpos y nos adentramos en el mundo de los sueños.

Cada vez que nos dormimos y comenzamos a soñar, dejamos nuestro cuerpo y penetramos en un cuerpo soñador. Nos convencemos de que ese nuevo cuerpo es real mientras estamos soñando, porque de no ser así seríamos incapaces de tener sueños. ¿Dónde podrían tener lugar?

Echemos una ojeada a las reglas de los sueños, y comprobemos la gran diferencia que existe con respecto a las que aplicamos en la vigilia.

En primer lugar, en los sueños *el tiempo no existe.* Podemos avanzar y retroceder a nuestra voluntad. Podemos estar con alguien fallecido hace muchos años y cuya presencia nos parezca muy real. Podemos volver a ser adolescentes, y también eso nos puede parecer muy real desde nuestro cuerpo soñador. Podemos vivir toda una vida en una secuencia de sueño que dure catorce minutos y nuestro cuerpo soñador creer que ha sido cierto.

En segundo lugar, mientras soñamos *no existe la relación causa-efecto.* Puede darse el caso de que nos encontremos hablando con alguien a quien conocemos muy bien, y que al cabo de una décima de segundo nos hallemos en un autobús conversando con un extraño. Puede suceder que emprendamos una acción cuyos resultados sean opuestos a los obtenidos en la vigilia.

En tercer lugar, *los sueños existen sin necesidad de un*

principio y un final. Puede ser que en mitad de una secuencia nos traslademos a otro lugar, y que más tarde regresemos mucho más jóvenes de lo que éramos hace un momento.

En cuarto lugar, en los sueños *cada obstáculo se convierte en un tipo de oportunidad.* Si en el sueño vamos conduciendo por una carretera que de repente finaliza en un acantilado, podemos darle la vuelta a ese contratiempo y en vez de precipitarnos al abismo volar por encima de él. En una escena de persecución tal vez seamos capaces de detener las balas al vuelo.

En quinto lugar, *nosotros creamos todo lo necesario para nuestro sueño.* Este punto es muy importante para mi hipótesis. Si nos hace falta una persona que chille y dé grandes alaridos, nosotros mismos la creamos al igual que la escena con los gritos. Somos nosotros quienes creamos todas las personas y las cosas que necesitamos para los sueños. Porque, de no ser así, ¿quién lo hace?

En sexto lugar, *nuestras reacciones en los sueños se manifiestan en nuestro cuerpo, pero las causas de esas reacciones son sólo ilusiones o pensamientos.* Por ejemplo, si usted sueña que alguien le amenaza con un cuchillo, el corazón empezará a latirle con más fuerza, y eso es algo real. Pero el cuchillo y el individuo que lo empuña son una ilusión.

Y en último lugar, *la única manera de saber que hemos estado soñando es despertar.* Si soñáramos veinticuatro horas al día, ésa sería nuestra realidad.

Estamos convencidos de que el cuerpo es real, y sin embargo todo lo que experimentamos al soñar pertenece al reino del pensamiento. La realidad física no existe, es una ilusión de la que nos damos cuenta al despertar. Pasamos casi una tercera parte de la vida durmiendo, y un elevado porcentaje de ese tiempo soñando, lo cual es pensamiento sin forma que nos parece muy real antes de despertar. De hecho, en sueños somos capaces de realizar las hazañas más prodigiosas. Podemos volar, superar los límites del tiempo, crear todo aquello que nos plazca;

y al parecer los soñadores masculinos son capaces de imaginarse toda una vida en este estado de pensamiento puro. ¿Qué es una polución nocturna sino la eyaculación del protoplasma de la vida? Es el pensamiento puro ofreciendo la oportunidad de visualizar la vida. No hay contacto físico. Sólo el pensamiento puro que crea la vida. Es un proceso extraordinario que se produce en este extraño y misterioso mundo construido de un estado puro y carente de forma, con pensamientos.

Con esto no me estoy refiriendo a la interpretación de los sueños. Estoy escribiendo sobre el proceso de los sueños con la finalidad de animarle a que se convierta en un *soñador despierto*. Es decir, pretendo ayudarle a que comprenda que las reglas que se aplican a su cuerpo de soñador, también tienen aplicación en su cuerpo cuando está despierto. Henry David Thoreau ya se había anticipado a esta idea diciendo: «Nuestra vida más verdadera es la que se produce cuando soñamos despiertos».

A efectos comparativos, piense en los tres niveles de conciencia. Al nivel más bajo lo llamaremos conciencia soñadora; al siguiente, conciencia despierta; y al tercero, conciencia superior. Y ahora veamos cómo son estos niveles y lo que suponen en nuestras vidas. Para ello, utilizaré un ejemplo de mi propia vida.

De jovencito soñaba a menudo con recoger nieve con una pala, y a veces hablaba en voz alta sobre ello despertando así a uno de mis hermanos. Éste llegó a descubrir que si me hablaba muy flojito durante mi sueño, podía conseguir que yo le entregara mi pala imaginaria, y de este modo divertirse a mi costa hasta que sus carcajadas me despertaban. Pero en tanto simulaba ser parte de mi sueño, yo cooperaba desde mi nivel de conciencia soñadora con su nivel de conciencia despierta. Este caso creo que ilustra perfectamente nuestra capacidad de comunicación entre nuestra conciencia soñadora y nuestra conciencia despierta.

¿Qué pasaría si alguien perteneciente a una dimensión superior a la nuestra deseara unirse a nosotros y hablarnos? Esa persona también debería hacernos creer que se trataba de uno de los nuestros, aunque él (o ella) supiera que existe una conciencia superior más allá de nuestro nivel de conciencia despierta. Si ese ser tuviera carisma y resultase convincente, muchos lo escucharían y captarían parte del potencial de la conciencia superior que desconoce la conciencia despierta. Así es, creo, el proceso que han seguido los grandes maestros espirituales para enseñarnos las dimensiones que nos esperan en el mundo que está más allá de la forma. ¿Cuál sería un buen disfraz? ¿Qué opinan de un carpintero que nos ofrece una vaga noción de lo que podemos disponer, y que nos va diciendo mientras produce un milagro tras otro: «Aquel que crea en mí y en mis obras, sabrá hacerlas, e incluso mejores que éstas»? ¿Y qué les parecería un profesor, un escritor o un empleado de gasolinera? Sí, ahí fuera existen forjadores de milagros capaces de conducirnos a la frontera de nuestra conciencia despierta para que desde allí podamos vislumbrar algo más. Los grandes maestros espirituales que han vivido y viven entre nosotros han superado las reglas de la forma que consideramos únicas.

Mientras estamos en nuestros cuerpos de soñadores experimentando esa parte de nuestras vidas, nos adentramos en el mundo del pensamiento puro, podemos gozar de experiencias trascendentes a nuestro antojo. En este estado desprovisto de forma, no necesitamos emplear ninguno de nuestros sentidos. No necesitamos tocar, sentir ni oler nada para saber que es real. El pensamiento es real.

Al convertirse en un soñador despierto, usted entra en el nivel de conciencia superior situado más allá de la conciencia despierta, es decir, penetra en el nivel que los maestros espirituales nos han señalado a través de sus enseñanzas y ejemplos sobre los seres humanos. Pero para conseguirlo, usted debe desafiar al sistema de creencias y pensamientos que conforma su realidad.

Para llegar a ser un soñador despierto debe aprender a «morir mientras esté vivo». Comencemos examinando el proceso de la muerte. Creo firmemente que 1) no podemos matar el pensamiento, y que 2) toda forma está en transición. Por consiguiente cabe decir que la muerte será muy parecida a la conciencia soñadora antes descrita. Nosotros, nuestros pensamientos, abandonamos el cuerpo cuando entramos en el sueño, y entonces nosotros (los pensamientos que somos) volvemos a penetrar en el cuerpo de la conciencia despierta. Del mismo modo, cuando morimos nuestros pensamientos abandonan el cuerpo y podemos echar una ojeada al sueño que estamos viviendo ahora, al que llamamos conciencia despierta, desde un punto de vista similar al que tenemos cuando pensamos en los sueños que hemos tenido. Esta idea tiene especial relevancia. Si aprendemos a interiorizarla, nos puede librar del temor a la muerte. La razón que nos dificulta aceptar que esta conciencia despierta es un sueño radica en que todas las cosas nos parecen reales. Pero volvamos a nuestra conciencia de soñador. La misma explicación puede aplicarse aquí. Mientras nos encontramos en el cuerpo soñador creemos que es real, pero en cuanto despertamos se convierte en una ilusión. Todo lo que experimentamos en la conciencia despierta también lo consideramos real.

Morir mientras estamos vivos es la única oportunidad de salirnos de ese «envoltorio» en el que nos albergamos temporalmente. Una parábola muy antigua, transmitida de generación en generación por los grandes maestros espirituales de la India, servirá para ilustrar este punto:

Un viajante procedente de la India fue a África para adquirir algunos productos y animales de la zona, y mientras estaba en la selva pudo contemplar miles de hermosas cotorras multicolores. Decidió capturar una y llevársela a su país como animal de compañía.

Una vez en casa la puso en una jaula. La alimentaba de semillas y miel, le ponía música y en general la trataba bastante bien. Cuando al cabo de dos años el hombre tuvo que regresar a África, le preguntó a la cotorra si deseaba darle algún mensaje para sus amigos de la selva. El ave le dijo a su dueño que les contara que era muy feliz en su jaula, que disfrutaba de cada instante allí, y que les enviaba todo su amor.

Cuando el viajante regresó a África transmitió el mensaje a las otras cotorras de la selva. Cuando acabó de hablar, una cotorra con lágrimas en los ojos cayó al suelo, muerta. El hombre se alarmó y pensó que aquella cotorra debía de haber sido una buena amiga de la que él tenía en casa y que aquélla había sido la razón de su tristeza y muerte.

Cuando el viajante volvió a la India, le contó a la cotorra lo sucedido. Ésta se desplomó, sobre el suelo de la jaula. El hombre estaba aturdido, pero pensó que su animal de compañía también había muerto de desesperación al enterarse de la muerte de su amiga de la selva.

El comerciante abrió la jaula y echó el ave al contenedor que había junto a su casa. Acto seguido, la cotorra voló hacia la rama de un árbol.

El hombre le dijo:

—¿Conque no estás muerta, eh? ¿Por qué lo has hecho?

La cotorra respondió:

—Porque el ave de la selva me envió un mensaje muy importante.

—¿Qué mensaje? —le preguntó el comerciante con impaciencia.

—Me dijo que si quería escaparme de su jaula, tenía que morir estando viva.

Todos debemos morir mientras permanecemos vivos, para ser capaces de echar la vista atrás y contemplar nuestra conciencia despierta y a nosotros mismos atrapados en la jaula, que en nuestro caso equivale al cuerpo. Y será entonces cuando nos daremos cuenta de lo inútil que es vivir enjaulado.

Repasemos las siete reglas que se aplican a nuestro cuerpo soñador y consideremos qué fascinante podrá ser nuestra conciencia despierta si aprendemos a morir cuando estamos vivos para convertirnos así en soñadores despiertos.

1. *El tiempo no existe*. Einstein dedicó un estudio sobre la vida a una idea sobre nuestra existencia en un universo completo. Si el tiempo no existe, excepto a la conveniencia del hombre, entonces resulta que ocho horas y ochenta años son una misma cosa. Un sueño de ocho horas y uno de ochenta son idénticos y la única forma de saber que estamos soñando se produce al despertarnos. En un sueño, podemos ser bebés, niños o adolescentes. Podemos casarnos, tener hijos, hacer una carrera, ir a la bancarrota, ser abuelos, mudarnos a una residencia de ancianos, y convertirnos en viejecitos adorables. Todo ello en unos minutos. En el sueño todo parece muy real y somos capaces de reducir lo que vemos a una breve secuencia de lo que llamamos tiempo. También cuando estamos despiertos, en el nivel de conciencia despierta, es posible que reconozcamos que el tiempo es una ilusión y que nos redefinamos incluyendo nuestras naturalezas sin edad ni forma.

2. *No hay causa y efecto*. En el cuerpo soñador vamos y venimos con plena libertad sin estar restringidos por las leyes de la causalidad. En el pensamiento ocurre exactamente lo mismo. Podemos tener una idea sin ninguna relación con otra que hayamos podido concebir en un proceso de pensamiento superior. Podemos tener un sueño que a la vez forme parte de otro sueño, que también pertenezca a otro sueño. En la conciencia despierta también tenemos posibilidad de reconocer que no necesitamos estar restringidos por las reglas que determinan la forma. La ley física de la gravedad no puede aplicarse al pensamiento. De hecho, más allá de la atmósfera ni siquiera nuestro cuerpo se ve limitado por las restricciones de la gravedad. Un soñador despierto puede soñar en un pensamiento sin que éste tenga nada que ver con el precedente. Podemos saltar de un pensamiento a otro y aprovechar aquellos que nos resulten útiles. En la conciencia despierta podemos comprender que somos capaces de cambiar la marcha en cualquier momento de nues-

tra vida. Si usted es médico, pero ello ya no tiene ninguna aplicación en su vida, escogerá nuevos pensamientos y comenzará a convertirlos en su realidad de conciencia despierta.

3. *No existe principio ni final.* En nuestro cuerpo soñador nunca llegamos a desaparecer o dejamos de existir, porque los principios y los finales sólo existen en la forma. Nunca morimos, sólo dejamos de estar. Tampoco morimos en nuestra conciencia despierta, y debemos comprenderlo si pretendemos superar nuestro temor a la muerte. No podemos matar al pensamiento, como lo demostramos noche tras noche. Así, su abuela muerta puede aparecérsele en sueños, a la edad de cincuenta y tres y a la de ochenta y tres, sin estar limitada por las leyes de la forma. Cuando penetramos en nuestro cuerpo soñador no tenemos necesidad de contar con un principio para cada secuencia de sueño; sencillamente nos encontramos allí, en estado puro y simple; no hay necesidad de comenzar.

Quizá ahora también estemos aquí en el estado de conciencia despierta, sin tener en cuenta principios o finales, solamente imaginando la eternidad. Bajo este concepto de eternidad, la noción de un principio y un final es absurda. Intente imaginarse dónde empieza y acaba el universo, y se dará cuenta de lo absurdo que puede resultar. Pruebe a imaginarse un pensamiento con un principio y un final y verá que tampoco el pensamiento se somete a esas reglas. El universo y todo lo que contiene, incluyendo la humanidad, es pensamiento, y el soñador despierto lucha por comprenderlo en vez de preocuparse por su principio o su fin. Las almas verdaderamente iluminadas saben que no pueden morir. Saben que la muerte no es más que una transición de la forma, y que la dimensión del pensamiento astral no conoce nada que pueda considerarse un principio o un final.

4. *Los obstáculos son oportunidades.* Nuestro cuerpo soñador sabe convertir los obstáculos en oportunidades,

y cuando soñamos lo hacemos continuamente. Con frecuencia superamos las dificultades y nos trasladamos a otras realidades en nuestro cuerpo soñador. Ésta es una de las lecciones que podemos aprender sobre nuestro estado al estar despiertos. Todas las cosas con las que nos enfrentamos en la vida pueden enseñarnos algo. Cada enfermedad guarda en sí misma las semillas de la curación. Toda relación, a pesar de lo perjudicial que pueda parecer, tiene algo que enseñarnos. Toda adicción contiene en su interior la fuerza para superarla y todos los ex adictos con quienes he podido trabajar me han comentado siempre lo mismo: «Doy gracias a mi adicción por lo mucho que me ha enseñado sobre mí y sobre mi capacidad de salirme de la trampa en la que me había encerrado». El soñador despierto es consciente de que en cada problema con que se enfrenta no hay mal que por bien no venga, y de que todo mejora en cuanto se da cuenta de ello.

Podemos desarrollar esta actitud del soñador despierto eliminando la tendencia a amargarse por los problemas y en su lugar dándonos un respiro para descubrir la parte positiva que encierran. Sobre todo, no debemos olvidar en nuestra conciencia despierta que todo aquello con que nos enfrentamos o de lo cual nos lamentamos sólo sirve para hacernos más débiles y ocultarnos la posibilidad de ver una oportunidad en el obstáculo. Nuestro cuerpo soñador es consciente de todo esto. En realidad, nuestro cuerpo soñador puede tomarla con alguien durante el sueño y en consecuencia despertarnos malhumorados y tensos. La enseñanza que se desprende de este hecho es importante. La rabia es real y la experimentamos en nuestro cuerpo soñador y en nuestro cuerpo despierto, pero las personas y cosas con las que estamos enfadados son pura ilusión. ¡Qué gran lección! Experimentamos toda nuestra rabia, pero el origen de la misma no es real, es como un personaje que hemos creado para nuestro sueño.

5. *Usted crea todo lo que necesita para el sueño.* En nuestro cuerpo soñador creamos todo lo que nos sucede. Nos inventamos la gente, los acontecimientos, las reacciones, el tiempo, etc. También imaginamos todo lo que nuestra conciencia despierta necesita. ¡Piénselo despacio por un momento! Ésa es una de las lecciones que los maestros espirituales han intentado inculcarnos desde los anales de la historia. ¡Siéntase responsable de todo ello! Imagínese que muere y que lanza una mirada retrospectiva a este nivel de conciencia desde ese estado desprovisto de forma que guarda tantas semejanzas con su conciencia soñadora. Cuando usted se salga de su jaula, de su cuerpo, comprenderá que usted mismo fue quien creó todo lo que necesitaba para el sueño que medimos en años, en vez de horas, pero que da exactamente lo mismo si aceptamos que el tiempo no existe.

Ahora intente revivir esa noción mientras se halla dentro de este cuerpo. No deje de repetirse que es un ser multidimensional. Desde esta perspectiva que ofrece la dimensión del pensamiento puro, creando todas sus experiencias, ya no le parecerá una noción tan absurda. Contemple toda su vida sabiendo que es imposible retener la forma una vez usted la supera, al igual que les ocurre a las personas y las cosas que se ha imaginado en su sueño cuando despierta del mismo.

Un poco raro, ¿no? Y un tanto misterioso, ¿no? Pues sí. Pero imagínese el poder y la trascendencia que esa idea podría tener en su mente. Empiece a apartarse de su forma, y eche un vistazo a todo lo que tiene y deja de tener, todas sus posesiones y todas sus relaciones, todas sus empresas, todo, en una palabra, como si fueran objetos que usted ha creado para su sueño. Ahora es el momento de sacar de sus creaciones el máximo partido en beneficio de ese gran sueño que antes nadie ha tenido, o bien de convertirse en un ser decepcionado, atrapado, deprimido, preocupado, y lleno de ansiedad por las cosas que ha creado para su sueño. ¡En resumen, ilusiones! Entonces ¿por qué no se decide, se responsabiliza de todo y disfruta de su sueño de ochenta años o más?

6. *Las reacciones son reales, los personajes sólo ilusiones.* Cuando soñamos sufrimos múltiples reacciones emocionales. Nos sentimos extasiados como resultado de algunos pensamientos y nuestro cuerpo reacciona con alteraciones en la presión sanguínea, los latidos del corazón, rubor, erecciones, sonrisas y otras cosas parecidas. Podemos llegar a sentirnos dolidos como consecuencia de otros pensamientos que conforman nuestros sueños y nuestro cuerpo entonces reacciona con ceño fruncido, lágrimas y otras manifestaciones físicas. La rabia es producida por pensamientos en sueños y nuestro cuerpo responde a ella con puños apretados, respiración agitada, dientes rechinando e incluso lágrimas. Pero recuerde que somos los creadores de todos los personajes y hechos y que los llevamos a escena únicamente en el pensamiento. En el fondo, los personajes son ilusiones pero las reacciones reales. Y así es como también funciona en la conciencia despierta, aunque en su vida actual pueda resultarle un poco difícil aceptar el concepto de soñador despierto.

No tengo intenciones de establecer un debate sobre lo que existe o deja de existir en cualquiera que sea la realidad en la que usted se encuentre. En mi opinión las reacciones, las manifestaciones de nuestros sentimientos son reales. Si esos sentimientos interfieren en nuestro disfrute de la vida, entonces significa que necesitamos esclarecer qué es lo que nos impide gozar de nuestra felicidad. El hecho de que las personas o los acontecimientos sean reales es sólo cuestión de enfoque. Lo que cuenta es aclarar qué es lo que le está sucediendo, en vez de preocuparse por saber si ello viene dado por algo real o por una ilusión. Examine su rabia, odio u obsesiones bajo esta nueva luz. Nadie puede generarle odio o ansiedad en su interior; solamente usted puede hacerlo en virtud de su manera de procesar el mundo en su mente, es decir, según su manera de pensar.

En consecuencia, puede afirmarse que en vez de intentar descubrir qué o quién es real, le será más útil concentrarse en su manera de procesar sus pensamientos y sentimientos. Y al igual que le ocurre en sus sueños, una vez se ha despertado se dará cuenta de que solamente sus reacciones, el residuo de los sentimientos de su cuerpo, permanece. ¿Es capaz de dejar que esos sentimientos y pensamientos se le escapen sin ser censurados, tal como hace en sus sueños? ¿En su vida de vigilia puede pensar en algo sin emitir un juicio sobre ello, reprimirlo o ponerle fin? En la conciencia soñadora usted siente y conoce un conjunto de experiencias humanas sin necesidad de someterse a juicio alguno. Pruebe a hacerlo en el estado de conciencia despierta también, y se convertirá en lo que denomino un soñador despierto.

Considere el reino del amor. Sus reacciones al amor son reales y usted las experimenta en su cuerpo despierto, pero la única forma de crear esas reacciones es a través de sus pensamientos. Cuanto más se incline por pensamientos afectuosos, positivos y hermosos con respecto a sí mismo y a los demás, más reacciones saludables obtendrá de su cuerpo. Nosotros lo creamos todo, incluyendo las personas que forman parte de nuestra vida. Y lo que tiene todavía un peso mayor es nuestro modo de permitir o anular nuestras reacciones. Ésta constituye la verdadera esencia de un soñador despierto, en otras palabras, el no ser crítico en nuestra manera de reaccionar emocionalmente ante todas las personas y hechos que integran nuestra vida. Concéntrese en todo lo que hace, piensa y siente. Si usted aprende a morir estando vivo, será capaz de echar una mirada retrospectiva a aquellos elementos externos y darse cuenta de que son sólo pura ilusión y de que sus reacciones internas son, por el contrario, una realidad. De hecho, esas reacciones representan lo que usted es, sus pensamientos puros y simples.

7. *La única manera de saber que está soñando es despertarse.* Si soñáramos veinticuatro horas al día, ésa sería

toda nuestra realidad. Sólo sabemos que soñamos cuando nos despertamos. Y lo mismo le ocurre al nivel de conciencia que denominamos estado de vigilia. Una vez despertamos, es decir una vez examinamos los principios que rigen la dimensión del estado desprovisto de forma y el pensamiento, somos capaces de considerar todas nuestras actividades bajo el mismo prisma desde el que observamos nuestra conciencia soñadora. Desde esta perspectiva del despertar, resulta bastante estúpido estar unido a ciertas cosas que únicamente podemos experimentar en sueños. No me cabe la menor duda de que ésa es la razón por la cual mi vecino tenía colgado en su lavandería un letrero que decía: «Tras la iluminación, la colada».

No debemos permitir que las acciones de los otros controlen nuestros pensamientos cuando contamos con la capacidad de procesar mentalmente nuestro mundo y las personas que nos plazca. Las personas despiertas saben en lo más hondo de su corazón que son mucho más que un cuerpo y que han creado todo lo que necesitan para su sueño. Al contemplar con mirada retrospectiva nuestros sueños, nos damos cuenta de lo infructuoso que es preocuparse por el contenido de un sueño que hemos creado, y también de lo inútil que resulta hacer lo mismo por lo que hemos generado estando despiertos. La clave para comprender que somos pensamiento y que el pensamiento da lugar a todo se encuentra en este inmediato despertar, y en el uso de nuestra nueva perspectiva para hacer de nuestra vida una experiencia de tanta gloria, armonía y amor como sea posible. Esto no excluye el examen de los contenidos de nuestros sueños y de las circunstancias de la vida cotidiana, en favor de un mayor conocimiento de sí mismo y una mejor comprensión, aunque éste no sea el tema central de este libro.

Ahora sugiero que volvamos a considerar los siete principios que definen al soñador despierto, y que usted los aplique a su propia vida. Utilice este nuevo conocimiento para sacar el máximo partido de su conciencia despierta, y libérese también de su temor a la muerte. Emplee todo el potencial de su propia muerte como experiencia relacionada con el despertar y comience a vivir esa gran vida que nunca antes se habría atrevido a soñar.

POR QUÉ NOS RESISTIMOS

—Nos hemos acostumbrado a pensar en nosotros mismos como si fuéramos un cuerpo físico en vez de una energía interior. Nos miramos al espejo y creemos que vemos aquello que somos. Vivimos en una cultura que pone especial énfasis en esta idea. Día a día somos bombardeados por mensajes que nos recuerdan que debemos perfumar, afeitar, limpiar, alimentar, relajar y adornar nuestros cuerpos para que podamos gozar de la felicidad, la salud y el éxito. A la mayoría de nosotros se nos ha inculcado esta filosofía desde la infancia, y en consecuencia ahora consideramos que en primer lugar somos un envoltorio cuyo contenido carece de importancia. Es comprensible que nos resistamos a la idea de que también contamos con una significativa parte invisible e indiferente a las demandas del mundo externo.

La historia del hombre que buscaba la llave junto al portal de su casa, bajo la luz de una farola, puede servir de ejemplo para ilustrar este punto. Un extraño se ofreció para ayudarle a buscarla, y el hombre se mostró muy agradecido. Al cabo de treinta minutos de búsqueda infructuosa, el extraño le preguntó:

—¿Dónde perdió la llave?

—¡Oh! —contestó—. La perdí en casa.

—Pero entonces, ¿por qué la busca aquí fuera bajo la luz de esta farola?

—No tengo luz dentro de casa, y por eso precisamente salí aquí fuera, para buscarla donde hay luz.

Esto es justamente lo que hacemos cada vez que buscamos la solución a nuestros problemas fuera de nosotros mismos. Vivimos dentro, nuestra humanidad reside dentro, y sin embargo pasamos mucho tiempo buscando respuestas fuera, porque somos incapaces de iluminar nuestro interior con pensamientos.

— Parece mucho más sencillo definirnos a nosotros mismos por el envoltorio y no por el contenido, al cual no podemos tocar, ver, oler, saborear ni oír. El hecho de tomar el camino que parece más fácil constituye una de las razones primordiales por las cuales nos resistimos a aceptar el pensamiento como la base de nuestra humanidad. Además, cuando el resto de la gente se define de esta manera, es más práctico hacer como ellos que mostrarse diferentes. Esto es lo que he observado en los jóvenes de mi barrio. Cuando les sugiero la posibilidad de que se consideren seres al margen de la multitud, me responden: «Si lo hiciéramos, ellos nos verían como tipos excéntricos o raros». Les preocupa la manera como los perciben los demás, y olvidan que sus pensamientos son un componente esencial de lo que ellos son. Ignoran que pueden procesar el mundo del modo que gusten, y con frecuencia optan por lo más fácil, por hacerse un sitio en él. Un gran número de personas prefiere actuar como los demás e ignorar la realidad sin forma. Tal vez no estemos dispuestos a aceptar las críticas que puede conllevar el hecho de pensar con independencia del resto de la gente. Tal vez nos resistamos a vernos como algo que va más allá de la forma, porque nos sentimos totalmente identificados con el planteamiento convencional de la vida. Para modificarlo, tenemos que redefinirnos y atrevernos a observar el lugar que ocupamos sin ponernos a la defensiva ni siendo negativos con nuestro propio punto de vista. Y nosotros mismos daremos automáticamente el paso siguiente, si nos aceptamos abiertamente, sin críticas, tal como somos.

— Cuando nos identificamos con la forma somos capaces de funciones únicamente en el reino de las cosas, excluyendo todos los pensamientos que puedan resultarnos fastidiosos. Las posesiones se convierten en una manera de demostrar nuestra competencia en la vida, mientras que nuestra naturaleza sin forma queda relegada a una especie de armario cerrado bajo llave. Nos comportamos como si no tuviéramos responsabilidad sobre los sentimientos y los pensamientos de los que nos rodean e insistimos en que les hacemos felices con las cosas que les proporcionamos. Nos justificamos diciendo: «Trabajo mucho, pago mis deudas, les doy todo lo que quieren. ¿Qué más puedo hacer?». Lo que podemos hacer es ser receptivos a sus pensamientos, hablar con ellos sobre sus aspiraciones, darles una palmadita en ese espacio divino que se encuentra detrás de su forma y animarles a que experimenten la vida de esa manera.

Nos proponemos acumular, lograr, alcanzar unas metas y adquirir riquezas y posesiones. Identificamos el éxito con un número de cosas, sin conocer el significado de la felicidad interior. Luchamos continuamente, sin llegar nunca. Yo creo que somos algo más, que somos inteligencia más allá de nuestra forma, como la rosa es la inteligencia que proporciona la fragancia y el aspecto de la flor. No podemos crear una rosa. Necesitamos la fuerza vital de la forma que denominamos rosa. De igual manera, necesitamos tocar la inteligencia o la fuerza divina que subyace a la forma y que somos nosotros mismos, y la de aquellos con los que estamos relacionados.

Tal vez nos resistamos por la falta de familiaridad con este aspecto y porque lo desconocido siempre provoca temor. Pregúntese si esa razón tiene el peso suficiente para que usted permanezca exclusivamente en la forma.

— En el mundo de la forma, solemos buscar chivos expiatorios para explicar por qué nuestra vida no responde exactamente a lo que esperábamos de ella. Culpamos al mundo por la enfermedad, a la bolsa por las condiciones financieras, al panadero por los kilos que nos sobran, y a nuestros padres por nuestra personalidad.

En el mundo del pensamiento, sin embargo, nosotros somos los únicos responsables. Pensamos lo que queremos y somos lo que pensamos. No lo que comemos, sino lo que pensamos. Si no queremos aceptar la responsabilidad de habernos creado a nosotros mismos, entonces ignoramos lo relacionado con la creación de uno mismo y vivimos exclusivamente en la forma que hemos recibido. Si, por el contrario, somos conscientes de que el pensamiento es capaz de sanar, de crear una vida feliz y mejorar la vida de los demás, entonces utilizamos nuestra capacidad. Entonces estaremos viviendo la responsabilidad. Una vez que nuestro interés incluye el mundo interior de los pensamientos, cambiamos de rumbo hacia una forma de estar en el mundo más responsable. Mire en su interior y descubra cómo se siente siendo más responsable del mundo.

— Tal vez disfrute tanto de sus sueños que ni siquiera desee considerar que todavía hay más estando despiertos. En consecuencia, preferimos continuar dormidos, ignorantes de la grandeza que nos aguarda al despertar. Cuando nos quedamos con lo conocido no corremos ningún riesgo. Y si no corremos ningún riesgo, entonces no tenemos que cambiar. Evite el cambio y llegará a afirmar que la falta de crecimiento se debe a multitud de factores externos. Es un círculo de aspecto atractivo y cómodo que nos mantiene a salvo, aunque atrapados en un sitio que pocas veces nos sirve de mucho, ni a nosotros ni a quienes aman a un nivel más elevado.

La resistencia juega un papel fundamental en el temor al cambio. Cuando nos planteamos cuestiones de carácter metafísico o espiritual, encontramos una larga historia basada en la creencia de que, para creer, primero hay que ver, y que nos entorpece fijar la mirada en un sitio al que nuestros sentidos parecen señalar. Propongo convertir este impedimento en un escalón desde el cual seamos capaces de revisar nuestros pensamientos y ajustarlos al nuevo principio de que, para ver, primero hay que creer.

— Piense cómo puede mejorar en algo que desea conseguir en el mundo de la forma. Por ejemplo, tocar el piano dos horas al día mejorará sus dotes de pianista. Golpear un montón de pelotas de golf al día mejorará su destreza en el juego. Formarse una imagen equivale a la práctica en el mundo sin forma. Antes de irse a la cama intente visualizar una imagen de aquello que desee para sí mismo. Si por ejemplo se trata de conseguir una mejor forma física, practique viéndose con el aspecto que le gustaría tener. Deje que la imagen se congele en su mente. No olvide repetir la operación unas cuantas veces al día. Todo consiste en utilizar sus pensamientos centrándolos en imágenes positivas, para conseguir ser una persona incluso más perfecta de lo que ha decidido ser. No piense en usted como en un ser imperfecto. Imprima en su mente la imagen de lo que le gustaría ser y se encontrará reaccionando automáticamente para hacer realidad esa imagen. En otras palabras, comience a actuar como si ya estuviera donde quiere estar, y el resto vendrá solo.

— Concéntrese cada día en sus pensamientos en vez de hacerlo en su comportamiento. Es su pensamiento el que crea sus sentimientos y en último término también sus acciones. Así pues, conceda a esta dimensión de su ser toda la atención que se merece. Sorpréndase a sí mismo verbalizando pensamientos negativos. Por ejemplo, si usted dice en voz alta: «Nunca conseguiré saldar todas mis deudas», o «Soy incapaz de entender a mi pareja por mucho que me esfuerce», deténgase y piense que está actuando de acuerdo con sus pensamientos negativos, en vez de permitir que sus pensamientos positivos conformen las condiciones de su vida. Ahora vuelva a ordenar esos pensamientos e imagínese sin deudas. Niéguese a verse rodeado de acreedores. Y muy pronto empezará a actuar según esa nueva imagen de usted, sin deudas, que ya se ha forjado. Se encontrará desprendiéndose de sus tarjetas de crédito, pagando todas sus deudas o pluriempleándose y haciendo todas las cosas que surgen de su imaginación. De igual manera debe actuar con respecto a su cónyuge, en lugar de hacerlo según la imagen negativa de verse casado con una persona problemática. Comience a comportarse como alguien que de una u otra manera resolverá los problemas de su relación. Cree una imagen de sí mismo en una relación llena de amor y armonía, y actuará de esa manera. Si usted no recibe el resultado anhelado de acuerdo con aquella imagen, lo que podríamos llamar «retroalimentación», puede empezar a considerar la posibilidad de seguir su camino en solitario, o bien al lado de otra persona que armonice más con usted. Pero esta vez, en lugar de dejar que impere la confusión en su interior, comenzará a actuar según esa nueva imagen de usted que responde a un ser humano en armonía. Si las cosas le salen bien, todo marchará viento en popa y si no es así, por lo menos usted seguirá su camino en paz consigo mismo. En cualquier caso, estará resolviendo el problema de su relación en vez de obsesionarse con la imagen mental de un ser en una situación insostenible. Consiga una situación perfecta en su mente, y actuará movido por el deseo de perfección. La calidad de las relaciones va ligada a sus imágenes y pensamientos. Lo que *vemos* es plena prueba de lo que creemos.

— Recuérdese que sus circunstancias no le hacen a usted puesto que sólo revelan su presencia ante los demás. Algunas personas me han dicho que para mí es muy fácil dar consejos sobre como ser feliz y tener éxito porque ya soy rico y famoso. Mi reacción consiste en pensar que mis circunstancias me revelan ante ellos. Es decir, yo no doy consejos porque sea rico y famoso. Si lo soy es porque yo mismo los he seguido. He vivido según estos principios toda mi vida, y creo que a ello se debe el que haya conseguido la riqueza y fama que ahora son parte de mi vida. Contemple su vida, sin importar las condiciones en que se halle. Sus relaciones, su situación financiera, su nivel de felicidad, su estado de salud. Ahora intente considerar que estas circunstancias le *revelan* algo sobre usted. Reconozca su relación con dichas circunstancias y considérelas como un reflejo de su modo de pensar y, en consecuencia, de las acciones que se derivan de él. Puede utilizar su poder de visualización para mantener en su mente esa imagen deteriorada de siempre, o bien para convertirla en aquello que aparece iluminado en su pantalla interior. Usted es lo que piensa a lo largo del día. E incluso si piensa en las personas que viven en pésimas condiciones, sepa que ellas son precisamente las que más necesitan conocer y creer lo que aquí está escrito. Si de alguna manera pudieran cambiar sus imágenes interiores, tan llenas de desesperación y desesperanza, por una que presentara una visión más positiva, y si persistieran en eliminar toda imagen negativa, comenzarían a convertir esa nueva imagen en una realidad dentro de su reino físico.

Un ejemplo. Piense en todas las personas que han escapado de condiciones que parecían inamovibles. Luego han explicado que creer en un futuro mejor había sido lo que les había dado la fuerza suficiente para conseguirlo. En segundo lugar sea consciente de que usted no es esa persona. Usted está aquí y ahora, como resultado de todas aquellos lienzos que ha ido pintando para sí mismo en su mente, y piense que puede seguir pintando otros, nuevos, incluyendo uno de usted mismo ayudando a los necesitados, si eso es lo que desea hacer.

— Recuérdese día a día que el pensamiento no conoce los límites del tiempo, de la causa y el efecto, de los principios y los finales, y de las demás reglas que gobiernan la forma. En resumen, en el reino astral del pensamiento no existen barreras. Una vez sea consciente de ello, puede comenzar a conocer a otros que también se encuentran en este reino. Las relaciones pueden producirse espontáneamente o usted puede también propiciarlas recordándose que *todas las personas* que hay en su vida son entidades divinas con una inteligencia que va más allá de la forma. Sus seres queridos comparten sus cuerpos, al igual que usted, con Dios, o con aquella inteligencia perfecta, cualquiera que sea el nombre que se le adjudique, y que ésta se encuentra al otro lado de la forma. Reúnase con ellos en ese nuevo lugar, y se dará cuenta de que sus relaciones mejoran ostensiblemente. Además, también puede acercarse a los extraños de la misma manera. Vea a todo el mundo como parte de la fuerza maravillosa, misteriosa e invisible que existe en todos y cada uno de nosotros. Trate a las otras personas como las criaturas divinas que son.

— Estudie los siete principios que pueden convertirle en un soñador despierto y aplique cada día de la semana uno de ellos. A continuación ofrezco un modelo de cómo hacerlo a lo largo de la próxima semana.

1. *Domingo: El tiempo no existe.* Pase algún tiempo al aire libre, en la naturaleza. Pruebe a imaginarse que el ascenso siempre es continuado, ya que nuestra mente, tan racional como siempre, nos dice que el universo no puede acabarse sin más. Si continúa existiendo por los siglos de los siglos, entonces resultará tan completo y tan misterioso como la misma idea. En un universo completo, el tiempo es sencillamente la manera en que el género humano organiza los días y se acuerda de las cosas. La eternidad es para siempre, sólo para siempre, no como el tiempo.

Ahora, ¿qué hacer con esto? Puede eliminar toda preocupación sobre el tiempo, el paso de los años, la organización de su vida y el correr de aquí para allá. Disminuya la marcha y disfrute de lo que le rodea. Su tiempo de vida, noventa años o más, es equivalente a su sueño de ocho o más horas. Que el tiempo no exista no es un descubrimiento que me pertenezca. Einstein nos lo ofreció en leyes matemáticas, y los filósofos de todas las épocas nos lo han ido recordando. La biblia está repleta de ejemplos que aluden a la eternidad. Su tiempo de vida en la forma tiene que ser honrado y celebrado, no calculado y dividido en compartimientos. Vaya más allá de su esclavitud con respecto al tiempo y viva plenamente en ese nuevo estado, que es el único que en realidad posee. En el *ahora*, la unidad de trabajo de su vida.

2. *Lunes: No hay causa ni efecto.* Tómese algún tiempo para comprender lo que significa simplemente ser. Usted no es un *hacer* humano, sino un *ser* humano. Mientras que la forma se rige por las leyes de la causalidad, el estado sin forma carece de causa, al igual que el tiempo que usted pasa soñando. Sus pensamientos van de un lado a otro sin ningún orden. Usted puede dejar de lado la mera relación causa y efecto al sintonizar con su invisible humanidad. No necesita continuar con el mismo oficio de siempre simplemente porque de adolescente, hace ya treinta años, tomó ciertas decisiones sobre su futuro profesional o su especialidad universitaria. No se someta a la idea de que aquellas decisiones le han convertido en lo que actualmente es. Puede convertirse en un creador sin depender de las viejas reglas que dominan su vida. Usted puede *ser* cualquier cosa que desee, a pesar de lo que la gente diga o haga, y a pesar de lo que usted haya o no haya hecho antes. Si puede imaginárselo, puede serlo, y no olvide que su imaginación, su pensamiento, no se rige por las reglas de la causa y efecto. Hoy, lunes, intente no ser el *efecto* de nada, sino el *creador* de lo que ha imaginado que puede ser. No necesita un asesor en la materia; sólo necesita armonizar su forma con sus pensamientos y entonces permitir que *sean* realidad.

3. *Martes: No hay principio ni final.* Intente vivir este día como si la eternidad ya estuviera aquí. El aquí y ahora es también para siempre. Sin tener en cuenta el tiempo en este experimento metafísico, el hoy y un millón de años resultan lo mismo. Usted es eterno y su esencia in-

visible nunca puede morir. Sabiendo esto, todas las trivialidades que tanto le preocupan pasarán a un segundo plano. El apego a las cosas que nunca llegará a poseer también perderá importancia para usted. Mírese al espejo este martes por la mañana y diga en voz alta: «No soy mi forma. Soy algo mucho más divino que la mera forma». El que pueda ir y venir en su cuerpo soñador, independientemente de cualquier barrera temporal, constituye la prueba de que la dimensión del pensamiento no es algo a lo que debamos temer, sino algo que debemos disfrutar. Hoy martes viva cada momento como si fuera la eternidad que es, disfrutando todas las cosas que se pueden apreciar en cada momento. Conviértalo en una costumbre, empezando hoy mismo. Cada momento a su tiempo. Cada eternidad también a su tiempo. Tranquilice sus temores puesto que comprende que deben estar ahí para advertirle de lo que ellos consideran un peligro, e invíteles a experimentar con usted el hoy y a probar esta nueva forma de pensar, que despide seguridad y amor.

4. *Miércoles: Cada obstáculo es una oportunidad.* Hoy reciba con beneplácito cualquier comportamiento escandaloso o desagradable que vaya dirigido a usted por parte de otras personas, y considérelo una oportunidad para recordarse que ellos sólo le están hablando a su forma. Sepa que no pueden acceder a su divinidad a menos que usted consienta en compartirla, y en ese caso, quizá por primera vez, usted podrá descubrir la divinidad que también ellos guardan dentro de la forma que le está siendo tan hostil en este momento. Use el obstáculo, el enfado, como una oportunidad para conectarse con su ser interior. Hoy, compruebe cuántas veces es capaz de convertir aquello destinado a provocarle una reacción negativa en una buena nueva, una bendición para usted y el resto de los seres humanos. Utilice los incidentes como oportunidades para practicar y experimentar la observación positiva de lo que está sucediendo en el mundo de la forma. Eche a un lado las críticas sobre usted y los de-

más, y en su lugar observe cuáles son sus sentimientos, y deje que ellos le pongan en libertad. Con el tiempo, y siguiendo esta pauta, usted descubrirá que aquello que consideraba un fuerte obstáculo para mantener la armonía en su vida, se convierte en una oportunidad. Hoy, miércoles, puede llegar a ser el soñador despierto, haciendo que los obstáculos sean oportunidades para su cuerpo despierto, precisamente lo que hace su cuerpo soñador.

5. *Jueves: Usted crea todo lo que necesita para su sueño.* Como soñadores despiertos sabemos que al morir nuestra conciencia continúa viviendo en una nueva dimensión, y que todo lo que hemos experimentado en nuestro actual estado de vigilia aparecerá como una ilusión. En consecuencia, se puede afirmar que al igual que sucede en nuestro cuerpo soñador, todo lo necesario para soñar despiertos es creado por nosotros mismos, incluso las personas que nos lo ponen difícil: están en nuestra vida porque las hemos puesto allí. Tienen importantes lecciones que enseñarnos. Hoy, concéntrese en preguntarse: «¿Por qué he creado todo esto en mi vida?». Responsabilícese de todo lo que se encuentra en su vida, creyendo firmemente que todo es producto suyo. Dedique este jueves a experimentar esta comprensión de los hechos por sí solo. Responda a todo lo que se presente en su camino como si fuera algo que usted hubiera puesto allí, al igual que todo lo que experimentó en el sueño de anoche, también generado por usted. Todo lo que nos ocurre refleja de alguna manera nuestras creencias interiores. Cuando comprenda realmente que ha creado cada uno de los aspectos de su vida diaria, entonces dejará de contribuir a su falta de armonía o bien aprenderá a descifrar su mensaje. Cuando ya no necesite aprender a tratar esa falta de equilibrio, entonces dejará de producirlo, y comenzará a crear armonía y amor por doquier. Hoy es su día para atender este asunto de carácter prioritario.

6. *Viernes: Las reacciones son reales, los personajes son ilusiones.* Hoy es el día para renacer en un sentido transformacional. Observe cómo hace reaccionar a los personajes y desarrolla las acciones que usted mismo ha creado para su vida. Recuérdese que todos los sentimientos que experimenta, la rabia, la alegría, el miedo, la tensión, la felicidad, le resultan muy reales, como le sucedía en el sueño cuando se encontraba, por ejemplo, sin aliento porque alguien le perseguía; allí también esa reacción física era real, pero los personajes formaban parte de su creación. Sus reacciones son la esencia de lo que constituye la calidad de su vida. Hoy dedíquese a estudiar cómo reacciona a todos esos factores externos que ha creado para su vida y concéntrese en su forma de tratar los pensamientos. Las reacciones en la vida vienen determinadas por nuestro pensamiento. Hoy, dedíquese a estudiar las reacciones perjudiciales y no los hechos o las personas. Imagínese despertando de su sueño una mañana y pasando todo el día malhumorado porque uno de los personajes de su sueño no se comportó como usted esperaba que lo hiciera. Por supuesto, usted es lo suficiente cuerdo para decir: «Fue sólo un sueño», y continuar viviendo como si nada, o examinando esa reflexión. Hoy, puede utilizar esa misma estrategia y negarse a que las acciones de cualquiera le inmovilicen.

7. *Sábado: La única forma de saber que está soñando es despertarse.* Hoy puede practicar el despertarse, es decir, el morir mientras está vivo, y echar una ojeada a todo lo que antes consideraba necesario hacer en su vida. Comience a comprender que todo lo que experimenta es un pensamiento. La galleta a la cual desea hincarle el diente pero que no le va a reportar ningún beneficio no, es más que un pensamiento. El malhumor porque su cónyuge o los niños no hicieron lo que usted sugirió es sólo un pensamiento. Usted se está despertando, y al hacerlo, ve que sus reacciones son en realidad respuestas a lo que está creando para usted mismo. Así pues, usted se halla sepa-

rado de su cuerpo, y contempla cómo se comporta ante una gran variedad de situaciones. Al igual que un actor en un escenario, usted ve cómo su cuerpo se desenvuelve en los distintos roles y papeles que usted ha creado para él, y es consciente de que su ser no es sólo una forma física. Usted es invisible e indiferente a los sentidos por un día y casi puede permitirse el reírse de sí mismo por haber actuado antes de un modo tan estúpido. En tanto ser despierto sabe que sólo puede dar aquello que guarda en su interior y que, sea lo que sea, está en ese lugar por sus pensamientos. Si usted procede hoy con rabia u odio, no es por culpa de factores externos, sino por algo que posee en su interior. Los pensamientos vinculados al amor y la armonía producen amor y armonía hacia los demás, a pesar de las interferencias externas. Los pensamientos que albergan odio y falta de armonía producen la rabia y el odio que a veces usted lanza sobre los demás. Ambas reacciones reflejan sus creencias sobre el mundo. En esta vida, en esta dimensión del estado de vigilia, usted no puede ofrecer a los demás aquello que no posee. Fíjese en lo que da a sus semejantes al cabo del día y comprenda que la única manera de aprender a vivir esta ilusión consiste en despertarse en otra dimensión y juzgar todos sus actos desde esta nueva perspectiva.

Así finaliza una semana de trabajo sobre cómo llegar a ser un soñador despierto. Sabiendo que sólo contamos con momentos que vivir, y no semanas y meses, podemos emplear este conocimiento para hacer de nuestras vidas un estado de vigilia tan ilimitado como el que experimentamos al soñar.

Tenga presentes estas cuatro palabras del Príncipe de la Paz y piense en la sabiduría que contienen: «Tal como piense, será».

3

Unidad

Usted es al mismo tiempo un corazón que late y un latido de corazón perteneciente a un cuerpo llamado humanidad.

Dedique unos momentos a estudiar la palabra «universo», el término que empleamos para describir este inmenso mundo de forma en el que nos encontramos pensando y respirando, día tras día. Si desglosamos esta palabra obtenemos «uni», que significa «uno», y «verso», que puede aludir entre otras cosas a una «canción». Sí, sí, a una canción. De eso se trata. Ése es nuestro universo, amigos. Ni más ni menos que una canción. Y por mucho que nos empeñemos en separar las diferentes notas que la componen siempre seguiremos formando parte de dicha canción.

Éste es uno de los conceptos que resulta más difícil de comprender y aplicar a nuestra vida diaria, porque todavía creemos firmemente en nuestra capacidad de separación. Llegamos a reconocernos como una unidad independiente de las miles de millones que existen. Nos identificamos exclusivamente con nuestra mente, como seres únicos y aislados del resto. Nos asomamos al exterior desde nuestro confinamiento y creemos que el único modo de influir sobre el mundo y nuestra realidad es desde ese mismo aislamiento.

Debe producirse un gran cambio en nuestra conciencia para que podamos aceptar el principio universal de la unidad. Si lo logramos y comenzamos a reconocer que la humanidad es como una hermosa y armónica canción, nuestra vida experimentará una serie de grandes cambios. Pero para llegar a ello, usted necesitará dejar de creer en las ideas derivadas de la escasa perspectiva que le ofrece su propia trayectoria personal en la vida, y en su lugar empezar a pensar en usted como alguien relacionado con todas las personas que han habitado, habitan y habitarán el planeta.

UN NUEVO ENFOQUE SOBRE NUESTRO LUGAR DENTRO DE ESTA ÚNICA CANCIÓN

Albert Einstein, en mi opinión el genio más grande de nuestro siglo, escribió estas palabras con respecto al enfoque que ahora les solicito que examinen:

> Un ser humano es una parte del todo llamado por nosotros «Universo», una parte limitada por el tiempo y el espacio. Él experimenta su propio ser, sus pensamientos y sentimientos, como si estuvieran separados del resto, lo cual es una ilusión óptica de su conciencia. Esta ilusión es una especie de prisión para nosotros, que nos obliga a ser fieles a nuestros deseos personales y a sentir afecto sólo por aquellos que nos rodean. Nuestra tarea debe consistir en escapar de esa cárcel ampliando nuestro círculo de simpatía hacia los demás para acoger con los brazos abiertos la belleza que encierran todas las criaturas vivientes y la naturaleza.

Einstein fue mucho más que un científico, fue un profundo metafísico, al que poco o nada le importaron los patrones establecidos de los pensamientos o los actos. En las palabras de Einstein que he citado, se advierte que nos ofrece la posibilidad, el reto, de que escapemos de nuestra jaula y comprendamos que todos permanecemos unidos, no sólo en un sentido espiritual o astral, sino también en el mundo físico y real.

Yo tengo mis propios métodos para que este concepto adquiera forma en mi caso. Primero, para conseguir una perspectiva sobre cuestiones metafísicas, suelo hacerme esta pregunta: «¿Puedo distanciarme lo suficiente para contemplar todo el conjunto?». Me imagino de pie en un sitio, observando todo lo que incluye la creación. Puesto que esto es imposible de llevar a cabo en la forma, intento mirar en la otra dirección, es decir, hacia la partícula más diminuta, y me concentro en ella, ampliando su contenido y alcanzando a su través el infinito. Victor Hugo lo explicó en los siguientes términos: «El microscopio empieza allí donde el telescopio acaba. ¿Cuál de los dos nos ofrece una mayor visión?». Por tanto, sugiero que por un tiempo deje de mirar a esa única canción con el telescopio, y que se fije en su interior, el espacio que usted mejor conoce, su propio cuerpo. Y comprenderá que todos somos un «yo que es nosotros», citando un pequeño fragmento del maravilloso libro de Richard Moss del mismo título. Así pues, echemos una ojeada a través del microscopio metafísico.

Solemos asociarnos con formas de vida que nos son necesarias para mantenernos en este estado que corresponde a la vida. Nuestros párpados cuentan con microorganismos que funcionan acordes con el todo. El tejido que cubre nuestros intestinos contiene miles de bacterias diferentes, todas vivas y con características propias y únicas, y que sin embargo forman parte del todo. Nuestro cuero cabelludo existe gracias a una serie de microorganismos, cada uno de los cuales posee una identidad propia examinable con la ayuda de un potente microscopio. Lo mismo sucede a nuestro hígado, páncreas, piel, corazón, uñas, etc., que viven y funcionan en armonía con el todo que denominamos «yo». Sí, sin lugar a dudas, usted y yo formamos un «yo que es nosotros», y aunque esas microscópicas formas de vida que residen en nuestras uñas probablemente nunca entrarán en contacto con las formas de vida que existen en nuestros ojos, unas y otras son independientes, únicas y fundamentales para la supervivencia de la totalidad que llamamos nosotros mismos.

Este hecho lo vi muy claro en un documental sobre las formas de vida existentes en una gota de agua. Con la ayuda de un potentísimo microscopio varios científicos demostraron que cada gota de agua posee cientos de formas de vida, entre las cuales a veces ni siquiera se establece ningún tipo de contacto físico. Presentan colores, formas y orígenes distintos, y cada una manifiesta características físicas especiales. Eran tan diferentes entre sí como algunas tribus de Afganistán. Y sin embargo, todas componían la totalidad llamada «gota de agua».

En un universo infinito no es difícil concebir que nuestro tamaño físico sea proporcional al del microorganismo más pequeño que se encuentra en el microorganismo más diminuto que, a su vez, se halla en un microorganismo todavía más minúsculo, todos formando parte de una misma gota de agua. La forma de vida más pequeña que reside en una de mis uñas del pie nunca entrará en contacto con los diminutos microorganismos del tejido interno de la retina, de la órbita del ojo, o de la parte superior del tronco, etc. Y a la vez, es una parte única y separada de la totalidad que se conoce como «persona». Desde esta perspectiva podemos contemplarnos como seres relacionados con la totalidad que llamamos «universo».

Debido a nuestra estrechez de miras sólo alcanzamos a ver que estamos conectados a un nivel físico, y lo probamos con métodos de carácter físico. Pero tendemos a utilizar esos listones de medición que hemos inventado, para esclavizarnos ante nuestra propia interpretación del lugar que ocupamos en esta única canción. Procedemos así al creer que la realidad es sólo mensurable, en vez de pensar que también es algo inconmensurable. Los gérmenes y las bacterias existían en nuestras vidas y nuestros cuerpos mucho antes de que pudiéramos examinarlos al microscopio. ¡El microscopio no creó los gérmenes! Al igual que hemos inventado aparatos para medir lo que anteriormente ya estaba allí, también puede darse el caso de que cada uno de nosotros forme parte de un «nosotros» que no pueda medirse mediante la tecnología creada por los hombres.

Si concebimos la humanidad como un único ser, y nos consideramos las piezas individuales que lo componen, y si de alguna manera pudiéramos distanciarnos lo suficiente para contemplar toda esa forma de vida, percibiríamos de inmediato la falta de una parte. Nuestros ojos se clavarían automáticamente en un espacio vacío, el que nos corresponde a nosotros. Ese espacio nos muestra la importancia de cada uno. Usted y yo completamos el cuerpo de la humanidad. Si no funcionamos en completa armonía con el todo, pierde equilibrio. Y si un gran número de nosotros no forma parte de él, muere. Ésta es la perspectiva desde la que debemos comprender y comenzar a vivir el principio de la unidad.

Por supuesto, el hecho de ser al mismo tiempo único y parte del todo es una paradoja. Sin embargo, es nuestra realidad, y cuando aprendemos cómo funciona el principio de unidad en este universo infinito, empezamos a ver cómo puede llegar a funcionar no solamente para cada uno de nosotros sino también para toda la canción que componemos. Sentirá la armonía en su interior y la emitirá para que esa única canción se convierta en una melodía cautivadora, totalmente acorde con las notas individuales que componen este uni-verso. Permítame que le cuente cómo este sentimiento de unidad ha influenciado mi vida.

MI PRIMER CONTACTO CON LA UNIDAD

Mi abuela, por parte de madre, ocupa un lugar muy especial en mi corazón. Cuando mi madre tuvo que enfrentar las muchas dificultades que surgieron cuando mi padre nos abandonó, mis abuelos se hicieron cargo de mi hermano mayor, que se mudó a su domicilio. Y precisamente es del papel de madre que tuvo que asumir mi abuela del que yo obtuve mi primera noción del concepto de unión y unidad.

Mi abuela había educado a todos sus hijos y había procurado un cuidado especial para los más jóvenes, incluida mi madre. Se había pasado horas y horas meciéndoles, cantando, abrazándoles y mimándoles.

Mi abuela tenía noventa y cuatro años cuando empezó a perder facultades. A medida que se acercaba a los noventa y cinco, necesitaba más atención y ayuda. Yo observaba a mi madre cuidándola en aquellos últimos años de su vida. Le cambiaba la ropa y se aseguraba de que nunca estuviera sucia. Una vez la vi sujetándola y dándole un plátano, tomando precauciones para que mi abuela lo masticara perfectamente antes de engullirlo. Cuando ya se lo estaba tragando, mi madre empezó a darle masajes en el cuello para que no se le atragantara. Después le cambió la ropa interior, la meció y comenzó a hablarle como si se tratara de un bebé. Mientras contemplaba la escena una pregunta me daba vueltas en la cabeza: «¿Quién es la madre y quién es la hija? ¿No fue mi abuela, que ahora no podía valerse, la que cambiaba los pañales de mi madre, y le preparaba la comida? ¿Aquellos dos seres humanos no habían intercambiado los papeles en bien del otro?».

La unidad que existía en todo ello me impresionó considerablemente. Me di cuenta de que se trataba de un gran círculo, al igual que el formado por el universo. Mientras tendemos a identificarnos con nuestra separación, no podemos obtener la perspectiva desde la cual se ve que todo es una unidad, que en esa única canción existe un gran ser llamado Ser Humano y que cada uno de nosotros nace dentro de ese mismo ser.

Mi segundo encuentro con la idea de unidad se produjo cuando comencé a leer libros sobre conciencia colectiva. Había leído *El centésimo mono* de Ken Keyes, y estaba intentando aplicar su contenido a mi contexto personal. Muy brevemente, diré que el centésimo mono es una teoría sobre como todos nosotros, pertenecientes a una misma especie, nos influenciamos mutuamente. Se estudió a un grupo de monos en la costa japonesa. Uno de ellos comenzó a lavar unos boniatos, que les habían sido facilitados, en el mar. El resto de los monos se pusieron a imitarle e hicieron lo mismo. Cuando el número de monos que actuaba de ese modo se incrementó considerablemente, se observó el mismo comportamiento en otros grupos de monos que se hallaban a miles de kilómetros del lugar y que nunca habían estado en contacto con los primeros. El centésimo mono simbolizaba lo que los científicos denominan masa crítica en las especies. Según la teoría, cuando se alcanza un número de masa crítico, se produce el mismo comportamiento en los restantes miembros de la especie. Al parecer esto sucede en todas las especies. Cuando cierta masa crítica de miembros empieza a actuar o a pensar de cierta manera, el resto de la especie adopta el mismo comportamiento. Ken Keyes pone el ejemplo de una guerra nuclear: si un número suficiente de nosotros, miembros de la especie humana, actuamos como si fuera a ocurrir, entonces, cuando alcancemos la llamada masa crítica, crearemos nuestra realidad tendiendo hacia esa guerra nuclear. Por otro lado, si gran número de nosotros piensa y actúa como si dicha guerra nunca fuera a suceder, entonces nunca sucederá.

El invisible vínculo que une a todos los miembros de una especie es más fácil de verificar hoy en día que hace algunos años. Los físicos la describen como una «fase de transición». Los científicos afirman que cuando los átomos de una molécula se alinean de cierta manera y alcanzan un número de masa crítico, el resto de los átomos también acaba alineándose por su propia cuenta. *La realidad de los cuantos*, de Nick Herbert; *El tao de la física*, de Fritjof Capra; *Los maestros danzantes Wu Li*, de Gary Zukab; *Las vidas de una célula*, de Lewis Thomas; y *Una nueva ciencia de la vida*, de Rupert Sheldrake, son algunos de los libros de esta nueva literatura que va en aumento y que describe la relación existente entre los principios de la física y la conciencia colectiva.

Piense por un momento en las fantásticas consecuencias que puede provocar una noción científica de este calibre, una base científica para la unidad de todo y la idea de que si un número suficiente de nosotros, es decir de los que compartimos esta forma de vida llamada ser humano, empieza a pensar y actuar con amor y en armonía, podemos llegar a afectar a *todo* el ser llamado Ser Humano.

La historia del Ser Humano está llena de guerras y desorden. ¿Cuántas madres habrán llorado a lo largo de los siglos al ver a sus hijos marchar a una u otra guerra? Una inmensa cascada de terror y discordia corre por este ser que llamamos Ser Humano, y usted forma parte de él. ¿Apoya estas discordias, o puede usted convertirse en una de las voces que influya junto a muchas otras hasta alcanzar esa masa crítica que permitirá a todo el ser alinearse según la armonía de esa única canción? El Ser Humano es el único que no ha estado en armonía con el resto de la totalidad que es Dios, la unidad, o lo que decidamos llamarlo. Cuando los individuos de este ser total se alinean de una determinada manera, a semejanza de los átomos en una molécula, pueden ejercer una influencia en todos los seres que se encuentran en el único Ser Humano.

He escuchado a muchos científicos, pertenecientes a diferentes ramas de la ciencia, hablar sobre las fuerzas invisibles que unen a todos los miembros de una especie. Por ejemplo, explican que cuando un líquido se cristaliza en alguna parte del planeta, el mismo proceso de cristalización se repite casi simultáneamente en otro punto del planeta sin que haya ningún tipo de contacto transformacional o físico. Ciertos microbios en Europa se han comportado repentinamente de modo muy distinto al previsto, y ello ha sucedido al mismo tiempo en otros lugares del planeta con otros microbios similares. Toda la historia del Ser Humano parece guiarse por estas reglas no escritas referentes a la conciencia colectiva.

No intento sentar base para ningún tipo de verificación de este punto de vista, sólo pretendo demostrar que la noción de unidad goza de aceptación en los círculos científicos como medio de explicar lo que antes resultaba científicamente inexplicable. En realidad, si un gran número de nosotros comenzara a pensar en maneras armoniosas y pacíficas de alcanzar el nivel de la masa crítica, se podría poner punto final a las guerras. Si cada ser reaccionara ante los que se encuentran a su alrededor con armonía en vez de con enemistad, no se tardaría mucho en que los soldados se negaran a cumplir las órdenes de sus superiores. La armonía redundaría en beneficio de todos a través de los fabricantes de armas, los cuales dejarían de serlo. Luego, los gobernantes dejarían de comprarlas, y los efectos inmediatos de este círculo cerrado comenzarían a sentirse en todos los ámbitos humanos. Las personas que portan armas notarían que ello es incongruente con su propia armonía interna y sencillamente se negarían a portarlas. Los vendedores y traficantes de armas empezarían a sentir las presiones para que se alinearan del lado de la armonía y no del de los conflictos. El Ser Humano evolucionaría, al igual que evoluciona una molécula. Cuantos más se alinearan en la armonía, mayor sería la presión ejercida, y la unidad de la humanidad sería una realidad. ¿Y cómo empieza todo esto? Simbólicamente, con el mono que recoge aquel boniato y tiene el coraje suficiente para comportarse de manera distinta a la habitual, y luego con el de al lado, y así sucesivamente hasta llegar a la masa crítica. Una persona concienciada en realidad se convierte en una mayoría a través de este proceso de conciencia colectiva.

Un día me encontraba corriendo, como de costumbre, y pensando en esta cuestión de ser un «yo que es nosotros», cuando advertí la presencia de otro corredor a unos treinta metros de mí, y me pregunté algo que marcaría un hito en mi nueva vida: «¿Cómo puede ser que esté conectado a ese ser, al cual no he visto antes y no conozco, que sin embargo parece hacer lo mismo que yo?». Entonces recordé lo de la perspectiva. Pensé en mis pies, los cuales se movían uno tras otro, y en todas las formas de vida que existen dentro y fuera de mí, que nunca llegarán a verse, pero que no por ello dejarán de estar unidas indisolublemente y de ser fundamentales para constituir el ser que yo llamo Wayne. Decidí contemplar con la mayor perspectiva posible lo que tenía delante, y por primera vez en mi vida me di cuenta de que treinta metros en una distancia física no significan nada comparados con una canción infinita, que medimos según las distancias que recorren los años luz. El otro corredor se hallaba tan cerca de mí como el microorganismo del ojo lo está con respecto al del páncreas.

Por primera vez en mi vida, me vi conectado a un ser que a simple vista parecía separado de mí. Era evidente que a pesar del punto que ocupemos en el globo y partiendo de la base de que la Tierra es redonda, es imposible tomar partido por alguno de los lados. Vi que todos formamos parte de este ser en el que permanecemos, con un modo de comportamiento y una personalidad propias, y que cada uno de nosotros puede ejercer una importante influencia sobre la forma de proceder y existir de la totalidad. Una pequeña voz en esa única canción puede influir en todo el ser y llevarlo hacia la destrucción o la armonía.

Eso fue lo que me sucedió ese día. Luego llegué a casa y le comenté a mi mujer el sorprendente descubrimiento. Después abrí una carta que había recibido de una mujer iraní, que pondría todas las cosas en claro.

Una persona de habla inglesa en Irán había leído algunos de mis libros y había decidido traducirlos al farsi para que así estuvieran a disposición de las gentes de su país. Había traducido los libros, tenía unas cinco mil copias circulando por las librerías y había creído oportuno sacar una segunda edición. En ese momento el gobierno se dispuso a prohibírselo alegando que las ideas subversivas que yo presentaba en el libro eran totalmente contradictorias con respecto a la filosofía de la revolución que estaba teniendo lugar en Irán.

La sobrina de la traductora obtuvo mi dirección tras contactar con mi editor en los Estados Unidos, y me escribió para decirme que mis libros le habían impactado fuertemente. Su carta llegó el mismo día que comprendí que no solamente estaba unido al corredor que se hallaba a unos treinta metros delante de mí, sino también a toda la humanidad. La carta de Mariam Abdollahi me sirvió para comprender que todos los seres humanos estamos conectados, a pesar de las fronteras y las discordias que hemos creado convencidos de lo contrario. Mariam especificaba en la carta cuán importantes le resultaban mis palabras y decía que en Irán existía una mayor concienciación, que ciertamente iba en aumento, sobre la necesidad de que la gente dejara de odiarse y se uniera al resto del mundo. Empezó a escribirme con regularidad y a enviarme regalos para nuestros hijos: tapices que ahora cuelgan de las paredes de nuestra casa, libros sobre la paz y el amor. Aquella mujer nos mostró otro aspecto de la gente atrapada en ese círculo vicioso que supone la guerra.

Un viernes por la tarde Mariam me telefoneó desde Teherán. Lloraba de alegría porque acababa de recibir unas cintas y unos pequeños regalos que yo le había enviado. Desde entonces nos hicimos grandes amigos y nos telefoneamos de vez en cuando. A veces me cuenta que las palabras que le escribí y las cintas que le grabé están teniendo un gran efecto en las personas que hablan el farsi. La unidad de todo lo que nos envolvía me seguía sorprendiendo. Entonces me llegó una hermosa carta que me confirmó la universalidad de los seres humanos. Lea lo que Mariam me escribe y advierta la imposibilidad de tomar partido por un lado de ese círculo.

Wayne:
Ocurrió el 20 de noviembre, hace dos semanas. Estaba un poco cansada tras una semana de trabajo, y deseaba tomarme un descanso. Mi madre me dijo:

—Prepárese. Los invitados acaban de llegar.

—¡Oh! Estoy cansada. Dígales que no estoy en casa.

—No, esta vez es diferente. Venga en cuanto pueda.

No sabía lo que estaba sucediendo. Sonó el timbre. Abrí la puerta. Era mi sobrina. En su mano llevaba, y yo no podía creerlo, mi paquete. ¡Lo había estado esperando durante tanto tiempo!

—Tía Mariam, esto es para usted.

Mi hermano había ido a recoger el paquete y no me había dicho nada. Besé la caja un montón de veces. Al cabo de unos momentos, llegaron mis hermanas, mis amigos y otros miembros de la familia.

—¿Qué está pasando aquí esta noche? —pregunté.

Todos querían formar parte de aquella celebración. Mi madre los había invitado. Eran unos treinta. Le dije a mi hermana:

—Oh, Layla, ¿qué le dije el martes?

El martes por la tarde mi hermana y yo fuimos a comprar carne y leche. Es bastante difícil encontrar carne y leche a las siete de la tarde, pero teníamos que hacerlo. De camino hacia la tienda iba pensando que si lográbamos encontrar carne, yo no tardaría demasiado en recibir mi paquete. Y si no, resignación. Esto es lo que conocemos por intención. Yo tenía miedo de tener esa intención pero entonces ¿qué representaban los riesgos de los que hablaba Wayne Dyer en sus libros?

—Han tenido mucha suerte. Sólo nos queda este trozo. Ocho kilos y medio. ¡Qué suerte! —repitió el hombre.

Precisamente nosotras queríamos ocho kilos.

—¡Oh, Layla! Conseguiré mi paquete. Estoy segura.

Cuando le dije a la gente que el doctor Dyer me había enviado una cinta de vídeo, todo el mundo respondió:

—Esta vez ha tenido suerte. Pero el próximo envío no le llegará, porque le abrirán el paquete y no se lo entregarán.

Oh, Eykis debe venir para hacer una lista de todas nuestras preocupaciones. Por ejemplo, si arrestan a mi hijo en las calles y se lo llevan al frente, si hoy nos llega la hora de morir por el impacto de las bombas iraquíes, o si no consigo hacerme con el paquete.

—Layla, lo conseguí. ¡Por fin! —le grité a mi hermana y empecé a dar besos a la caja.

—Ábralo —me decía la gente.

—No, primero el pastel —les contesté.

[*Mariam describe la emoción que le supuso el descubrir el contenido de la caja. Termina la carta con lo siguiente*]:

—Oíd todos. Oigamos su voz. ¿De acuerdo? Imaginémonos que él se encuentra aquí con nosotros... Le escuchamos en esta cinta: «Salga, hágase cargo de su vida, sea una persona responsable y asegúrese de que ocurran cosas, o bien continúe encerrado en el orfanato... He descubierto que todo es posible en mi vida..., simplemente porque creo que puede ser así. Mi trabajo refleja esta noción consistente en que uno puede llegar a convertirse en sus esperanzas. Todo lo que uno desea que suceda...».

Era una noche magnífica. Nunca la olvidaré. Eran las dos de la madrugada.

—Bueno, chicos, es hora de irse. Yo me levanto a las cinco y media.

—No —respondieron—. Hacía muchos años que no veíamos una cara tan feliz, una risa tan sincera, unos ojos tan brillantes.

Mi cuñado añadió:

—Apuesto a que esta noche no duerme, se lee la carta y escucha las cintas una y otra vez.

Gracias por haber hecho inolvidables estos momentos de mi vida. Incluyo unas fotografías. Por favor, envíeme tantas fotografías como pueda. Cuantas más, mejor. ¿Es ésta la enfermedad de muchos? Descartes: «Pienso, luego existo». Mariam: «Tengo una carta del doctor Dyer, luego existo». Estoy muy agradecida por el libro que me envió. Y aprovecho la ocasión para desearle unas felices vacaciones.

Con cariño,

MARIAM

Podemos empezar a sondear la potencial magnificencia al descubrir la unidad en todo el conjunto, sin necesidad de que nuestra individualidad se vea amenazada. Nos podemos permitir el sentirnos genuinamente conectados, sabiendo que nuestros pensamientos, sentimientos, y comportamientos inciden en todas las personas, incluso en aquellas que jamás hemos visto. Cada uno de nosotros es un todo compuesto de un infinito número de partículas de vida, y el movimiento interior de las mismas es continuo. La otra cara de la moneda también es cierta, y lo comprobamos al cambiar el microscopio por el telescopio y vernos como una parte de una forma de vida que se halla en un ser que cada vez es más y más grande, llamado unidad. La gran parábola sobre este tema nos la ofrece el libro *Los viajes de Gulliver*, en el que ser liliputiense o un gigante de Brobdingnag es una cuestión de perspectiva. Echemos otra ojeada a este tema referente a la unidad, y veamos cómo se aplica a nuestro cuerpo individual.

OBTENIENDO UNA CLARA REFERENCIA DEL TODO

Si ajusto mi microscopio metafórico y observo una de las células que componen mi totalidad, me encontraré con muchos componentes, con nombres tan caprichosos como núcleo, mitocondria, ácido desoxirribonucleico (ADN) o ribonucleico (ARN), centriolos, cuerpos basales y otros por el estilo. Una única célula es un todo, una totalidad en sí misma, y contiene lo necesario para reproducir el organismo que me constituye. Una de sus células lo sabe todo sobre usted. Partiendo de la base de que en teoría contamos con unos seis mil millones de células, hay que afirmar que una de ellas posee la capacidad de reproducir agámicamente a otra persona completa. Hay también algo más que compone una célula, algo que desafía cualquier tipo de explicación física y que requiere ir más allá de lo físico, hacia lo metafísico. Es algo que mantiene la célula unida. Lo solemos describir como origen, serenidad, armonía, paz, tranquilidad o amor, mi palabra favorita.

Pierre Teilhard de Chardin lo definió de la siguiente manera: «El amor es la afinidad que conecta y une los elementos del mundo... De hecho, el amor es el agente de la síntesis universal». El amor o la armonía es el ingrediente invisible e inconmensurable que sintetiza y crea la forma que nosotros llamamos nuestros cuerpos y nuestra forma física.

Cuando una célula no goza de armonía o de tranquilidad interior a pesar de que sus partes componentes se encuentran en la debida proporción, esa célula en particular se comportará de una manera no armónica, lo cual finalmente afectará al todo que la contiene. Así pues, una célula que carezca de tranquilidad, es una célula enferma que ha perdido el punto de referencia sobre el todo y sobre sí misma. A una célula enferma le falta tranquilidad interna, armonía, amor, o como le llamemos. Esa célula no tiene ninguna referencia sobre el todo, sobre la persona individual. En consecuencia, destruye todo lo que encuentra en su camino y se niega a cooperar con las demás células, hasta que destruye el todo, y como resultado se elimina a sí misma.

Lo que acabo de describir es el modo de comportamiento de un cáncer en el cuerpo. Es un organismo que ha perdido toda referencia al conjunto, que no coopera con las otras células y que finalmente acaba por matar al todo y destruirse a sí mismo durante el proceso. Puesto que le falta el punto de referencia con respecto al todo, se sitúa erróneamente en una vía que lo conduce a la destrucción.

Ahora concéntrese en el telescopio y empiece a observar el entorno de esa única célula entre los seis mil millones de células que componen el gran cuerpo que denominamos humanidad. Su totalidad se asemeja mucho al funcionamiento de una célula. Usted está formado por muchos componentes, que permanecen unidos por algo misterioso e invisible, lo descrito por Teilhard. El amor es su sintetizador universal. Cuando usted, en calidad de célula única, aparece formado por algo distinto a esa tranquilidad o armonía, es que está enfermo, y que reaccionará ante las células que le rodean de la misma manera que lo haría el cáncer. No cooperará, intentará devorar, destruir con agresividad o juzgar pérfidamente a sus células vecinas. Un cáncer social es comparable a un cáncer individual.

Cuando un individuo actúa de forma destructiva hacia una persona es porque ha perdido el punto de referencia sobre el todo. Sin ese sentimiento de pertenecer al todo, se comportará violentamente con respecto a los demás y durante ese proceso acabará destruyéndose a sí mismo. De este modo, una falta de afinidad con la unión total o una falta de pensamiento en términos de la unidad puede producir el cáncer no sólo en una célula, sino también en una sociedad.

Ahora observemos con el telescopio un panorama más amplio. Piense en todo el planeta en que vivimos como una única célula. Creo que nunca he leído una descripción mejor que la ofrecida por Lewis Thomas en *Las vidas de una célula*:

> He intentado pensar en la Tierra como si se tratara de una clase de organismo, pero no me sirve. No puedo imaginármela en este sentido. Es demasiado grande, demasiado compleja y cuenta con demasiadas partes operantes a las que les faltan conexiones visibles. La otra noche, cuando conducía por una zona forestal muy montañosa al sur de Nueva Inglaterra, este tema me daba vueltas en la cabeza. Si no es como un organismo, ¿a qué se parece? Entonces tuve una idea: es bastante parecida a una célula... Si se observa con la distancia que proporciona la Luna, lo que resulta sorprendente sobre la Tierra, una vez recobras el aliento, es que está viva. Las fotografías nos muestran en primer término una superficie de la Luna seca y machacada, en una palabra, muerta. En lo alto,

flotando en libertad por debajo de la luminosa y húmeda membrana del cielo, se ve la Tierra naciente, la única cosa exuberante en esta parte del cosmos. Si usted pudiera permanecer observando durante un largo tiempo, notaría cómo se desplazan los torbellinos de nubes blancas y juegan a cubrir las grandes masas de tierra, medio ocultas, medio a la vista. Si hubiera estado observando durante una larga era geológica, habría notado cómo se movían los continentes, apartándose de sus plataformas y mantenidos a flote por el calor del interior del planeta. La Tierra posee la mirada organizada y callada de una criatura viva, repleta de información y maravillosamente dotada para tratar al Sol.

¿Qué me dice de esto? ¿Es que todo el planeta es una célula? ¿Y por qué no cambia de enfoque y la sitúa ante la enormidad de aquella canción única? Todas las características de una célula, como la que usted es, y esa célula de la punta de su nariz, y la célula dentro de la célula de la punta de la nariz, del derecho y del revés y en el infinito. Todo es una única célula.

¿Y qué ocurre con las células cancerosas o discordantes del planeta? Echemos una ojeada a lo que conocemos como época nuclear. ¿Qué le hemos hecho al planeta? Hemos creado armas sin proporción alguna con respecto al todo, es decir con respecto a la única célula llamada Tierra. La época nuclear se comporta como una célula enferma, devorando todo lo que se interpone en su camino y en último término destruyendo no sólo al todo sino también a sí misma durante ese proceso. Si utilizáramos esas armas contra nuestros hermanos estaríamos destruyendo no sólo a nuestras células vecinas, sino también a nuestro propio planeta. Sin puntos de referencia con relación al todo, sin un sentido de unidad de todo el conjunto, sólo nos cabe reaccionar como una célula enferma, desprovista de tranquilidad. ¿Y qué le falta a una célula de esta clase sino armonía interna, serenidad o, tal como Teilhard lo definió, amor? El camino hacia la unidad parece encontrarse en la vía de la armonía interior. La vía de la armonía interior se halla a través del pensamiento. ¿Qué clase de pensamiento? Los pensamientos sobre la unidad y la unión. Los pensamientos que hablan sobre la conexión que existe entre todos nosotros. Aunque los vínculos de unión pueden resultar difíciles de observar a simple vista, lo cierto es que están ahí, al igual que lo están en cada célula individual que compone nuestro cuerpo.

En el momento en que usted deja de verse como una parte de ese conjunto y deja de relacionarse con todos a través de este ser que denominamos Ser Humano, entonces pierde armonía interna, es decir pierde tranquilidad, y en consecuencia se convierte en un enfermo. La enfermedad se manifiesta mediante un comportamiento agresivo y egoísta y una falta de cooperación con respecto a sus células vecinas. De esta forma, los problemas de la falta de unidad en nuestro mundo pueden remontarse a todas esas células individuales que componen el cuerpo llamado humanidad. Cuando intentamos eliminar el cáncer de nuestros cuerpos mediante la adquisición de un sentido de unidad y armonía y una visualización positiva, también contribuimos a eliminar los factores cancerígenos de nuestra sociedad. Cada uno de nosotros es una célula capaz de influir en todo el ser de manera armoniosa y generosa, o bien de modo des-ordenado o des-apacible, es decir, enfermo.

Hasta ahora, la historia del Ser Humano ha contado con demasiadas células cancerosas, y con muy pocas plenas de armonía y tranquilidad. El cuerpo se tambalea y cada uno de nosotros debe hacer lo posible para que reinen la conciencia superior y la armonía y se logre la concordia en esa única canción. Este trabajo no va destinado a los demás, es para cada uno de nosotros, y al realizarlo podemos contribuir a la curación y a la recuperación de la salud en todo el cuerpo. El Ser Humano ha permanecido dividido durante demasiado tiempo y ahora se nos presenta el reto de conseguir un punto de referencia sobre el todo, para vernos como una unidad, convertirnos en una única célula que forme parte de una célula mayor que funcione en armonía.

Desde esta nueva perspectiva parece evidente que todo aquel que actúa de modo agresivo o destructivo hacia los demás es, de hecho, una persona que carece de armonía interior. Deberíamos examinar nuestro comportamiento si notamos indicios de agresividad y de odio hacia los demás, como si se tratara de un problema relacionado con la forma de darnos a los demás, en vez de basarnos solamente en nuestros vecinos. Una vez entramos en materia, puede resultar muy positivo que examinemos el modo en que tratamos a esas células de nuestro alrededor que son un poco diferentes de nosotros, que hablan otra lengua o que creen en un Dios distinto. Hemos creado una gran célula compuesta de muchas células enfermas, y todos sabemos que el todo no puede sobrevivir cuando está formado por células des-apacibles. Einstein, cuando observó la división que se producía en el átomo, ya nos advirtió que estábamos abocados a la destrucción final, a menos que aprendiéramos a pensar de un modo nuevo, una alternativa para acabar con nuestras disputas sin tener que utilizar la agresividad ni la guerra.

BREVE REPASO DE LA HISTORIA DEL SER HUMANO

La nuestra es una historia llena de divisiones en vez de unidad. Estúdiese cualquier manual de historia y se percatará de la existencia de largas crónicas sobre lo mucho que nos encontramos divididos como especie. El aspecto más sorprendente de nuestra historia es que siempre hemos permanecido en guerra unos con otros. Podemos medir nuestros «avances» por la sofisticación de los artilugios creados con el paso de los siglos para matar a nuestros hermanos. Hemos evolucionado de las armas simples tales como puñales y tomahawks, a otras que pueden cumplir su función a distancia. Son máquinas automáticas que pueden matar a muchos de nuestros hermanos en un momento. En el siglo XX hemos acuñado el término «megamuerte» para indicar la capacidad letal de nuestras armas.

Vuelva a considerar la analogía que existe entre nuestro propio cuerpo y los miles de millones de células que constituyen su totalidad física. Si proyectáramos que este único cuerpo viviera unos cinco mil años, veríamos que durante ese período de tiempo se crean microbios y bacterias dentro del mismo cuerpo con el propósito de destruirlo con más facilidad y rapidez. Nos daríamos cuenta de que hemos matado al páncreas, el hígado, las arterias, de que hemos alterado algunos miembros, y de que estamos de nuevo dispuestos a que todas las partes integrantes se enfrenten de tal manera que destruyan todo el cuerpo.

La historia de este ser es también la de las divisiones y las diferencias. Echemos un vistazo a nuestros libros de historia y nos percataremos de cómo nos hemos comportado a nivel del ser total que formamos. El este contra el oeste. La oscuridad contra la luz. Los viejos contra los jóvenes. Los alemanes contra los franceses. La civilización contra los salvajes. Un sinfín de crónicas sobre dicotomías, pueblos buscando la forma de conquistar a otros, de superarlos a cualquier precio, de vencerlos. Imagine que todas las formas de vida de su cuerpo se basan en el aspecto físico y toman partido por algún bando. Las células del hígado contra el blanco de los ojos. Las grandes células de su piel contra las diminutas células de su sangre. Las células líquidas contra las del talón de su pie. Las largas células de los intestinos contra las cortas de los tímpanos. División, división y más división, hasta que al final un grupo consigue vencer y acabar con todo el cuerpo. Usted ya puede hacerse una idea de lo absurdo que resultaría vivir con esta falta de armonía en su interior.

Usted ya es consciente, sin tener que ponerse a pensar sobre ello, de que todos los componentes de su cuerpo deben cooperar entre sí y no perder el punto de referencia sobre el todo, si es que usted desea vivir noventa años o más.

En fin, el ser que constituye nuestro Ser Humano goza sencillamente de una mayor expectativa de vida, porque es mucho más grande (una cuestión de perspectiva), y en consecuencia usted debe observar cómo se comportan los seres individuales que forman el Ser Humano, y luego preguntarse cómo es posible que dicho Ser logre sobrevivir a tanta división. La respuesta es que debemos colaborar para que dicho comportamiento y las actitudes de los seres que componen el Ser Humano sean modificados, puesto que de no ser así se destruirá a sí mismo. Lea lo que Paramahansa Yogananda escribió en *El romance divino*:

> Creo que siempre habrá guerras, hasta el día en que nos convirtamos en seres tan espirituales que transformemos nuestra naturaleza individual y consideremos innecesaria la guerra. A pesar de sus grandes diferencias, si Jesús, Krishna, Buda o Mahoma se sentaran juntos, jamás pensarían en utilizar la ciencia para destruirse. ¿Por qué motivo la gente considera la lucha necesaria? El poder de las armas no demuestra sabiduría alguna, ni jamás ha conseguido la paz.

Nuestra historia está repleta de referencias sobre cómo nos hemos dividido y hemos conducido a la raza humana al borde de la destrucción como resultado de ocuparnos demasiado de nuestros enemigos, y no prestar atención a nuestros aliados en este milagro que supone la vida. Algunas de las grandes mentes que nos han acompañado saben que la unidad constituye mucho más que vagos pensamientos de filósofos y metafísicos; es la misma esencia de nuestra realidad.

En la unidad que es la humanidad hemos practicado la división en detrimento del todo. Sí, en efecto, algunas veces hemos visto un poco de luz que nos ha hecho comprender la locura que reinaba en nuestro camino, pero en la mayoría de los casos no hemos sido capaces de superar nuestras formas físicas y notar que nuestra humanidad se halla en nuestra mente, y que la totalidad de nuestro pensamiento siempre ha insistido en la división y la separación. A usted todavía le queda mucho por hacer en calidad de célula única perteneciente a este cuerpo llamado humanidad, y también como un todo operativo compuesto por multitud de células individuales, por lo que respecta a la aplicación de este principio de unidad a su propio mundo personal. Uno de los mejores lugares en que puede comenzarse a aplicar este principio es en sus relaciones con los otros seres humanos que se encuentran junto a usted en esta única canción. Usted puede ser un instrumento de cohesión o bien un ser que inconscientemente acabe con su propia unidad.

CULTIVANDO UN PUNTO DE REFERENCIA SOBRE EL TODO

Hace algún tiempo estaba corriendo por el vecindario cuando observé que en una casa cercana habían contratado a unos podadores de árboles. Puesto que yo también necesitaba de sus servicios para uno de los árboles de delante de mi casa, me detuve y pregunté a unos de los trabajadores si podría darme alguna información sobre su empresa. Su respuesta fue muy explícita, pues me ofreció su visión sobre sí mismo y sobre su mundo: «Mire, señor, no puedo cruzarme de brazos y ponerme a hablar. Mi trabajo consiste en podar árboles. No tengo ni idea del funcionamiento de las oficinas de la empresa». Dio media vuelta, es dirigió a la sierra y se olvidó de mí. Estaba tan preocupado por cumplir sus propias obligaciones que no pudo ver que sus acciones, al dejar mucho que desear, afectaban a todo el negocio, y que si persistía actuando de ese modo, se alejaría del todo y contribuiría a su fracaso profesional y personal. Su contestación es equivalente a la de aquel camarero que tras ser preguntado por un cliente, responde: «Lo siento, pero ésa no es mi mesa».

En el mundo de los negocios, los líderes se distinguen de los seguidores por dos cualidades:

1. *Todos los líderes que se precian de serlo tienen un punto de referencia sobre el todo.* En un día cualquiera yo podría contabilizar centenares de personas que no tienen noción del todo, y que en realidad actúan como células cancerígenas en la totalidad que constituye su empresa. «No es mi departamento; deberá hablar con contabilidad.» «Yo sólo hago aquello por lo que me pagan.» «Lo siento, pero eso no es responsabilidad mía.» «No puedo responsabilizarme del trabajo de los demás, no puedo hacer mil cosas a la vez.» Todos estos comentarios se escuchan de labios de un empleado de banco, una cajera, una telefonista de un gran almacén, un oficinista de la jefatura de tráfico, etc. En ninguno se detecta ninguna referencia al todo. No existe ningún sentido de pertenencia a la unidad, ni la comprensión de que uno debe cooperar con quienes le rodean para que la unidad sobreviva. Diariamente todos ellos se embarcan en un viaje de autodestrucción cuando contactan con el público al cual tienen que servir. Acaban con la eficacia de toda la unidad porque sólo alcanzan a ver su propio y estrecho compartimiento. Un líder siempre ve el todo y es consciente de que cada individuo puede ejercer una influencia sobre el todo.

2. *Todos los líderes que se precian de serlo tienen un punto de referencia sobre un todo aún superior.* Sí, sé que he escrito un todo aún «superior». Teniendo en cuenta que el tiempo no significa nada para quienes están verdaderamente transformados, nos vemos en la obligación de considerar nuestra empresa de trabajo como una totalidad al margen del tiempo, que se mide por los instru-

mentos que hemos creado para no perder de vista al todo. Así pues, un verdadero líder es aquel que sabe que un cliente que ha sido ignorado por un empleado es también alguien que puede hacer que la empresa tenga los días, las semanas o los años contados. El líder se esfuerza pensando en el largo camino a recorrer y sabe que un cliente que no ha recibido el trato adecuado puede afectar al todo no solamente ese día sino también en todo momento. Además, el cliente descontento contará su experiencia a otras diez personas por lo menos y a la larga ellos también podrán llegar a afectar al todo. En consecuencia, el líder que se precie de serlo debe ser consciente de que cada contacto entre un empleado y un cliente es de extrema importancia. La gran imagen la constituye el ahora y el siempre, el todo de ahora y el todo superior que abarca la extensión del tiempo. Al típico empleado que actúa de seguidor no le preocupa en lo más mínimo si usted vuelve otra vez. La actitud que adopta ya habla por sí sola: «Únicamente me interesa mi trabajo cada día, irme a casa, y cobrar mi nómina a final de mes». No le importa que la próxima vez ese cliente se decida por la competencia y que repita esa operación tantas veces como le sea necesario, porque en una ocasión ese empleado negligente no le trató como debía. Los empleados que no tienen un punto de referencia sobre el todo superior están saboteando toda la unidad de la misma manera que una célula enferma cuando devora a sus vecinos.

Si su trabajo consiste en seleccionar personal, le sugiero que considere estas variables en los futuros empleados de su empresa. Si ellos se ven como partes de un todo y son conscientes de que sus comportamientos individuales pueden causar un profundo impacto en el todo, usted se encuentra ante un líder. Un líder está atento a los comportamientos humanos individuales, puesto que sabe que pueden afectar al todo y también es consciente de que el todo no puede sobrevivir si en él se encuentran células cancerígenas que van ganando terreno. El líder que se precia de serlo no puede olvidar que el futuro negocio viene determinado por el trato que recibe el cliente en el momento de la verdad, es decir, cuando establece contacto por primera vez. Cuando me encuentro con alguien que carece de referencia sobre el todo advierto que ese negocio o esa unidad en particular se halla en verdadero peligro. El empleado que me hace sentir importante y que se molesta en acompañarme adonde solicito producirá buenos resultados y conseguirá que en una próxima ocasión vuelva a esa misma compañía. Ese empleado equivale a las células armoniosas que contribuyen a que todo el cuerpo funcione a la perfección y se mantenga de ese modo en el futuro.

Dentro de nuestra unidad familiar necesitamos que cada uno de sus miembros se comporte como un individuo único y funcione por sí solo, y que por otro lado también sea capaz de trabajar en armonía con el resto de los que comparten la misma unidad o casa. Esto se aplica a comunidades, ciudades, estados, países, e incluso, el mayor conjunto de todos, la humanidad.

Cuando nos enfrentamos al concepto de unidad e intentamos aplicarlo a nuestra vida diaria, comenzamos a notar que formamos parte de la raza humana y que debemos luchar por ella y no contra ella. En esta empresa común adquirimos un sentido de autenticidad y somos conscientes de que cada comportamiento puede causar un gran impacto en este cuerpo o ser que llamamos Ser Humano.

Si la imagen que percibimos es panorámica, entonces la unidad es obvia. Los grandes estadistas saben que es imposible permanecer divididos y sobrevivir. Son conocedores de un hecho: todas las divisiones que presenta la raza humana contribuyen de un modo u otro a la destrucción de la humanidad. Pero, aunque resulte duro decirlo, es muy difícil que los estadistas que piensan de esta manera puedan alguna vez ser elegidos en una votación. Los votantes están predispuestos a votar a quienes apoyan sus propias divisiones, y no a aquellos líderes que trabajan para la consecución de un objetivo armonioso en favor de toda la raza humana. Ni el Jesucristo de su época ni la Madre Teresa de nuestros días responden al tipo de líder que los votantes desean. Sin embargo, algunos líderes que comprenden a toda la raza humana han surgido en nuestro mundo. De hecho, las Naciones Unidas constituyen un primer paso hacia la aplicación de la cooperación en lugar de la agresión para solucionar las disputas fronterizas y las divisiones que hemos creado. Abraham Lincoln surgió en los Estados Unidos cuando en el siglo pasado se hacía una llamada a la unidad. Tal vez aparezca un nuevo Lincoln en este siglo y la consecución de la armonía de la humanidad se haga realidad.

Desde la célula individual más diminuta hasta usted como célula, desde todas las unidades que vemos emerger en las estructuras sociales, en las unidades mayores que denominamos países, y por extensión en todo el universo, se transmite un mismo mensaje. Cuando percibimos la unidad que existe en todo este conjunto, y actuamos como individuos conscientes de esa totalidad, permitimos que el todo sobreviva y crezca. Cuando no mostramos ningún respeto por la totalidad, contribuimos no sólo a la destrucción del todo sino también de nosotros mismos.

Ver la unidad es mucho más que un ejercicio metafísico; es una forma de ser que transforma la vida. Cuando gozamos de armonía interior, el hecho de verla también en un contexto de mayor extensión se produce automáticamente. Siempre daremos a los demás aquello con lo que contamos. Cuando vemos la unidad en nuestro interior y nos comprometemos a conservarla, entonces nos convertimos en una célula más en búsqueda de unidad y de prosperidad individual.

LA UNIDAD Y EL SUEÑO

Me gustaría que ahora usted volviera a adoptar la perspectiva de su cuerpo soñador para recordarle que

122

mientras sueña se encuentra en un mundo de pensamiento puro en el que crea todo lo necesario para su sueño. Los sentidos de la vista, oído, olfato, tacto o gusto no le son imprescindibles. Todo lo que usted experimenta al soñar produce una reacción en el cuerpo. Los personajes que se le aparecen en sueños son mera ilusión; son producto de su creatividad e interpretan su papel en su sueño.

Todo ello nos lleva a una lección magistral, la más difícil de captar si usted permanece únicamente en su forma.

¡Sólo hay un sueño! Léalo de nuevo. Sólo hay un sueño. Garantizado, aunque haya mil personajes en él. El soñador crea multitud de situaciones que no guardan ninguna relación con el tiempo. Pueden aparecer automóviles, aviones, barcos, cuchillos, bombas, camas, o cualquier objeto que el soñador desee, pero únicamente existen un soñador y un sueño, y ése es *usted*. En el estado que denominamos conciencia soñadora, sólo hay un soñador y un sueño.

Vayamos ahora a la parte más complicada. En el capítulo 2 he descrito las tres dimensiones de la conciencia, a las cuales llamé conciencia soñadora, conciencia despierta y conciencia superior. Los maestros de la conciencia superior se han disfrazado de personas normales y corrientes y se han paseado entre nosotros enseñándonos que lo que experimentamos en la conciencia soñadora también puede sucedernos en la conciencia despierta. Jesús dijo que incluso el ser más insignificante entre nosotros podría llevar a cabo sus acciones y más todavía. Imagínese pues un nivel de conciencia superior real en el que toda forma es ilusión, tal como ocurre en su sueño. En este escenario sólo se puede representar un sueño. En efecto, la conciencia despierta puede ser vista como un gran sueño, desde la perspectiva de un nivel de conciencia superior a ésta, si es que usted se considera uno de los personajes de ese sueño más largo que la vida.

¿Quién es, en último término, el soñador? Llámele como usted quiera: Dios, conciencia superior, Krishna, espíritu, etc. Pero admita esta posibilidad. Desde la perspectiva de esta próxima dimensión, todo lo que existe es un nivel de conciencia, y nosotros sólo somos personajes de ese sueño. Nuestra forma nos resulta tan real como los personajes que inventamos para nuestros sueños, pero desde el punto de vista de un conocimiento superior vemos que todos son ilusiones en nuestro único sueño.

Un sueño, un soñador, miles de millones de personajes encarnando a alguien y representando ese sueño, y el espíritu incorpóreo abandonando el nivel de conciencia despierta y las ilusiones del sufrimiento a las que la forma está sujeta. Su esencia verdadera es usted, la parte fundamental de su sueño.

Ahora, desde esta perspectiva, intente ver su propia muerte. En el nivel de conciencia despierta de nuestra existencia, contemplamos la muerte como algo que produce temor y sufrimiento. Pero, de hecho, es todo lo contrario. Usted no puede sufrir en el plano del pensamiento (o plano astral). El sufrimiento sólo tiene lugar en la forma. El dolor que experimentamos, el proceso del envejecimiento, las enfermedades y los problemas que plantean las relaciones son sufrimientos que experimentamos desde la forma. Con la muerte de la forma el sufrimiento ya no es posible.

Sabiendo esto me es imposible hacer de la muerte el gran melodrama que la mayoría de la gente hace. En verdad, la veo como un premio, no como un castigo. Sé que superar mi forma significa poner fin al sufrimiento, y también soy consciente de que soy capaz de hacer lo mismo mientras existo en la forma si consigo vivir en la dimensión de la conciencia en la que los límites no existen. Al considerar toda la dimensión superior como un sueño y un soñador, con muchos personajes en el nivel inferior, puedo creer en la muerte como una transformación en vez de un castigo, y darme cuenta de la gran unidad que existe en nuestra única canción.

Aquí se encuentra el mensaje sobre la quintaesencia que nos enseñan los maestros espirituales. La manera de verlo se halla en el mundo místico que usted es capaz de crear para sí mismo y de vivir en su cuerpo soñador. Usted, el soñador... Dios, el soñador. Usted crea todos los personajes y todas las situaciones que necesita. Dios hace lo mismo. Sus personajes le parecen reales mientras usted permanece en su sueño. Así de reales son también los personajes de Dios. En realidad usted es uno de ellos. En su sueño, toda forma no es más que ilusión aunque las reacciones sean reales. En el sueño de Dios, los personajes son también ilusiones. Su sueño dura noventa años y el nuestro noventa minutos, y las reacciones a nivel de pensamiento son reales. Cuando usted despierta de su sueño se percata de lo estúpido que ha sido el preocuparse por ilusiones, y se dispone a continuar su camino en el siguiente nivel que le toca vivir. Cuando se despierta en el sueño de Dios, usted se da cuenta de la misma estupidez y prosigue hacia el nivel siguiente. Usted contempla desde una nueva perspectiva una panorámica más extensa y que lo abarca todo.

Sólo hay un sueño y un soñador. La forma de representar en la vida ese papel de personaje de un sueño depende por entero de usted, como personaje del sueño y como soñador. Es una paradoja de grandes dimensiones, que una vez se acepta nos permite verlo todo con nuevos ojos. Sin embargo, no constituye una paradoja que supere el saber que estamos formados por miles de millones de células y que al mismo tiempo todo nuestro ser se encuentre resumido y concentrado en una de ellas. Yo puedo asegurarle que desde el momento en que verdaderamente sabe que sólo existe un sueño y que está conectado a todo el mundo en ese sueño, usted empieza a pensar y actuar como si estuviera unido a todo en lugar de seguir atado a su separación. Esta situación puede llevarle a la felicidad y al éxito. Nunca más se sentirá amenazado o acomplejado por nada ni nadie.

Hágase esta pregunta: «¿Qué les pasa a los personajes de mi sueño cuando me despierto?». Ahora intente ver que su sueño no es un lugar sino una nueva dimensión. No le están esperando en la habitación; le han demostrado que son multidimensionales. Usted también puede entrar en esta dimensión sin forma.

POR QUÉ SE RESISTE A ESTE PRINCIPIO DE UNIDAD

— Este principio es tan fácil de aceptar que no merece la pena que se pase usted toda la vida resistiéndose a él. ¿Por qué? Porque nos han enseñado que la separación es la esencia de nuestra humanidad. Creemos en las fronteras, los límites, las etiquetas y las tradiciones. Hemos aprendido a considerar a los «otros» distintos de nosotros, y en muchos casos a tener a media humanidad por enemiga. Nos han educado para que atesoremos nuestra etnicidad y para que veamos a los demás como individuos que «no» pertenecen a «nuestro clan». Nuestras etiquetas se han convertido en nuestra propia definición. Desde luego, tras toda una vida sometidos a estos condicionantes nos identificamos con las etiquetas que corresponden a francés, masculino, femenino, protestante, alto, moreno, conservador, atlético, de clase media, entre otras tantas. Todas nos separan y clasifican, impidiéndonos pensar en esa única canción y encontrar la luz.

— La unidad es un concepto abstracto que resulta difícil de comprender y de vivir. Para poder creer y ver este principio en acción se requiere una visión del mundo físico desde una perspectiva mayor, la que concebimos cuando nuestra imaginación se dispara. Debemos ser capaces de abandonar nuestra reducida visión, y esto no resulta nada fácil en un mundo que pone fronteras físicas a la vida. Para obtener una gran imagen es necesario abandonar nuestro modo de pensar condicionado. Sería algo similar a pedirle a una célula del hígado, que sólo conoce a ese órgano, que deje de pensar que el hígado es todo lo que existe, y que empiece a verlo como parte de un cuerpo del que desconoce su existencia. Todo lo que conoce es el hígado. Todo lo que ha visto o experimentado es el hígado. Sin embargo, se espera de ella que funcione en conjunción con un todo del cual sólo puede especular. Así es como usted se encuentra, pero con una diferencia: usted posee una mente capaz de percibir la manera en que el todo permanece unido. Usted forma parte de esa mente universal. Y a pesar de ello le aguarda una ardua tarea si pretende conocer el funcionamiento del todo desde su estancia en la forma física o en los límites del mundo de la forma.

— Resulta mucho más fácil escoger el mundo de los límites. Aunque podemos entender a nuestro cuerpo como un todo, es difícil pasar del microscopio al telescopio. Tenemos tendencia a tomar la senda más estrecha, y a defender los límites y las fronteras. Es mucho más fácil, aunque menos gratificante, vivir en un mundo en el que todas las líneas ya han sido trazadas, con frecuencia por gentes que vivieron miles de años atrás. Desde la cuna se nos enseña dónde ir a adorar a cierto Dios, y no nos cuesta aprender la lección. Seguir la corriente es mucho más fácil; por ejemplo, pensar que nuestros enemigos son aquellos a los que todo el mundo apunta en vez de considerar los que nuestra visión nos indica. Puede parecer menos complicado continuar un negocio familiar o una tradición que aparejó el desorden, que causar la ira de nuestros predecesores. Es mucho más sencillo ser una célula que vive de esa forma y, en consecuencia, hacer caso omiso de lo que el tiempo puede deparar y de esa imagen de conjunto.

— Si defendemos nuestra separación, practicaremos la acusación como una forma de vida. Pero si usted cree y vive según la unidad, entonces la acusación es imposible puesto que todos estamos conectados y la energía de la vida se dirige hacia la búsqueda de soluciones para uno mismo y para el todo. Cuando la separación se convierte en el objetivo, tendemos a culpar a los demás de todo lo que nos falta en la vida. «Ellos» son el blanco perfecto para cargar con las culpas. Tal vez no esté dispuesto a dejar de *echarles* las culpas, sobre todo si ellos tararean un estribillo diferente al de la única canción, si no los llega a conocer personalmente y si presentan un aspecto bastante diferente al suyo. Depende de usted el decidir si le conviene más hacerse de enemigos y personas a las que odiar y acusar, o bien sentir que todos somos una misma unidad. Mientras continuemos propugnando el que los demás sufran las consecuencias de nuestras acciones, nos resistiremos a aceptar el concepto de unidad.

— A quienes a nivel personal se aprovechan de la separación no les supone ningún problema el reírse ante el concepto de unidad. Cualquiera que pertenezca al negocio de la fabricación o el mercado de armas, se burlará de esta «tontería» de la unidad y la unión. Cualquiera que necesite continuar atado a las formas de vida tradicionales y seguir separándonos en categorías superiores e inferiores, se resistirá a aceptar lo que propongo en este capítulo. Su negocio, religión o empresa le recordarán que debe juzgar a los demás, y le llevarán a pensar que el concepto de unidad es bastante desconcertante. En realidad, cualquiera que gaste su energía vital en este lado del desorden, aunque sea a pequeña escala, creerá que la unidad es un concepto problemático.

Un simple repaso a la historia nos da la clave. Muchos líderes que creyeron y predicaron la existencia del hombre como un ser único fueron asesinados. Quienes se esfuerzan por acabar con las guerras son calificados de estúpidos idealistas. Aquellos que escriben canciones pidiéndonos que *imaginemos* que el mundo es uno solo, son asesinados a sangre fría. Resulta más práctico ignorar el todo en nombre del beneficio a obtener; el todo constituye una amenaza para quienes abogan por la separación.

Éstas son algunas razones por las que nos resistimos

a este principio universal. Sin embargo, nuestra misma supervivencia y evolución como especie dependen de que un número suficiente de nosotros acepte el concepto de unidad. Estoy convencido de que en realidad lo conseguiremos. Estoy tan seguro como que el universo es una única canción y que la humanidad finalmente escuchará el mensaje que pide a gritos la unidad. Cada día la necesidad se vuelve más imperiosa. A continuación ofrezco una serie de sugerencias que pueden acelerar su propia transformación hacia este maravilloso principio de la unidad.

ALGUNAS SUGERENCIAS SOBRE CÓMO APLICAR EL PRINCIPIO DE UNIDAD EN SU PROPIA VIDA

— Abandone todo pensamiento de separación durante una hora. Durante ese tiempo considere a las personas con las que se encuentre como seres con quienes se halla conectado de una manera invisible. Descubrirá que cuando piensa según este principio de unidad le resulta más difícil enfadarse o sentir rencor hacia los demás, porque eso sería como emprenderla con usted mismo. Considérese alguien conectado con los demás, con aquellos a los que se encuentra en su camino, o sobre los que oye hablar y comparta algo con ellos. Lo que usted pone en común es su humanidad y cuanto menos se sienta inclinado a separarse de los demás, menos riesgos correrá de padecer la enfermedad que produce la separación.

— Examine todas las etiquetas que se cuelga usted mismo. Cada una es una frontera o un límite de una u otra clase. Si usted es de origen inglés o africano y se cuelga esta etiqueta, se está limitando a no poder experimentar todo aquello que no sea inglés o africano. Considérese simplemente humano. No hay necesidad de ninguna otra etiqueta. Los pensamientos no pueden dividirse en pequeños compartimientos. Usted no es viejo ni joven en su pensamiento, sólo lo es en la etiqueta que atribuye a su forma. Lo mismo ocurre con la ideología política y los atributos físicos. En el pensamiento usted puede serlo todo. Recuerde que la forma es su aspecto más insignificante y el envoltorio que contiene al usted real. Intente pensar de un modo global y actuar de una manera local. Considérese una célula entre miles de millones de células que forman parte de una gran célula llamada humanidad. Cuando finalmente se vea unido en vez de separado, empezará a cooperar automáticamente. De esto es lo que trata el proceso de curación.

Cuando yo era un joven adolescente, una niña me dijo que me amaba. Le pregunté qué quería decir con eso:

—Supongamos que de repente me convierto en un viejo, arrugado y débil de noventa años. ¿Me amarías entonces?

Ella se quedó muy sorprendida, pero respondió:

—No, ése ya no serías tú.

Recuerdo que le contesté:

—Yo no soy este cuerpo, y si esto es lo que amas, entonces no me amas a mí en realidad. Yo también soy ese hombre viejo de noventa años.

Normalmente, cuando amamos algo o a alguien nos referimos sólo a la forma, descuidando lo que hay en el interior. Admita que las etiquetas forman parte de la vida externa de la forma. Decídase a encontrar su vida interna.

— Comprenda que el camino a seguir y el objetivo trazado son una misma cosa. Usted nunca estará del todo formado. Nunca alcanzará el último objetivo. La vida es cambio y crecimiento. Paradójicamente, usted puede conseguir todos sus objetivos desde esta perspectiva de unidad. Cada paso a lo largo del camino y cada día en su vida es al mismo tiempo una experiencia singular y una parte del todo llamado vida. No existen los momentos porque sí. Este momento en el que se encuentra usted ahora es una totalidad y no algo separado de toda su vida. Recuerde el viejo proverbio que reza así: «La vida es lo que le ocurre a uno mientras hace otros planes». Esta frase ayuda a centrar la unidad de todas las cosas y a dejarlas centradas, en lugar de confiar en centrarlas mediante las vías artificiales que nos hemos inventado.

— Los miembros más allegados de su familia le recuerdan diariamente que usted comparte la humanidad con ellos. Usted forma parte de este gran cuerpo que llamamos Ser Humano. Cuando se encuentre regañando a un ser amado, piense que esa persona está compartiendo la misma energía de vida que usted. Nuestra incontrolable rabia viene propulsada por el temor de que seamos tal y como juzgamos y vemos a los demás. Sólo podemos ofrecer aquello que tenemos en nuestro interior. Si usted se respeta a sí mismo, seguro que tratará a sus seres queridos del mismo modo. Si por el contrario no es así, también su manera de ser se reflejará en el trato hacia los demás. Cuando tengo algún problema con mis hijas sobre algo que han dicho o hecho, intento imaginarme la fuerza invisible que me conecta con ellas a través de la humanidad. Observo que su comportamiento también es el mío y viceversa, y que soy capaz de ser más comprensivo y afectuoso con ellas.

— Piense en aquellos que usted considera sus enemigos. La misma lógica y razonamiento se puede aplicar en su caso. Ésta es la lección de la espiritualidad. El hecho de que los seres humanos presenten aspectos diferentes o vivan en otras partes del mundo no significa que no formen parte del todo, de esa parte de la humanidad que es usted. No permita que nadie, y mucho menos la situación geográfica, le determine a tener enemigos. Usted no tiene por qué aceptar ningún razonamiento que le obligue a pensar en términos de enemigos. Esto no le convierte en un mal patriota.

Puede amar tanto a su país que desee que sus hijos

vivan en paz consigo mismos. Esto significa hacer todo lo posible para asegurarse de que todos veamos esa unidad. Recuerde que uno no puede elegir los lados en un planeta que es redondo. Es una cuestión de perspectiva y usted cuenta con las herramientas necesarias para captar esa vista infinita, la vista de la unidad.

— Si usted ocupa un liderazgo en una organización, cree opciones para que quienes trabajan junto a usted noten ese punto de referencia o ese sentido de pertenencia al todo. Alégrese de las distintas aportaciones y participaciones que puedan tener por el bien de toda la organización y prémielas con cosas tan tentadoras como la participación en los beneficios, el reconocimiento y el pago de incentivos. No especialice y divida su organización en muchos compartimientos, porque ello impedirá que sus miembros participen de una visión de conjunto. Esté atento a lo que cada persona pueda ofrecer al todo, y dirija sus programas de formación hacia un entendimiento del impacto que produce el conjunto en función de los diferentes comportamientos individuales. Al mismo tiempo, apoye el individualismo y la iniciativa personal. Cada célula de una unidad debe gozar de cierto grado de autonomía para que en calidad de individuo pueda llegar a sentirse importante. Una célula que no se encuentra a gusto en su puesto puede conducir al fracaso de toda la empresa. Una célula que respira armonía interior contribuye a la salud de toda la unidad. El individualismo y la visión de conjunto pueden excluirse si se entienden por separado. Aceptar esta paradoja y comprender que dos entidades que parecen opuestas siempre funcionan en un todo armonioso, es fundamental para descubrir la luz.

— Dirija todos sus esfuerzos para enviar amor como respuesta al odio. Éste fue el mensaje de Cristo. Si usted goza de amor interior, esto es lo que ofrecerá a los demás. Todo odio, incluso el que pueda justificarse a consecuencia de una agresión, es parte de un cáncer que destruye la humanidad. Cuanta más armonía y amor enviamos a los demás, a pesar de su comportamiento, más vivimos en la unidad. Por supuesto que necesitamos cárceles y otros medios de protección ante los infractores de los derechos de los demás. Lo que no necesitamos es el odio como respuesta a su comportamiento antisocial.

— Intente ver a cada una de las personas que entren en su vida como profesores. Contemple a esa nueva persona como si fuera esa parte de usted que está dispuesta a crecer. En las relaciones no es pura coincidencia que la vida en común sea el resultado de una combinación de contrarios. A menudo amamos a alguien que representa una parte poco desarrollada de nosotros mismos. En vez de juzgar a los otros como personas que deberían o no comportarse de cierta forma, véalos como un reflejo de una parte de usted mismo y pregúntese si hay algo que puede aprender de ellos. Ame a quienes parecen contrarios a su mundo, y ponga su manera de ser a buen recaudo, como si se tratara de un tesoro que le hubieran encomendado. Y recuerde que los que parecen causarle mayores quebraderos de cabeza, son los que le hacen sentir que el motivo de todo ello se encuentra en la carencia o el deseo de algo en usted mismo. Si no reaccionara en ningún sentido, ello significaría que usted es indiferente a todo. Pero si reacciona mediante la indiferencia, significa que en su interior existe algo que le sujeta cuando usted se enfrenta a un comportamiento que le provoca. Ésta es su situación de aprendizaje y no el problema de los demás. Todo el planeta es una colección de diferencias. Usted es una unidad completa formada por diferencias, que vive a un tiempo en la forma y en la no-forma. Olvídese de pretender que los demás sean como usted, y empiece a disfrutar de su singularidad en la variedad que compone esta gloriosa y única canción.

Nadie puede explicarle «la manera» de conectarse más y estar menos atado. Usted controla sus pensamientos. Yo sólo puedo ayudarle a comenzar a desarrollar su capacidad de pensar en términos de unidad. Tal vez pueda ayudarle a abrir algunas puertas que ahora permanecen cerradas debido a los procesos condicionantes, pero usted es el único que puede tomar esa decisión. Y una vez se decida a llevar a cabo su papel en esta única canción, nadie podrá detenerle. Ése es el camino que se ha trazado y usted puede recorrerlo como le plazca.

Al adoptar este principio de unidad conseguirá finalmente un nuevo sentido de armonía personal que aparte todo conflicto de su vida. Sin lugar a dudas se trata de una recompensa gloriosa. Usted deja de cuestionarse su papel en todas las cosas y en su lugar comienza a abrirse a la unidad de toda vida. Se convierte en una parte de la energía del amor, primero en su vida interior, luego en su vida familiar y sus relaciones personales, posteriormente en el trabajo y la comunidad y finalmente en toda la humanidad. Desarrolla un sentido de apreciación de todas las formas de vida. Ya no se identifica con las diferencias y sabe que ellas sólo existen en la forma.

Hay cuatro palabras que simbolizan nuestra invisible conexión con todos: «solos» y «todos en uno», que se refieren por cierto a conceptos idénticos. En cada célula del universo existen la soledad y la unión, que coexisten al mismo tiempo. Cuando a Paramahansa Yogananda le estaban instruyendo como maestro espiritual, se le dijo:

> Es el espíritu de Dios el que sostiene toda la forma y la fuerza del universo, sin embargo él es trascendental y se mantiene apartado del maravilloso vacío que existe más allá de los mundos de los fenómenos vibratorios... Aquellos que alcanzan la realización de sí mismos en la Tierra viven una existencia parecida que se desdobla. Aunque son conscientes del trabajo que ejecutan en el mundo, están sin embargo inmersos en una beatitud interior.

Espero que ustedes gocen de esa experiencia a medida que vayan aprendiendo sobre su conexión y participación en esta única canción: actuando en la forma, y con beatitud interior. La verdad es que usted está solo y es parte del todo a un tiempo.

4

Abundancia

*Calcular el número de semillas en una manzana es muy fá-
cil. Pero ¿cuántos de nosotros pueden llegar a establecer el
número de manzanas latentes en una semilla?*

Nadie puede precisar el número de manzanas que se
encuentran en una semilla porque la respuesta es el infinito. ¡Lo interminable! De eso precisamente trata el principio de la abundancia: la interminabilidad.

Parece una paradoja, porque nosotros en calidad de
formas humanas empezamos y finalizamos en un momento determinado, y en consecuencia la interminabilidad no forma parte de nuestra experiencia en la forma.
Pero resultaría difícil de imaginar que el universo conoce
fronteras, o que sencillamente finaliza en algún punto. Si
en efecto así fuera, ¿qué existe al final y qué se esconde
detrás de ese final? Por consiguiente, me atrevo a afirmar que no existe final en el universo, y que no existe final en ninguno de sus componentes cuando este principio forma parte de su vida.

Ya hemos observado que una gran parte de lo que
somos carece de forma, y que esta parte (el pensamiento)

no conoce limitaciones. Según esto me atrevo a concluir que nosotros tampoco tenemos un punto final conocido.

De esta manera, la abundancia, carente de límites y fronteras, se convierte en la clave del universo. Se puede aplicar tanto a nosotros como a cualquier otra cosa de esta única canción. Es la respuesta del universo a nuestra creencia en la escasez. Deberíamos ser conscientes de la abundancia y de la prosperidad, y dejar de considerar la escasez como la piedra angular de nuestra vida.

Si nuestra mentalidad se basa en la escasez, ello significa que creemos en ella y que evaluamos la vida en términos de lo que le falta. Si prestamos excesiva atención a la escasez, estamos gastando nuestras energías en algo que no tenemos, y esta experiencia contagia al resto de nuestra vida. La historia personal de mucha gente se resume en frases como: «Sencillamente no tengo suficiente», «¿Cómo puedo creer en la abundancia si mis hijos no tienen toda la ropa que necesitan?», «Sería mucho más feliz si tuviera...». La gente cree que en su vida faltan ciertas cosas porque la suerte no les sonríe, en vez de reconocer que su sistema de pensamiento se basa erróneamente en la escasez. Sin embargo, deberían saber que en tanto no dejen de vivir según esa mentalidad centrada en la escasez, eso es lo único que conseguirán en sus vidas.

Todo lo que se necesita para eliminar esta situación en la vida ya se encuentra en el mundo que habitamos y respiramos día tras día. ¿Dónde, si no, podría estar? La verdad es que *hay* suficiente para que todos encontremos nuestro lugar y todos formemos parte del mismo. Una vez aprendamos esta lección, comprenderemos que en nuestro caso particular este principio funciona en numerosos sentidos. Todas las personas que conozco que han pasado de una vida basada en la escasez a una vida colmada de abundancia, han descubierto la forma de creer y vivir según este principio. Me estoy refiriendo a *todas y cada una de ellas*, incluyéndome a mí. Pero ¿cómo podemos deshacernos de esa mentalidad centrada exclusivamente en la escasez?

El primer paso hacia la consecución de una mentalidad liberada de la visión de escasez consiste en estar agradecidos por todo lo que somos y poseemos. Sí, sí, dar las gracias, plenamente convencidos y apreciando el gran milagro que todos constituimos. El hecho de estar vivos. El hecho de tener ojos, oídos, pies, y de estar aquí en este maravilloso sueño. Esfuércese por empezar a pensar en lo que tiene, en lugar de fijarse en lo que echa de menos.

No le falta nada. Naturalmente, ¿cómo puede faltarle algo en un universo perfecto? Cuando usted comience a dar las gracias por lo que le ha sido concedido (el agua que bebe, el sol que le calienta, el aire que respira, y todo lo que supone un don de Dios) estará poniendo en funcionamiento todos sus pensamientos (toda su esencia) para centrarse en su humanidad y en la abundancia.

Recuerde que usted es una célula en un cuerpo humano y que esa célula requiere armonía interna para cooperar de buen grado con las células vecinas. Cuando actúe de esa forma, su energía se transformará en el milagro del ser que está aquí y ahora. Y mientras se concentra en el milagro que usted encarna, es imposible que se fije en lo que no es o en lo que parece faltarle.

A medida que vaya dando las gracias, amplíe la lista de las cosas por las cuales debe sentirse agradecido. Los amigos y la familia, la ropa y la comida, el dinero que pueda tener, todas sus pertenencias, todo con lo que cuenta en esta vida. Me refiero a todo sin excepción. El lápiz, la silla, todo. Empiece a pensar en lo agradecido que debe sentirse por tener esos objetos que tan bien le van cuando los necesita. Piense en ellos como si se los hubieran prestado por algún tiempo, antes de utilizarlos nuevamente.

En cuanto aprenda a sentirse agradecido a todo el mundo y a todas las cosas que le rodean, y a apreciar su propia humanidad, se hallará en el buen camino, rumbo a la eliminación de la mentalidad basada en la escasez.

AQUELLO EN LO QUE USTED CONCENTRE
SUS PENSAMIENTOS SE EXPANDE

Léalo de nuevo. En realidad resulta bastante ilógico. Aquello en lo que suele pensar más acabará siendo lo que usted elija para ampliar. Por ejemplo, si tiene algunas deudas y algo de capital, y se concentra en lo que sí tiene, entonces seguramente se dedicará a ampliar esa cantidad de dinero que posee. Si ese capital consiste en quinientos dólares y sus deudas ascienden a cinco mil, y sólo piensa en el dinero que tiene, sin duda tendrá que hacer algo con él. Todo lo que decida con respecto a él, siempre que sea en un sentido positivo, se verá recompensado con una ampliación de capital. Y al revés, si usted sólo se fija en su situación de moroso y se recuerda constantemente el estado de pobreza en el que se encuentra, eso es lo único que obtendrá, más pobreza. Esto se ve muy claro en casos sobre enfermedades de poca importancia. Por ejemplo, si usted sólo piensa en el resfriado que ha cogido y siempre se queja de lo mal que se siente, acabará con un resfriado perenne. Es decir, su energía se concentrará en el resfriado del que usted parece estar tan orgulloso. Pero si, por el contrario, piensa en el resto de su cuerpo que se encuentra perfectamente bien, y comenta a los demás su casi inmejorable estado de salud, acabará gozando de una salud de hierro.

Todos actuamos según las pautas de nuestros pensamientos. Estos pensamientos se convierten en nuestra experiencia diaria; en consecuencia, si usted gasta una gran cantidad de energía vital concentrándola en la escasez, en eso convertirá su vida. Ahora daré un ejemplo verídico de cómo funciona este proceso.

Tengo una buena amiga llamada Bobbe Branch que vive en Wenatchee (Washington). Es una persona plena de vitalidad, con una conciencia superior, con la que realmente apetece estar. Probablemente en casi todos los aspectos de su vida ha dominado la abundancia. Sin embargo, en lo que respecta a su carrera profesional siempre creyó en el principio de la escasez. Bobbe es cantautora; tiene mucho talento y siempre deseaba grabar un álbum con sus canciones, pero estaba convencida de que no contaba con la suficiente capacidad financiera para hacerlo: en lo referente al dinero funcionaba según una mentalidad centrada en la escasez. Y esta misma mentalidad de la escasez podía más que ella cuando tenía la oportunidad de cantar en público: estaba segura de que nunca lograría hacerlo.

Una tarde hablamos durante horas sobre su creencia de que nunca conseguiría grabar un álbum hasta que un ángel se le apareciera de repente y decidiera subvencionarla. Intenté demostrarle que ese pensamiento era el que precisamente le impedía la consecución de su sueño.

Solía invitarla a cantar en algunas de mis conferencias. A pesar de sus temores, Bobbe cantaba maravillosamente y el público se ponía en pie. Empezó a creer que quizá debería ocuparse más en lo que deseaba obtener y no preocuparse tanto por lo que le parecía inviable o prácticamente imposible de conseguir. Cuanto más pensaba en cantar ante un público, más ofertas para hacerlo le llovían, sobre todo al cabo de un año de haber cambiado de rumbo sus pensamientos. Entonces le llegó el gran reto: verse a sí misma nadando en la abundancia. En una conversación telefónica me contó que se había armado de valor y había comenzado a hacer averiguaciones sobre el precio de la producción de un álbum junto a uno de los mejores arreglistas y directores musicales del Noroeste. La suma ascendía a mucho más de lo que ella jamás había reunido en su vida. Yo le contesté que debía concentrar sus pensamientos en la prosperidad, puesto que eso era lo que necesitaba y no permitir que en ningún momento la invadiera el pensamiento de «escasez».

Captó el mensaje. Una tarde recibí una llamada de larga distancia desde Wenatchee y Bobbe me dijo:

—No he estado pensando en nada más que en conseguir esa suma de dinero.

Añadió que ella y una amiga estaban hablando un día sobre cómo conseguirlo y que Bobbe sugirió:

—¿Qué tal si le pidiera a quince conocidos que invirtieran en mí y en mi música? Quiero decir, personas que creyeran en mis canciones.

Para su sorpresa, su amiga le respondió:

—Me parecería estupendo. Yo seré la primera inversora.

Bobbe se dio cuenta de que ya tenía una quinceava parte de lo que necesitaba.

Al cabo de tres días ya lo había preparado todo y había conseguido la firma de los inversores que tanta falta le hacían. Cada uno invirtió unos mil dólares, a devolver en el plazo de un año. Le parecía increíble que finalmente hubiera podido superar la escasez, a través de concentrarse en la abundancia, que era la que en realidad le había traído toda esa buena fortuna. Tardó dos meses en producir el álbum *El único camino es la felicidad* con tres canciones sobre la felicidad escritas a partir de Eykis, la chica iraní de la cual he escrito en páginas anteriores.

Ahora Bobbe está muy ocupada promocionando su música e intentando que se convierta en un gran éxito. Su concentración en la abundancia en vez de en la escasez ya le está dando buenos resultados. Ha logrado pagar a casi todos sus inversores y está preparando una segunda edición de su álbum. En la dedicatoria del mismo se lee: «A mi amigo Wayne Dyer; agradezco todo lo que ha hecho al animarme a que corriera el riesgo». Todo lo que en realidad hice fue ayudarla a concentrarse en aquello en que deseaba convertir su vida.

Lo mismo ocurre con todos nosotros. Para experimentar cualquier cosa que se aleje de la abundancia usted debe resistirse con todas sus fuerzas a ella y concentrarse en la escasez.

Cuando usted vive y respira prosperidad bajo la creencia de que todo existe en grandes cantidades y cree tener el derecho de llegar a poseer todo lo que desee, entonces empieza a comportarse con respecto a usted y a los demás según este principio. Este convencimiento se aplica a la adquisición de riqueza, la felicidad personal, la salud, los logros intelectuales y todo lo demás. Tiene relación con una vieja promesa bíblica: «A aquel que ya posee, más se le concederá». Y realmente así es como funciona. Este universo es una gran empresa que resulta difícil de comprender desde la perspectiva de nuestros limitados cuerpos. La abundancia reina en todos los rincones del mismo. Los únicos límites que afrontamos los «inventamos» creyendo en ellos.

USTED YA LO ES TODO

Usted ya es un todo, ya está completo. Usted no va a *conseguirlo* todo, pues ya *es* todo. Estas afirmaciones deberían ser objeto de su seria consideración. Si en estos momentos no disfruta de su vida, con lo que ha acumulado, con su actual estado de salud, con su trabajo y sus relaciones, no podrá apreciar o pasárselo bien en nuevas condiciones de vida. Nuestra capacidad para disfrutar de la vida procede de nuestra manera de procesarla, y no de la influencia de factores externos. Nada exterior tiene capacidad de crear felicidad o plenitud en nosotros. Lo que determina la calidad de nuestra vida es nuestra decisión de sentirnos satisfechos o no, basada en nuestra forma de pensar, de vernos y de situarnos en el universo. Por consiguiente, si usted necesita mucho más para sentirse completo, entonces, aunque reciba mucho más, siempre se sentirá insatisfecho.

Pensar según el principio de la abundancia significa creer en un diálogo interior: «Amo todo lo que soy y lo que he conseguido hasta ahora. No necesito nada más, ni siquiera un pequeño cambio para considerarme feliz o completo. Sé que no conseguiré todo, porque ya lo soy todo. El universo es infinito, yo soy el universo, y en consecuencia desconozco las fronteras».

Al crear y creer en sus propias afirmaciones, demuestra su disposición a sintonizar con la abundancia. Recuerdo la historia de un hombre que acudió a un gurú

142

para saber qué necesitaba para disfrutar de la perfecta felicidad y el éxito el resto de sus días. El gurú lo dejó sin nada, puesto que en la vida ya había contado con todo lo que necesitaba. La felicidad y el éxito son procesos interiores que aportamos a nuestras empresas en la vida, y no algo que obtenemos del «exterior».

Cuando actuamos según el principio de la escasez, normalmente creemos: «Si sólo tuviera un poco más, *entonces* alcanzaría la llave de la felicidad y el éxito». Si prestamos atención a lo que estas palabras representan, advertimos que lo que estamos afirmando es: «En este momento no me siento completo. De alguna manera, me hace falta lo que necesito. Cuando lo consiga, entonces podré darme por satisfecho y completo». Si ésa es también nuestra creencia, cabe afirmar que estamos muy lejos de la perfección. Esta clase de pensamiento basado en la escasez da por sentado que todavía no somos seres humanos totales, completos y felices, y que todavía no contamos con las piezas que nos faltan para lograr la abundancia en nosotros mismos. Así pues, funcionamos según un proceso mental que se apoya en la carencia, y terminamos atrapados en la siguiente creencia: «Necesito tener más antes de poder considerarme plenamente feliz». Ésta es la razón que nos priva de sintonizar con la abundancia que existe a lo largo y ancho del universo.

Usted ya lo es todo. Ya posee lo que necesita para la consecución de la felicidad, el éxito, la satisfacción y todos aquellos nobles objetivos que nos proponemos alcanzar. Si nuestras necesidades básicas se ven satisfechas y disponemos de comida, agua y aire, entonces estamos capacitados para ser muy felices. Tal como ya dijo Gandhi: «Dios se presenta a los hambrientos en forma de comida».

Podemos valorar y alegrarnos ante el fantástico milagro de lo que somos. Somos capaces de procesar todo lo que se presenta en nuestro camino sin necesidad de emitir ningún juicio. Nuestro mundo es abundante e infinito, y el modo de concebirlo depende exclusivamente de cada uno de nosotros. Incluso si nos encontráramos en prisión, ese rincón de libertad lo conservaríamos siempre. Nadie puede adueñarse del pensamiento. ¡Jamás! Desde que tomamos conciencia de lo que esto representa, podemos relacionarnos con la abundancia en calidad de clave de nuestra existencia.

Sí, en efecto, usted ya lo es todo. La abundancia ya forma parte de usted. Sintonice su dial para funcionar a la perfección en su propio beneficio.

¡USTED NO PUEDE POSEERLO TODO!

La abundancia no es algo que se adquiere. Es algo con lo que sintonizamos. Este pensamiento es fundamental para lograr que el principio de la abundancia tenga aplicación a nuestras vidas. Recuerde que el universo cuenta con una reserva de energía infinita, y de que todas las cosas, incluyendo su propia forma y todo lo que ha acumulado, es en primer lugar energía. Todo vibra. La denominamos energía de la vibración, y nuestro universo es infinito en su reserva de energía. Esta energía constituye la vida.

La energía que cada uno emite viene determinada por nuestros pensamientos y nuestra forma de comprender el mundo. Compréndalo a través de unos ojos que sólo vean la escasez y eso es lo que habrá. Compréndalo a través de unos ojos que vean la abundancia sin límites y eso es lo que habrá. Si necesitamos poseer cosas, nos guste o no saberlo, estamos filtrando nuestro universo a través de unos ojos que sólo se fijan en la escasez. Nuestra necesidad de poseer cosas refleja la creencia de que nunca tenemos lo necesario. Nuestra necesidad de acumular y de poseer nos impide sintonizar con la abundancia que existe delante de nuestros propios ojos «llenos de escasez».

Todo aquello que deseamos poseer para ser felices sirve para comprender que somos controlados desde el exterior. Esta postura nos lleva a creer que somos incompletos y que únicamente podemos mejorarnos mediante más cosas. ¡Una trampa interminable! De la que no podemos escapar en tanto pensemos que las posesiones pueden llenar ese vacío que percibimos.

¿Cómo puede llegar usted a poseer algo? Piense por un momento en todas las posesiones de las que dispone en su sueño: coches, yates, dinero, casas, o cualquier otra cosa. Cuando se despierta, inmediatamente advierte que esas posesiones son meras ilusiones, y de que sólo las necesita durante el tiempo en que transcurre el sueño. Ahora intente ver todas esas cosas según la perspectiva que le ofrece el sueño de ochenta o noventa años que es la vida. Imagínese despertándose y siendo capaz de echar un vistazo a sus posesiones anteriores. ¿Cómo pudo llegar a poseer todas esas cosas? Lo mejor es tomar posesión de nuestros «juguetes» por un espacio de tiempo reducido, pues luego, nos guste o no, tenemos que despertar y comprender que ya no nos sirven. La mayor parte de nuestra vida sucede en la dimensión astral del pensamiento, y en ese estado desprovisto de forma los objetos no tienen valor.

Si notamos un vacío es porque concebimos pensamientos sobre la nada, que habitualmente ensanchan el vacío. Pero podemos ampliarlo de un modo mucho más satisfactorio, centrándolo en la posibilidad de completarlo y en el hecho de que nunca podremos poseer nada. Esto no nos impide disfrutar de todo lo que acumulemos o nos corresponda temporalmente. Pero, recuerde, al igual que en nuestro universo todo es incompleto, también nosotros somos incompletos. Todo se halla en estado de transformación, incluyendo el título de nuestras propiedades, nuestra familia, nuestro dinero, todo. Todo se encuentra en proceso de transición. Todo va dando vueltas, aterrizando en nuestras manos para que disfrutemos de ello unos momentos y luego vuelve a circular. Una vez interiorizamos esta noción sobre la imposibilidad de poseer nada, irónicamente la misma idea nos concede la libertad de poseer lo que deseamos, sin necesidad de depender de ello. Muy pronto descubrimos la alegría que nos produce el compartir este hecho con los demás.

La paradoja aparece, por supuesto, cuando dejamos de buscar y de acumular cosas y comprendemos que todo lo que siempre hemos deseado o necesitado está a nuestro alcance. El miedo a no tener lo suficiente nos impide ver que ya tenemos bastante. No podemos poseerlo todo, y la verdad es que pasar toda una vida creyendo en la escasez y en la necesidad supone una violación del principio universal de la abundancia.

Una vida plena de abundancia no significa una vida repleta de todo lo que uno haya ido acumulando, sino una existencia plena de espiritualidad basada en el profundo respeto por lo ilimitado del conjunto. Tome, por ejemplo, el caso de su propio cuerpo. Es un reflejo de la abundancia ilimitada, capaz de los logros más extraordinarios y restringido únicamente por los pensamientos centrados en los límites. Su cerebro, con sus miles de millones de células, puede hacer que su cuerpo duerma o baile, reflexione o cree, construya aviones y submarinos. Usted, sí, usted y el cuerpo que habita son un ejemplo de la abundancia y la perfección exquisitas. Sus posibilidades son infinitas. Su existencia como entidad que se mantiene a sí misma es tan milagrosa que confunde a nuestra mente cada vez que pensamos en cómo ha llegado hasta aquí y cómo permanece vivo, y piensa y sueña, y así hasta un largo etcétera de prodigios.

Usted mismo es abundancia en acción. Pero su cuerpo no puede poseer ni llevarse nada consigo en el momento de partir. Ese cuerpo funciona mediante fuerzas y energía que van más allá de la acumulación. Todas las «cosas» de la vida están aquí para servirle, y no para que usted las sirva a ellas. Recuerde este principio a lo largo de esta lectura. Todo lo que antes fue propiedad de alguien ahora le pertenece a otra persona. La tierra que ese alguien poseía ahora es pisada por otros; sus joyas ahora embellecen a otros. Y así ocurre con todo en la vida. Nada puede ser poseído y cuanto antes seamos conscientes del hecho y dejemos de obsesionarnos con la idea de poseer personas y cosas, antes y mejor podremos sintonizar con el maravilloso principio de la abundancia.

El secreto consiste en despreocuparnos de lo que no tenemos y en cambiar el rumbo de nuestra conciencia hacia una apreciación de todo lo que somos y lo que tenemos. Al efectuar este cambio en nuestra conciencia, el ser servicial se convierte en una parte natural de la vida abundante. Gadhi no pudo expresarlo mejor:

> Consciente o inconscientemente, cada uno de nosotros presta algún que otro servicio. Si tenemos la costumbre de hacerlo deliberadamente, entonces nuestras ansias de servicio se fortalecerán no sólo en beneficio de nuestra propia felicidad sino también en favor del mundo entero.

O Albert Schweitzer, que sobre el mismo tema apuntó:

> Desconozco el destino de todos ustedes, pero hay algo que sí sé: los únicos que llegarán a conocer la verdadera felicidad son quienes han buscado y hallado el modo de servir.

Estos dos hombres fueron dos santos en muchos sentidos, y desde luego no se puede esperar que nosotros les emulemos en su labor de servicio a los demás. Pero del estudio de sus vidas y de las dos citas anteriores se desprende algo más. El auténtico significado lo hallaremos al descubrir el verdadero sentido de satisfacción que subyace al éxito y las acumulaciones.

SINTONICE CON LA ABUNDANCIA

La abundancia no es algo que fabricamos, sino algo que aceptamos y con lo que sintonizamos. Si nuestra mente cree en la escasez, esperando únicamente una pequeña porción de la abundancia que la vida ofrece, entonces eso será lo que experimentaremos en nuestras vidas. Solemos recibir aquello que estamos dispuestos a aceptar, y cuando nos encerramos en nosotros mismos no es por falta de disponibilidad sino por obedecer creencias basadas en la escasez. Al formarnos los conceptos de abundancia y prosperidad entendiéndolos como algo que merecemos, advertimos un gran cambio. En primer lugar, cambian los pensamientos sobre lo que creemos merecer. Luego modificamos nuestros pensamientos lentamente. Por fin, llegamos a saber y a creer que cualquiera sea el objeto que deseemos, ya se encuentra aquí, y que nuestra propia convicción es la que provocará su manifestación. No me cansaré de repetir una y otra vez que lo que hacemos es expandir aquello en lo que situamos nuestras miras.

Pero ¿cómo puede *usted* sintonizar con la abundancia que constituye todo el universo? La respuesta se obtiene alterando su percepción de lo que se halla a su alcance y también en una nueva circulación de aquello que fluye por su vida. Le sugiero que comience examinando estas tres preguntas:

1. *¿Cuánto cree usted valer?* Usted es una creación divina que forma parte de un universo perfecto e infinito. Lo es todo. Tal como Walt Whitman afirmó en una ocasión: «Toda la teoría del universo está dirigida sin lugar a dudas a un único individuo, o sea, a USTED». No se trata de una afirmación egoísta, sino que responde perfectamente a la cosmovisión del poeta. Usted es a un tiempo parte de la humanidad *y* un ser humano individual. Usted, al igual que cualquier otra persona perteneciente al conjunto de la humanidad, tiene un valor completo y total que es perfecto. Como parte de esa perfección completa, debe saber que el valor es inconmensurable y abundante. ¿Cómo podría existir algo más perfecto que el ser humano? ¿Cómo ese algo podría tener más valor?

2. *¿Qué cree usted merecer?* Si usted se considera sólo merecedor de una pequeña parte de la felicidad, en-

tonces eso es lo que conseguirá. Si piensa que lo merece todo y tiene la intención de dejar que la abundancia circule y de continuar sirviendo a los demás, entonces adquirirá unas cotas más elevadas de felicidad. Si imagina que no se merece demasiado, ése será su premio. Si se concede importancia a sí mismo, tomando lo que piensa que merece a expensas de quienes le rodean, entonces los resultados serán idénticos a los que obtendría si se creyera merecedor de muy poco. En ambas situaciones se debilita y pierde fuerza. Creyendo que no merece nada o que merece todo a expensas de los demás, toma un camino de destrucción personal que no sólo le aleja de la abundancia, sino que le conduce directamente hacia la escasez. Sepa que se lo merece todo, al igual que todos los demás, y que en el proceso de ayudar a los otros a conseguirlo se está sirviendo también a sí mismo.

3. *¿Qué cree que se halla a su disposición?* Una respuesta totalmente honesta se basa en lo que le aguarda a usted ahí fuera. Si le obsesiona lo que tiene o deja de tener, o lo que nunca conseguirá, entonces eso será precisamente lo que logrará. Una tarde, tras una conferencia una mujer me preguntó: «Doctor Dyer, ¿cuáles cree que son los límites que me impiden obtener el éxito y la felicidad que deseo en la vida?». Mi respuesta fue inmediata: «Su convencimiento de que existen límites». Lo que determina su nivel de éxito y felicidad no es lo que está o no a su disposición, sino su propio convencimiento de lo verdadero.

Un informe sobre unos participantes en un estudio de técnicas de visualización relacionadas con la búsqueda de empleos demuestra el efecto causado por las expectativas personales. Se instruyó a tres participantes para que visualizaran lo siguiente: disponibilidad del empleo que buscaban, su calificación para el mismo, y su puesto de trabajo. En sus cargos anteriores habían percibido 10.000, 25.000 y 250.000 dólares respectivamente. Al cabo de unas semanas cada uno de ellos volvió a trabajar cobrando el mismo sueldo de antes. Lo que sucedió es que todos estaban limitados por lo que creían merecer y no podían imaginarse en un cargo que les proporcionara ingresos superiores. La escasa abundancia que había en sus vidas coincidió exactamente con lo que habían visualizado para su vida. Esto es lo que realmente ocurre con todas las cosas. Creer en la escasez genera la escasez y la convierte en rectora de nuestras vidas. El mismo principio se aplica cuando se trata de la abundancia.

LIBERTAD Y ABUNDANCIA

La idea de que el universo es una única canción, siempre en expansión, sin limitaciones, a excepción de las barreras que nuestros pensamientos colocan, ha dado lugar a la noción de libertad. Las fronteras y las líneas restringen la libertad, pero dichas limitaciones las crea la persona. El universo sencillamente fluye. El agua llega hasta la orilla y la tierra empieza en ese mismo punto. El aire y el agua no se hallan separados por fronteras; coexisten y se mezclan en perfecta armonía. El espacio sigue y sigue hacia el infinito sin sufrir interrupciones de frontera alguna. En todo este contexto hay libertad, la cual traspasa todos los muros y restricciones inventadas por el ser humano.

Por tanto, la libertad es de lo que trata la abundancia. La libertad es la ausencia de restricciones. En la naturaleza se observa por ejemplo en el ave que decide colocar su nido en aquel sitio que le parece más armónico con el medio ambiente. También en las ballenas que llegan nadando a los parajes que sus corazones e instintos les sugieren. La abundancia en los seres humanos sólo puede presentarse cuando la mente humana no se siente obstruida por límites imaginarios. El aprender a librarnos de la creencia que desafía la libertad mediante límites constituye una manera de crear un mundo abundante para nosotros mismos.

CÓMO TOMÉ LAS DECISIONES MÁS IMPORTANTES DE MI VIDA

Ya de niño solía utilizar mi mente para centrarme en lo que quería, en vez de hacerlo sobre lo que los otros tenían o lo que le faltaba a mi vida. Siempre me funcionó y todavía me sigue dando buenos resultados.

La esencia de todas las decisiones que tomé parece hallarse en una dirección, la de gozar de mayor libertad en la vida: mayor libertad y mayor control sobre mi propio destino. No me gustaba nada tener que estar en un sitio determinado cada día, o soportar a alguien diciéndome cómo tenía que vestirme, qué debía hacer, o cuánto dinero iba a recibir. Deseaba ir en alguna dirección que me permitiera expandir esa libertad que mi mente acariciaba. De esto trata el principio de la abundancia: sintonizar con la inmensidad que subyace tras todas las fronteras y controles que los demás nos imponen.

Mi primer trabajo, aparte cortar césped y apartar la nieve, fue de repartidor de periódicos. Desde los diez hasta los catorce años, fui de casa en casa entregando el *Detroit Times*, el *Detroit News* y el *Detroit Free Press*. Me encantaba pasarme por las oficinas del periódico local y recoger mis ejemplares, doblarlos y colocarlos en el manillar o detrás del sillín de mi bicicleta. Yo era libre, tomaba mis decisiones y nadie me imponía ninguna ruta a seguir. Pero en lo único que no tenía vía libre era en cobrar las suscripciones de mis clientes. Cada fin de semana me veía obligado a llamar a sus puertas para conseguir mis propósitos. Eso me llevaba mucho tiempo y tenía que hacerlo cada semana, de lo contrario no cobraba. Muchas veces la gente no estaba en su domicilio y tenía que volver varias veces hasta lograr cobrar el dinero que me debían. Me sentía atrapado por este ritual semanal, al tener que reunir el importe de todas las suscripciones, y separar la suma que pertenecía a la empresa y luego lo que me correspondía para poder sacarme algún dinerillo.

Mi primera decisión surgió a consecuencia de mi necesidad de disponer de mayor libertad, sobre todo en el momento de recibir mi paga semanal. Acepté un empleo en un pequeño supermercado de mi barrio al este de Detroit. Lo primero que quería saber era las condiciones de pago. Me dijeron que cada viernes por la tarde, al finalizar la jornada me pagarían las horas que hubiera trabajado durante la semana. Ello significó un mejor grado de libertad y todavía lo guardo en la memoria como si se tratara de un tesoro. Sentía que controlaba un poco más mi vida. Por supuesto, me habían impuesto algunas restricciones: comenzar la jornada cuando el encargado lo ordenase, llevar delantal, trabajar el número de horas que él considerara necesario. Pero por lo menos no tenía que andar de un lado a otro por la nieve confiando en que mis clientes se hallaran en casa para cobrarles.

Trabajé en esa tienda durante mis años de instituto. Me convertí en administrador auxiliar, encargándome de cerrar el local, de la caja fuerte y de las tabulaciones del dinero, haciendo de carnicero cuando era necesario y en general responsable de casi todo. Gané mucha más libertad sobre mis horas laborables y sobre lo que podía hacer, tal como lo demuestra mi ascenso de chico de los recados a cajero, a carnicero y a administrador auxiliar. El fin de semana me quedaba repartido de la siguiente manera: seis horas el viernes por la tarde, doce horas el sábado y seis horas el domingo. Ganaba bastante bien y me gustaba el trabajo, pero sabía que en ese puesto me resultaría imposible hacer carrera.

Tras graduarme en el instituto me alisté en la marina. Era consciente de que tenía una obligación militar que cumplir y también sabía que no deseaba incorporarme a filas y llevar un arma para convertirme en un asesino en potencia. No hubiera podido hacerlo entonces y tampoco podría hacerlo ahora. Pasé las pruebas y me destinaron a las escuelas de comunicación y finalmente a la isla de Guam, al sur del Pacífico. Cada puesto al que accedí durante los cuatro años que duró mi servicio iba encaminado hacia la consecución de una mayor libertad.

Pero la primera vez que me vi obligado a intervenir en una inspección personal, experimenté una indescriptible sensación de repugnancia. Al ver cómo un joven oficial me clavaba su mirada, me examinaba el afeitado, criticaba mi uniforme alegando que mis zapatos no brillaban lo suficiente, se me revolvieron las tripas. Comprendí que no podría soportarlo nunca más y empecé a trazar planes para evitar ser inspeccionado en futuras ocasiones. Ya no volví a ser objeto de ninguna inspección en cuatro años. Nadie sabía nada de la decisión personal que había tomado, ni siquiera mis mejores amigos. En pocas palabras, conseguí que me asignaran a puestos de trabajo exentos de inspecciones. Me convertí en criptógrafo, es decir, encargado de un centro de mensajes. Incluso en ese puesto, sometido a un duro control, fui capaz de ampliar en gran medida la libertad en mi vida.

Después de trabajar cuatro años como oficial del ejército en un cargo de poca monta, fui consciente de que había llegado el momento de introducir grandes cambios en mi vida. Había descartado la posibilidad de permanecer en las fuerzas armadas. Había visto cómo mis compañeros se gastaban la paga bebiendo hasta la saciedad y derrochando lo poco que les sobraba, y cómo mataban el tiempo leyendo tebeos y estando sin blanca, vacíos tanto económica como anímicamente.

Durante mis últimos dieciocho meses de servicio en Guam me propuse ir a la universidad cuando saliera. Sabía que contaba con pocos recursos y durante ese tiempo comencé a ahorrar casi todo mi salario y a aprender a vivir con muy poco. Y lo conseguí. En un año y medio ahorré el 90 por ciento de mi paga y la puse en una cuenta bancaria con el propósito de utilizarlo cuando me matriculara para cuatro cursos en la facultad. En mi familia nadie pudo ir a la universidad. Yo tenía los ojos puestos en la Wayne State University de Detroit. Ningún miembro de mi familia había podido reunir el dinero necesario para ingresar en ella, pero yo seguía concentrado en lo que tenía, que no era más que una cuenta corriente

153

cuyo capital se incrementaba lentamente. Logré expandir aquello en lo que pensaba, lo único que tenía, en vez de obsesionarme con lo que dejaba de tener o el precedente negativo sentado por mi familia.

Tomé la decisión de trabajar como profesor porque me encantaba estar delante de las personas. Me gustaba la gente joven y me fascinaba la idea de salir de la universidad a las tres y de tener todo el verano libre. El aspecto de la enseñanza relacionado con la libertad era lo que más me atraía. Sabía que una vez la puerta del aula se cerrara yo podría dar la clase a mi antojo. También sabía que dispondría de las tardes para asistir a diferentes cursos, si me apetecía. Me satisfacía la idea de conseguir un título universitario a pesar de tener ya veintidós años y estar todavía en primer curso, sin importarme que otros jóvenes de mi edad ya hubieran finalizado los estudios o se empezaran a labrar un futuro profesional.

Cuando empecé a dar clases supe que me encantaba lo que hacía. Pero también me di cuenta de que me habían quitado cierta libertad. Debía asistir a la misma clase cada día y a la misma hora durante todo un año escolar. Los administradores me exigían una serie de objetivos curriculares, participar en comisiones y asistir a ciertas juntas de la facultad. Mi vida estaba excesivamente programada. No me gustaba pensar que cada miércoles y durante cuarenta semanas debía presentarme en el aula 223 a las dos de la tarde. Notaba cómo iba perdiendo el control de mis días. Por un trabajo estaba perdiendo toda la libertad y la abundancia por la que tanto había luchado.

Observé que los tutores gozaban de más libertad que los profesores. Disponían de despacho propio, eran libres para concertar entrevistas a cualquier hora y podían almorzar fuera de la universidad, puesto que no tenían ningún horario específico que cumplir. También podían trabajar muy de cerca con los estudiantes e iban y venían a sus anchas. Tenían grandes responsabilidades a su cargo, pero podían cumplirlas con bastante libertad de horarios.

Así pues, me matriculé en los cursos de post-graduado para acceder al puesto de tutor. Me encantaba el trabajo, mis estudios y sobre todo estar en contacto con la gente joven sin tener que depender de un horario ni de un sitio fijo. Mis días se convertían en lo que yo deseaba que fueran y no tenía obligación de empezar ni acabar a las horas que marcaba la universidad. Me percaté de que los profesores que me estaban impartiendo clases sobre la tutoría sólo tenían que ir a la universidad dos o tres veces por semana y de que disponían de mucho más tiempo libre que yo, para escribir e investigar por su cuenta. Pero en ese momento yo todavía debía permanecer en el despacho de la facultad cinco veces por semana, y cuarenta semanas cada año, y mis días estaban plagados de otras muchas obligaciones universitarias. Deseaba alcanzar una mayor libertad y me matriculé para estudios de doctorado, con posibilidad de llegar a catedrático de universidad.

La enseñanza a nivel universitario constituyó una experiencia maravillosa, de la cual disfruté al máximo en los seis años que me dediqué a ello. Me organicé de tal modo que mis clases y mis horas de visita sólo me ocupaban tres días. ¡Era fantástico! Tres días para la facultad y cuatro para mí, para escribir, asesorar y llevar el control de mi vida y de mi propio destino. La diferencia entre uno y otro puesto era como de la noche al día. Pero todavía dependía del calendario de la universidad en relación con mi nómina. Todavía fijaban mi calendario escolar y mis clases. Y comenzaron a asignarme más y más grupos, especialmente los estudiantes de doctorado y aquellos que realizaban sus proyectos de investigación.

Sabía que necesitaría asumir el control total de mis días si pretendía experimentar la abundancia sobre la que hoy en día escribo. Desde luego, yo también contaba con todas las preocupaciones que nos invaden a todos, referentes al dinero, deudas y familia.

Cuando me llegó la hora de abandonar la enseñanza

debo decir que ello no se produjo por culpa de alguna insatisfacción. Todo lo contrario. Me sentía emocionado y orgulloso de ser el catedrático Dyer. Me sentía muy satisfecho de haber conseguido pasar de mis humildes orígenes en Detroit al mundo académico de un catedrático universitario en la ciudad de Nueva York. Me encantaba todo lo que hacía pero deseaba seguir los dictados de mi propio yo. No quería que nadie me dijese cómo debía ir vestido para determinada ocasión, o que debía presentarme en cierto edificio o ante una comisión a una hora fija. Anhelaba la libertad, la libertad total. Decidí abandonar un maravilloso puesto de trabajo en la enseñanza dentro de una gran universidad para asumir y llevar el total control de mi vida.

Una vez más deseo puntualizar que nunca abrigué la idea de apartarme de mis responsabilidades y obligaciones. Tal como he expuesto anteriormente, concedo gran importancia a la responsabilidad que representa tomar decisiones en mi vida. Mi familia es lo primero y siempre he cumplido con mis obligaciones en calidad de padre y marido. Y constantemente he contado con el apoyo de algunos miembros que me han animado hacia la consecución de mis sueños, a pesar de la «locura» que han podido representar en su momento. Sabían que Wayne era un tipo de persona incapaz de soportar las normas que los demás le impusieran en su vida. Desde luego, también me ayudaron la necesidad de mi esposa y mis hijos de correr riesgos y de confiar en la capacidad del universo para proveer siempre que se muevan por amor hacia los demás y ellos mismos. Nos respetamos mutuamente, y este respeto tiene una importancia capital a la hora de crear una vida abundante. Si los familiares más allegados se enfrentan a nosotros, todo el mundo resulta perjudicado y en consecuencia debilitado. Cuando le animan a uno en pos de algo, todos los que nos rodean se benefician y fortalecen.

En la actualidad todavía continúo tomando aquellas decisiones que redundan en un mayor control de mi destino. Ser escritor requiere una tremenda disciplina física y mental. Pero yo decido cómo y cuándo escribir, y si deseo escribir desnudo a media tarde en un miércoles (que es lo que precisamente ahora estoy haciendo), lo hago. Probablemente en la actualidad empleo más horas que nunca hablando, escribiendo, grabando cintas, consultando fuentes, investigando y leyendo, pero actúo con libertad y a mis anchas. A decir verdad, desconozco si existe gran diferencia entre un domingo y un martes. Vivo al día, haciendo lo que me gusta, y constantemente centrado alrededor de lo que tengo y no de lo que me falta. Siempre he buscado la libertad porque ése era el tema central de mis pensamientos. No escapé de un cautiverio puesto que disfruté muchísimo de aquellos años en que mi horario estaba gobernado por otras personas o cosas, sino que simplemente no he dejado de concentrarme en lo que más anhelo: la libertad. Los pocos momentos de libertad que he gozado me colmaron de tanta felicidad y los viví tan intensamente que no he podido por menos que fijar toda mi atención en ellos, en vez de compadecerme por lo que me ha faltado. Y en todo este ascenso, en cada paso, el dinero no fue lo que me impulsó. Nunca busqué un trabajo mejor remunerado. ¡Nunca en mi vida! Y sin embargo, lo que son las cosas, cada uno de los puestos de trabajo a los que fui ascendiendo me reportó mayores ingresos por otro lado. ¡La paradoja dentro de la paradoja! Increíble, pero cierto.

LA ABUNDANCIA Y EL HACER LO QUE UNO DESEA

No quiero dar lugar a equívocos en este apartado. Si desea experimentar la abundancia en su vida debe empezar por transformarse y hacer aquello que ama y amar aquello que hace. ¡Ahora mismo! Sí, hoy mismo. Es fundamental. Hacer lo que ama constituye la piedra angular para la consecución de la abundancia en su vida. Robert Louis Stevenson lo describió en 1882 del siguiente modo: «Si un hombre ama el esfuerzo de su trabajo aparte del éxito o la fama, es que ha sido llamado por los dioses». Me gustaría contribuir a que usted reciba esa llamada que ha de conducirle a la felicidad.

Recuerde que nuestros días constituyen el tesoro más valioso de nuestra vida. En efecto, el modo de pasar los días nos da la medida exacta de nuestra calidad de vida. Si nos empleamos en tareas que no nos resultan nada gratificantes y que simplemente sirven para que paguemos nuestras deudas a fin de mes, entonces lo que estamos haciendo es trabajar para que nuestra parte externa (en este caso, las deudas) se sienta satisfecha. Si usted decide cumplir con sus obligaciones económicas efectuando un trabajo que le desagrada, estará constantemente pensando en lo mucho que le disgusta. De hecho, una tercera parte de su vida se centra en pensamientos de tipo negativo. Partiendo de que todo aquello en lo que uno se concentra tiende a expansionarse, usted se encontrará con que la negatividad invade su vida. Toda su vida se centrará en torno a lo que no le gusta. Al experimentar en su vida diaria un trabajo que no ama, usted opera desde una conciencia que tiene su origen en la escasez.

¿Por qué las personas se pasan la vida haciendo cosas que les desagradan? Posiblemente porque creen en la escasez en lugar de confiar en la abundancia. Seguramente le dirán: «No tengo suficiente para hacer lo que quiero, así que debo continuar haciendo lo de siempre», o «No puedo permitirme el lujo de hacer lo que me gusta», o «No tengo otra alternativa. Tengo que pagar lo que debo». Preste especial atención a estas razones. Todas ellas implican que existe escasez de aquello que necesitan para sobrevivir. La persona se siente forzada, en virtud de esta escasez, a seguir haciendo como hasta entonces para satisfacer sus necesidades externas. Sin embargo, si usted es de los que comprende que todo aquello en lo que uno se concentra se expansiona, entonces se dará cuenta de la gran tontería que algunos cometen al intentar salvar su situación haciendo algo que aborrecen. Y sin lugar a dudas dicha repulsión será la que continuará en expansión puesto que en ella se concentra toda la energía.

Reflexione sobre esta cuestión. Usted no puede llegar a sentirse satisfecho si en primer lugar no se siente vinculado a sí mismo mediante una relación de autenticidad. Y la autenticidad aparece al reconocer las necesidades del ser interior y exterior que es usted. Si usted odia o se muestra indiferente ante su trabajo, entonces los momentos de su vida en que lo ejecuta son una farsa metafísica. Es decir, está comportándose en la forma de una manera incongruente con respecto a quien es usted en el pensamiento. El 99 por ciento de usted se halla decepcionado mientras el 1 por ciento restante se divierte. Si persiste en vivir de esta manera durante un largo período acabará concentrándose en la escasez, y sólo ella será lo que logrará expandir. Todo se convierte en un círculo vicioso del que difícilmente se puede escapar, a no ser que esté dispuesto a realizar todo lo necesario para empezar a hacer lo que ama y a amar lo que hace.

Seguramente usted está pensando en la poca viabilidad de esta sugerencia al imaginarse en su vida diaria, intentando saldar sus deudas y cumpliendo sus obligaciones al mismo tiempo. Permítame decirle que su escepticismo tiene fundamentos, pero yo lo considero como una parte de la conciencia basada en la escasez y, por consiguiente, puede ser superada. Un incidente que me sucedió hace poco servirá de ejemplo.

Joanna es una de mis mejores amigas. Hace doce años que dura nuestra amistad, y además es la madrina de dos de mis hijas. Joanna es una de las personas más brillantes, juiciosas e instruidas que conozco. Cuando nos vimos por primera vez en 1976, ella trabajaba de azafata en una importante compañía aérea desde hacía dieciséis años. Tenía un piso en el mismo edificio que yo en Fort Lauderdale, y disponíamos de muchas ocasiones para charlar. Con frecuencia solía contarme lo insatisfecha que se encontraba de su trabajo. Y mi reacción siempre consistía en preguntarle: «¿Qué te gustaría hacer?». Su respuesta era invariable y me comentaba lo mucho que amaba los libros y lo intelectual, y la gran atracción que sentía por el mundo editorial, que desde luego no podía ni siquiera tomar en consideración pues pagaban muy poco y necesitaría mudarse a Nueva York. Joanna siguió de azafata porque, según me contaba, el sueldo era elevado, pocas las horas de trabajo y no podía imaginarse echando por la borda los años de antigüedad en vista a una jubilación a veinte años vista.

Yo la animaba a abandonar ese empleo, a correr con los riesgos que supone el hacer lo que a uno le gusta, y le aseguraba que la abundancia inundaría su vida. La idea la tentaba poco a poco. Sin embargo, todavía no se hallaba preparada para ese gran salto. Entretanto se las iba arreglando con las nóminas de final de mes, sin acabar de saldar las deudas a pesar de las horas extras que realizaba. Cuanto más trabajaba, más la apretaba Hacienda y más notaba que lo que hacía no redundaba en su propio beneficio, sino que le servía para no quedarse atrás en el juego. Y así transcurría su vida.

Tras percatarme de sus grandes aptitudes, le ofrecí un empleo. Empezó mecanografiando mis manuscritos para artículos en revistas y algún que otro trabajo editorial. Con el tiempo se convirtió en mi redactora y me ayudó en los tres libros que preceden a éste, preparando, reescribiendo, corrigiendo las líneas, reuniendo información, y en general volviéndose indispensable en mi tarea. El agradecimiento que aparece al comienzo del libro testimonia el importante papel que Joanna ha jugado en el desarrollo del mismo.

A medida que los años pasaban y Joanna continuaba volando, su insatisfacción se intensificó y una serie de cosas bastante insólitas le empezaron a «suceder». Cayó enferma en tres ocasiones, lo que la obligó a alejarse de su trabajo por algún tiempo. La enfermedad se convirtió en una característica de su vida. Intentó volver a situarse profesionalmente en el extranjero, pero unos cuantos impedimentos personales y físicos no se lo permitieron. Estaba perdiendo toda aquella pasión por la vida que siempre había sido una constante en ella, y la escasez se estaba apoderando de su mundo. Sus deudas se amontonaban y aunque intentaba mantenerse al corriente con sus acreedores, todo lo que experimentaba no guardaba relación con la abundancia.

Hace muy poco mi amiga Joanna rompió con todo lo anterior. En el curso de una conversación telefónica que mantuvimos sobre algunos detalles de este libro, me dijo: «¿Te acuerdas que allá por los años setenta solías decirnos que si hacíamos lo que amábamos el dinero nos llovería del cielo?». En ese momento Joanna estaba soltando unas cuantas carcajadas, y prosiguió: «Solíamos reírnos con tus ocurrencias y te contestábamos que para ti era muy fácil decirlo, puesto que *tus* libros eran los más vendidos, pero *nosotros* no teníamos otra alternativa que seguir trabajando para comprarlos.

»Me parece que en esos momentos no me di cuenta de que nos hablabas con toda sinceridad desde tu propio conocimiento —añadió en un tono mucho más serio—. Desde tu propio descubrimiento de las recompensas que trae consigo el hacer lo que uno ama. En estas últimas semanas trabajando exclusivamente en este libro y sin volar en ninguna ocasión —continuó vacilante— he ido identificando este sentimiento de profunda satisfacción con lo que describías en términos de "hacer lo que uno ama" —en tono muy resuelto continuó—: He caído en la cuenta de que la diferencia que existe entre ser azafata y contar con una nómina a final de mes, y dedicarme a lo que me gusta estriba en una forma de estar y ser en la vida, que descarta toda posibilidad de que yo vuelva a volar.»

Me preguntaba cuál había sido el detonante de aquella ruptura mientras Joanna continuaba hablando, embargada de emoción: «Esta mañana me encontraba muy feliz inmersa en pensamientos y libros, en tus palabras e ideas, y mecanografiando tu manuscrito acompañada por una buena taza de té. Cuando me distraje mirando los capullos del arbusto de lilas de mi jardín, advertí la presencia del cartero que me dejaba el correo habitual además de tu tercer gran cheque *por el mero hecho de hacer lo que me gusta*. Cuando dejé de observarle, me concentré en la máquina de escribir y el hecho me impactó en gran medida. Ahí estaba yo, sabedora de que es posible disfrutar de un trabajo como el que estaba realizando y comprobando cómo el dinero, si no me llovía del cielo, por lo menos caía de manos de mi cartero a mi buzón. Y ni siquiera tenía que salir de casa para ganarme la vida y cobrar la nómina».

Yo me reía, mientras ella continuaba hablando: «Me pareció que aquello coincidía perfectamente con lo que nos habías descrito hace algunos años. En ese preciso momento estaba sucediéndome a mí y yo me estaba dando cuenta —luego afirmó con seguridad—: Ya no hay posibilidad de que vuelva a mi anterior empleo de azafata. En realidad, en estos momentos el dinero sólo viene a confirmar lo acertado de dedicarme a lo que me gusta».

La frase «Deberá creerlo para verlo» me daba vueltas en la cabeza cuando Joanna concluyó: «La alegría interior que siento al honrar y animar esta parte de mí, es mayor a la que sentí cuando me dejaba guiar por mi otra parte, la que sólo destacaba las ventajas que me reportaba el trabajar para una compañía aérea. "Usted deberá creerlo" no son más que meras palabras si se comparan con esa maravillosa sensación».

PONER MANOS A LA OBRA

Tener una ocupación o no tenerla importa poco. Lo importante no se relaciona exclusivamente con su trabajo. Sea quien sea, viva donde viva y cualquiera sea su contexto en la vida, usted siempre hace algo a diario. Estos días pueden representarle experiencias de abundancia o de escasez. Tal vez las ideas que expongo a continuación le ayuden a realizar aquello que ama. La puesta en práctica de las mismas dependerá, por supuesto, de usted.

1. *Vuelva a examinar su resistencia a hacer lo que le gusta.* He estado a punto de titular este apartado «¡Arriésguese!», pero en realidad considero que no es necesario correr ningún riesgo para dedicarse a lo que uno desea. Si lo calificamos de riesgo, ello significaría que de alguna manera usted debe armarse de valor para efectuar dicho cambio. Pero cuando comprenda que los riesgos no son más que pensamientos que le han convencido de que le es imposible llevar a cabo sus ideales, ya no utilice la palabra «riesgo», que conlleva connotaciones de escasez. Dígase: «Será magnífico poder hacer lo que amo y soy consciente de que necesite lo que necesite para enfrentarme a mis problemas en la vida, ésta pondrá los medios que hagan falta a mi alcance. ¡Lo sé!». Deje de concentrarse en lo que no tiene, a menos que sea eso lo que quiera expansionar en su vida.

Su resistencia a hacer lo que le gusta no se basa en el mundo de la abundancia y de las infinitas oportunidades, sino que se alimenta de la creencia de que el trabajo y lo lúdico son aspectos distintos de su humanidad. Se supone que el trabajo produce dolor y sufrimiento y que lo lúdico es diversión. Pero no tiene por qué ser así. Imagínese dedicándose a lo que ama. Componer, dibujar, ejercer de ingeniero, de florista, de esteticista, estar en casa con sus hijos, en fin, la lista de posibilidades es interminable. Imagínese lo que más placer le produce y que le hace sentir que su vida tiene un sentido. ¿Qué será lo que provoca que cuando haya acabado de imaginarlo se sienta usted inmensamente satisfecho, y que mientras lo imagina pierde toda noción del tiempo? Permita que esa cuestión penetre en su conciencia, y entonces proceda con la búsqueda de su felicidad personal.

Sepa que no se encuentra atascado en el punto en que se halla en este momento, a no ser que lo decida así.

Recuerde que si utiliza su energía mental para imaginarse a sí mismo haciendo lo que verdaderamente le gusta, y mantiene ese pensamiento en un sitio preferente con respecto a los demás, entonces eso es lo que logrará expansionar. Tiene que ser así. Seguramente le enseñaron que debía escoger una profesión de jovencito y ejercerla a lo largo de toda su vida. Pero ¿tiene algún sentido continuar haciendo aquello que uno escogió hacer hace dieciocho o veinte años atrás? ¿Se dirigiría usted hoy en día a un adolescente para asesorarle en su futura carrera profesional? Si continúa dedicándose a lo que no le gusta, su vida se llenará de insatisfacciones. No logrará escapar de esa trampa a no ser que esté dispuesto a modificar el eje central de sus pensamientos y a centrarse en lo que le gusta. Grabe esa idea en su mente y conviértala en el santo y seña de su vida, aunque todavía no se decida a dar ese gran salto. Quédese con ese pensamiento, porque cuanto más se concentre en él, más lo expandirá.

Prácticamente todas las personas que conozco que se han propuesto llevar el tipo de vida abundante que propongo aquí y ahora, siempre han estado dispuestas a hacer todo lo necesario para convertirla en realidad. Todos han renunciado a trabajos que no les producían ninguna satisfacción personal y se han lanzado en pos de sus sueños. *No existe escasez de oportunidades para ganarse la vida haciendo lo que a uno le gusta; sólo existe escasez para optar por los medios más adecuados para conseguirlo.* Cualquier cosa que desee hacer contiene en sí misma la oportunidad de lograr ganarse la vida con ello, aunque a usted le resulte difícil creerlo. Sus temores a decidirse por aquello que verdaderamente ama se basan en la creencia de que irá a la ruina y ya no podrá saldar sus deudas ni cumplir con sus obligaciones familiares. ¡No debería de ser así! Los que le aman le apoyarán incondicionalmente si decide hacer realidad uno de sus sueños. Si usted siempre ha pagado sus deudas, ¿por qué va a dejar de pagarlas ahora? Si a lo largo de su vida ha demostrado un gran sentido de la responsabilidad, ¿por qué motivo va a dejarse llevar ahora por un temor imaginario? Además, es posible que se percate de que una gran parte de sus gastos obedecen al estilo de vida que usted tanto aborrece.

Simplifique su vida y comprobará la reducción de gastos y obligaciones que su vida experimentará. Si lo que verdaderamente le apetece es vivir al aire libre, emprender un viaje por todo el país o montar un pequeño negocio en algún rincón del mundo, es muy probable que usted mismo encuentre los medios para ejecutar su plan. He tenido ocasión de hablar con muchos ejecutivos que un día tomaron la decisión de cambiar el rumbo de su agitada vida y empezaron a disminuir la marcha y a «perder el tiempo», ensimismándose en la contemplación de la naturaleza y persiguiendo el sueño que tanto anhelaban. Curiosamente, en muchos casos llegaron a rozar la muerte para conseguir ese cambio en sus vidas. Todos esos temores no son más que «pensamientos» fruto de una aprensión que usted puede superar.

2. *Si se niega a cambiar lo que hace, practique amando esa actividad un poco más cada día.* El breve proverbio Zen que sirve de introducción a este apartado resume perfectamente lo que intento decir aquí:

> Antes de la iluminación
> cortar madera
> llevar agua.
>
> Después de la iluminación
> cortar madera
> llevar agua.

La iluminación guarda muy poca relación con sus actividades diarias y tiene sin embargo mucho que ver con la forma en que usted las concibe. Usted seguirá cortando madera y llevando agua de aquí para allá, pero al ser una persona que ha despertado, por así decirlo, ya no maldecirá dicha madera o la emprenderá con toda su vida. Todo lo que hace ahora puede convertirse en una tarea digna de su amor, si está dispuesto a que así sea. Ya no odiará su trabajo ni cualquier otra actividad que realice. El odio es una alternativa que se deriva de los pensamientos negativos. El odio no se genera por tener que cambiar pañales sucios veinte veces al día, limpiar el inodoro, estar en la celda de una prisión, recoger las basuras, ordenar impresos o asistir a reuniones aburridas. Las circunstancias son lo de menos. El odio ya existe en su interior, no en el mundo exterior, y se ha generado en sus pensamientos e imágenes negativos.

Si decide continuar ejerciendo la misma actividad que hasta el momento, modifique su actitud con respecto a ella y permita que la abundancia inunde su vida. Usted puede llevar a cabo todas las tareas que le ofrezcan desde una perspectiva totalmente diferente. Joanna, mi extraordinaria redactora y especialista literaria que había trabajado mucho tiempo de azafata, puso en práctica este nuevo comportamiento cuando decidió seguir en la compañía aérea. Se esforzó en modificar su actitud al tiempo que vestía el uniforme de azafata y añadió un toque de amor a un trabajo que muchos hubieran juzgado rutinario y desagradable. Intentó dar afecto y servir a los pasajeros tan bien como sabía. Lo que la decidió a abandonar fue su insatisfacción al no sentirse plena de autenticidad. Pero por lo menos, durante sus últimos años como azafata intentó disfrutar de ello en vez de sentir odio. De ese modo, «cortó madera y llevó agua de un lado a otro» de manera eficaz y competente.

Todo se reduce a una elección muy simple. Usted puede cambiar y correr con todos los «riesgos» que conlleva el hacer lo que a uno le apetece, o bien continuar con el trabajo de siempre pero desarrollando una nueva actitud que pueda convertir una situación profesional decepcionante en una alegría inmensa. Todo depende de su forma de hacer. Puede realizarse prestando un mayor servicio a los demás, lo cual siempre le producirá satisfacción. Usted conoce el secreto para hacer de su empleo un trabajo agradable. Usted es el máximo responsable en este sentido. Por mucho que intente convencerse de lo rutinario, aburrido u odioso que le resultan su profesión o su vida, la verdad es que eso es consecuencia de los pensamientos que residen en su interior. Seguramente en algún lugar habrá alguien llevando a cabo lo que usted hace, satisfecho y contento por lo que realiza.

La gran verdad que encierra esta máxima se me hace evidente cada semana, cuando una hermosa mujer de origen chino viene a casa a encargarse de la limpieza. A menudo sonríe e incluso ríe haciendo tareas que algunas personas calificarían como agotadoras. A veces se entretiene jugando con las niñas, les trae algún regalo originario de su país, y contribuye de una forma muy singular, con su propio sentido de la felicidad, a la labor que ejecuta en nuestro hogar. Somos muy dichosos por contar con ella. Cada vez que la observo limpiando por la casa me acuerdo de otras muchas personas en su misma posición que sienten desprecio por lo que hacen. Las personas, y no el trabajo en sí, son las que contienen elementos desmoralizadores en este sentido.

3. *Todo aquello con lo que usted se enfrenta, puede replantearse y formularse de nuevo a fin de promover la abundancia en su vida.* Si usted se halla en contra de algo, seguramente ese algo le mantiene apartado de la abundancia. ¡Siempre ocurre así! Decídase a vivir su vida en un tono positivo, y aleje toda negatividad de ella. Si usted está *en contra* del terrorismo y las guerras, entonces se convierte en parte del problema. Es un soldado más luchando por sus ideales. Y la lucha siempre acaba por debilitarle y reportarle una mayor escasez a su vida. En lugar de esto, intente estar *a favor* de la paz. Una vez lo consiga, empezará a dirigir sus pensamientos en esa dirección. Llegará a ser un pacifista simplemente por no estar en contra de nada. Esto, que a primera vista puede parecer un juego de palabras, es muy importante. Tal

como he venido repitiendo, cuando la persona logra concentrarse en aquello de lo que es partidario, eso es precisamente lo que expande en su vida. Todo aquello en lo que usted está en contra se convierte en un esquema de lucha y conflicto que provoca la discordia en su conciencia.

El mismo principio puede aplicarse a su trabajo. Si se pone *en contra* de su jefe, en vez de *a favor* de las mejoras, se concentrará en las cosas que detesta en él y esos detalles adquirirán carta de ciudadanía en su vida. Si se obsesiona por todo aquello que aborrece en su trabajo, eso se convertirá en el eje central de sus pensamientos y se extenderá por toda su vida. La filosofía que sugiero es de un poder y una fuerza inconmensurables. Todo por lo que usted está en contra le perjudica. Todo por lo que usted está a favor le beneficia. Cuando sea capaz de definirse por aquello por lo que está a favor, en vez de por lo que está en contra, se estará concentrando en el potencial de un cambio positivo. Y a partir de ese momento comprenderá que todo aquello en lo que se concentre se expandirá.

En lugar de repudiar el analfabetismo, defienda una mayor escolarización y contribuirá a una mejora en ese terreno. En vez de manifestar su disconformidad con las drogas, intente aportar su granito de arena para que los jóvenes sepan encontrar fórmulas de vida que les satisfagan sin tener que recurrir a «paraísos» artificiales que más tarde se conviertan en infiernos. En lugar de tener una posición encontrada con la política de su empresa, luche a capa y espada por una política inmejorable. En vez de detestar los arrebatos de cólera o la dependencia alcohólica de su cónyuge, piense en la amabilidad y la sobriedad que su pareja todavía puede recuperar. No le resultará difícil saber de qué lado quiere estar usted puesto que ahora es consciente de que todo aquello en lo que se concentre tenderá a expandirse. Al hacer lo que le gusta tendrá que tomar esa decisión a diario y situarse en el bando del orden o del desorden personal, del orden o del desorden mundial. Dígame de qué se encuentra a favor y le diré qué conseguirá expandir de manera positiva. Dígame de qué se encuentra en contra y le diré qué logrará expandir de manera negativa.

Cuando ame lo que realiza, empezará a percatarse de lo poco que necesita esforzarse para cumplir con su trabajo. Tan pronto se encuentre usted en disposición de aplicar el principio del amor a sus actividades diarias, notará que la abundancia siempre ha estado ahí aguardando a que usted sintonizara con ella.

POR QUÉ PUEDE ESTAR RESISTIÉNDOSE AL PRINCIPIO DE LA ABUNDANCIA

—Crecemos en una cultura que pone especial énfasis en la escasez en lugar de la abundancia, y resulta difícil salirse de este contexto. Con frecuencia oímos frases como: «Yo por mi parte voy a conseguir lo mío ahora que las cosas están fáciles», o «Si no me lo quedo yo se lo quedará otro», o «Uno tiene que pelear para hacerse con su parte». Nos han enseñado a creer en los límites y en la escasez. Lo que uno tiene o deja de tener es una realidad en nuestra sociedad. La lista es interminable. Nadie nos enseña que la abundancia está al alcance de cualquiera, y que hay suficiente para todos. Nuestros condicionamientos nos obligan a creer lo contrario. Nunca lograremos activar este principio de la abundancia si insistimos en creer que nos falta algo de primera necesidad, y nos obsesionamos con esa idea. Una mentalidad que responda a la frase: «Nunca tendré suficiente» constituye una razón de vivir para muchas personas. Se pasan la vida esforzándose por conseguir lo que desean pero temen no alcanzarlo jamás. Concéntrese en lo que tiene, sin importarle lo insignificante que pueda parecer.

— Las personas no quieren asumir responsabilidad alguna por la escasez que existe en sus vidas. Es mucho más fácil echar la culpa a las circunstancias, a los demás, a ciertos hechos e incluso a Dios cuando fracasamos en la realización de determinados propósitos. Niegan toda responsabilidad por las situaciones en que se hallan e intentan justificarse creyendo que les ha tocado en suerte una vida de escasez. El único modo de escapar de esta experiencia y empezar a vivir en un nuevo nivel de conciencia regida por la abundancia, consiste en liberarse de las restricciones que la escasez impone en nuestras creencias.

— La resistencia puede resultar fácil para algunos. Por un lado, puede parecer más emocionante permanecer en un nivel de escasez que experimentar una vida plena de abundancia. Esto se debe a que las personas que ya se hallan en la abundancia consideran que ya tienen lo suficiente y que ya han alcanzado todo lo que la vida puede depararles. Han dejado de esforzarse para acumular más cosas y se sienten satisfechos de sí mismos y de su objetivo en la vida. Pero renunciando a dichos esfuerzos muchos se sienten perdidos y sin punto de referencia.

— Las personas son partidarias de despertar compasión en los demás. Un gran mayoría insiste en repetir una y otra vez la historia de cómo fueron engañados o de lo mucho que se esforzaron sin conseguir nada a cambio. Puesto que existen muchas otras personas dispuestas a escuchar su misma historia, ésta adquiere una gran importancia. En tanto persistan en contar su propia historia a individuos que se encuentran en sus mismas condiciones de escasez y se sienten víctimas, no existirá la más mínima posibilidad de que su limitada mentalidad sufra modificación alguna. Y por otro lado, este mismo hecho constituye una poderosa razón para guardarse de la abundancia.

— La frase «No me lo merezco» mantiene a muchas personas ancladas en un estilo de vida dominado por la escasez. Esto representa un síntoma de la poca estima que sienten hacia sí mismos. Están convencidos de que son indignos de la abundancia que el universo pone a su disposición. El sistema cuya máxima es «¡Pobre de mí!» les sirve de excusa para concentrar toda su energía en lo que les falta. Pero están plenamente convencidos de que no son merecedores de más.

— Algunos se hallan tan acostumbrados a vivir en la escasez y el temor que no sabrían qué hacer para alcanzar una vida plena de abundancia. Los que se encuentran confinados en la celda de una prisión, real o figurada, tienen grandes dificultades para salirse de esas cuatro paredes. Ya no necesitan preocuparse, pues sus necesidades primarias han sido cubiertas. Se evitan así las complicaciones que les acarrearía una vida en la abundancia. Cuanto más insiste uno en mantener su conciencia vinculada a la escasez, más razones encuentra para evitar todo cambio.

ALGUNAS IDEAS QUE PUEDEN APORTAR
ABUNDANCIA EN SU VIDA

Recuerde que la abundancia no tiene nada que ver con la acumulación de cosas. Al contrario, consiste en vivir sabiendo que contamos con todo lo necesario para obtener la felicidad total y que somos capaces de gozar de todos y cada uno de los momentos de la vida. Se trata de aceptar que no necesitamos más cosas, y que en caso de echar de menos alguna la encontraremos si pensamos intensamente en ella. Debemos ser conscientes de que la escasez es un conjunto de creencias y acciones que sobrevalora lo que nos falta y no lo que poseemos. En este apartado sugiero unas cuantas ideas que pueden ayudarle a superar la conciencia de escasez que predomina en su vida. A mí y a muchas personas que conozco nos han funcionado a las mil maravillas.

— ¡No esté *en contra* de nada! Haga un esfuerzo para expresar en términos positivos todo lo que siente y deseche los términos negativos a los que tan acostumbrado se halla. Por ejemplo, en lugar de intentar *perder* peso, intente luchar por *conseguir* esa imagen que se ha forjado en su mente. En vez de hacer un intento por *dejar* de fumar, luche por *conseguir* ser una persona no dependiente del tabaco. En una ocasión vi un letrero a la entrada de una tienda que decía: «Por favor, disfrute de sus cigarrillos y de sus bebidas fuera de las dependencias». Es un buen ejemplo de cómo uno puede centrarse en lo que desea, en vez de fijarse únicamente en lo que detesta o echa de menos.

— Esfuércese por ser una persona agradecida por lo que tiene y por lo que es día a día. Hágalo a pesar de no sentirse del todo satisfecho. El agradecimiento genera avidez de abundancia y hace que los pensamientos se concentren en ella. El universo nos abastece abundantemente cuando nos encontramos en estado de agradecimiento. Cuanto menos necesitamos, más parece que conseguimos.

— Tómese un tiempo cada día para analizar cómo utiliza su mente. Analice cuánta energía mental gasta pensando en lo que necesita. ¿Cuánto tiempo se pasa soñando con tener mucho más o compadeciéndose por cómo le van las cosas? Sea totalmente honesto con usted mismo. Tal vez descubra que gran parte de sus horas las pasa haciendo precisamente eso. Si así fuera, esfuércese por modificar su conciencia un poquito cada día. Convierta sus pensamientos en lo que usted desea que sean. Con el tiempo se habituará a ello. Para efectuar este cambio en la conciencia primero debe averiguar qué proporción de sus pensamientos se alimenta de la obsesión que de hecho no desea expandir.

— Practique la actitud expuesta en el apartado anterior con todas sus relaciones personales. La mayoría de las veces los problemas en una relación surgen porque cada uno de los involucrados sólo piensa en lo que le falta al otro. Si se ha enfadado con una persona a la que verdaderamente quiere, piense en algún aspecto de la misma que realmente le agrade. Y entonces permita que esa persona se convierta en lo que a usted le guste de ella *e* incluso en aquello que en ocasiones le cueste aceptar. Al concentrarse en lo que le agrada de otra persona, favorece el crecimiento y la madurez de la relación que mantiene con ella. Esta fórmula resulta tremendamente eficaz a la hora de convivir con niños. ¡Atrápelos *in fraganti* haciendo las cosas bien y verá los resultados!

— Comprométase a hacer lo que ama y a amar lo que haga. ¡Empiece hoy mismo! Me faltan palabras para expresar lo mucho que esta estrategia representa en la experimentación de la abundancia. Si su corazón le dicta la necesidad de un cambio de trabajo o de domicilio o de cualquier otra cosa, tarde o temprano acabará por hacerlo. Es el único modo de ser sincero consigo mismo. Es prácticamente imposible que la abundancia sustituya a la escasez si usted no se siente así. En cuanto comience a hacer lo que ama y a amar lo que hace, descubrirá que la vida le abre las puertas a posibilidades inimaginables. En caso de no sentirse preparado para afrontar dichos cambios, busque la parte positiva de lo que hace y agradezca el poseer una mente, un cuerpo y un espíritu que le permiten ser productivo. La abundancia fluye por sí sola cuando amamos lo que hacemos.

— Cuando piense que ha llegado el momento de recibir una compensación en su vida no dude en decirse: «Me lo merezco». No comete pecado alguno al considerarse merecedor de algo. Y lo será si cree que lo que va a recibir es digno de usted e importante. La abundancia es directamente proporcional a la buena opinión que usted tenga de sí mismo. Si usted cree que es suficientemente importante para solicitar algo y suficientemente divino para recibirlo, será objeto de esa recompensa. Si por el contrario cree que es indigna de usted, será imposible que la abundancia llegue algún día a formar parte de su vida. Piense en cómo un árbol desarrolla todo su magnífico potencial extendiendo sus ramas hacia el sol para crecer más saludablemente. ¿Se le ocurriría regañar a un árbol diciéndole: «¿No le da vergüenza que el musgo cubra toda su corteza y que sus ramas presenten ese aspecto tan retorcido?». Por supuesto que no. Lo que el árbol hace es permitir que la fuerza de la vida penetre en su interior. Sus pensamientos poseen la fuerza que usted necesita para ser tan natural como el árbol. A menudo pienso en esto al recordar algo que Lao-tse dijo hace muchísimos años: «El ganso blanco no necesita bañarse para estar más blanco». Tampoco usted necesita hacer nada especial. Le basta con mostrarse tal como es.

— Poco a poco vaya repitiéndose la frase «No puedo poseerlo todo». Le resultará muy útil al intentar mejorar su situación financiera, obtener inversiones más rentables y trazarse un plan para conseguir más y más. Constituye un principio universal del que usted forma parte. Debe desprenderse de todo al estar completamente despierto. ¿Deja su vida en manos de la frustración y de la preocupación porque según usted no tiene lo suficiente? Si es así, relájese y recuerde que todas sus posesiones sólo le serán útiles durante un breve período de tiempo. Cuando despierte se dará cuenta de la estupidez que ha cometido dejándose arrastrar por la necesidad de ciertas cosas.

— Cuando sienta la tentación de dar menos a los demás, intente darle la vuelta y ofrézcales más de lo que desea en el fondo. Es un método muy eficaz, sobre todo cuando uno tiene tendencia a ser poco generoso con los que nos rodean, puesto que corta el mal de raíz, «en la mente», y le convierte en un nuevo ser humano. Se sorprenderá al ver cómo SU vida vuelve a ponerse en funcionamiento, por no mencionar lo bien que se siente interiormente al saberse portador de un nuevo amor hacia los demás. La verdad es que dar a los demás nos hace sentir muy bien. Con razón dicen por ahí: «*El último kilómetro nunca está demasiado concurrido*».

— Convierta la positividad en parte de su vida. Use todas las técnicas que se le ocurran para atraer hacia usted la abundancia. Las paredes, los espejos, el frigorífico, el coche, constituyen grandes espacios que puede llenar de afirmaciones positivas en forma escrita. Una afirmación positiva le ayuda a moldear sus pensamientos según sus necesidades, es decir le sitúa en perfecta armonía con su mente. Sus pensamientos deben ser reafirmados con regularidad para que usted consiga verlos también en el mundo de la forma.

La abundancia es un principio universal, el cual una gran mayoría de nosotros no experimentamos porque lo malinterpretamos. Tenemos entendido que consiste en poseer cosas y en esforzarnos por obtener más. Pero en realidad la abundancia significa la comprensión de que nuestra eternidad y nuestro universo son infinitos. Es una forma distinta de ver las cosas. Siempre me ha gustado la historia del pequeño pez que a continuación cito como ejemplo de lo que he defendido a lo largo de este capítulo:

—Perdone —dijo un pez a otro—. Usted es mucho mayor y experimentado que yo y seguramente podrá orientarme. ¿Sabría decirme dónde puedo encontrar eso que llaman océano? Lo he estado buscando pero no he tenido suerte.

—El océano —contestó el viejo pez— es donde usted está nadando en este preciso momento.

—¡Pero si esto sólo es agua! Lo que yo busco es el *océano* —replicó el joven pez, bastante decepcionado.

Lo mismo nos ocurre a las personas. Nos hallamos sumergidas en la abundancia. No tenemos por qué seguir buscándola. Por mucho que el pequeño pez se aleje del mayor nadando, nunca se saldrá del océano. Resulta tan abundante para él como para nosotros.

Decida *cómo* quiere vivir cada uno de los días de su vida. Por el mero hecho de preguntar, la abundancia ya es suya. No es sólo para que la disfruten unos pocos afortunados. La abundancia forma parte de su propia calidad humana. Está ahí para que usted sintonice con ella. Aquello en lo que usted piense en este preciso momento ya se está expandiendo para usted. En último término, de usted dependerá la puesta en práctica de sus pensamientos.

5

Independencia

La independencia es el único medio de llegar a la meta tras el esfuerzo por conseguirlo.

Sería lógico suponer que en una tierra en la que todo es abundante, las personas vivieran en un estado de felicidad absoluta y plenamente satisfechas. En consecuencia, podría afirmarse que en Occidente deben de vivir las personas más felices del planeta. Consumimos un gran porcentaje de las reservas naturales del mundo. Disfrutamos del nivel de vida más elevado de toda la historia de la humanidad. Contamos con todo tipo de electrodomésticos, máquinas y utensilios. Estos objetos, que hemos llegado a considerar de primera necesidad, son de hecho artículos de lujo para un 90 por ciento de la población mundial. En comparación con la mayoría de los habitantes del planeta somos inmensamente ricos. Y sin embargo no hemos sido agraciados con la felicidad y la satisfacción. ¿A qué se debe?

Tengo la impresión de que cuanto más materialistas nos volvemos, más desconfiados somos como personas. Cuanto más poseemos, menos tendemos a comunicar nuestros valores humanos a los demás. En vez de hacerlo, nos dedicamos a pensar en el dinero y en las pertenencias de nuestros semejantes.

Cuando contamos con unas pocas posesiones, nos vemos obligados a tratar con todas las personas y a mirarlas a los ojos, pues nada de naturaleza material distrae nuestra atención. A medida que acumulamos posesiones, nuestra mirada se concentra en dichas riquezas y en consecuencia se desvía de la calidad humana que nos une a todos. Cabe decir que en esta sociedad, la más materialista a lo largo de toda la historia, se registran altos niveles de soledad y desesperación. Al haber desconectado de la relación humana, también hemos producido una de las culturas más violentas que la historia ha conocido. La soledad y la violencia aparecen como el hijo bastardo de una sociedad excesivamente materialista.

La pregunta más importante que puede usted formularse con respecto al lugar que ocupa en esta cultura es sin duda la siguiente: ¿cómo puedo ser una persona feliz, afectuosa y satisfecha dentro de este materialismo que caracteriza a toda la sociedad? ¿Puedo experimentar la felicidad y la armonía interior en mi vida dentro de un contexto que destaca por su codicia y afán de posesión? ¿De qué forma puedo llevar una vida plena de amor y armonía si me encuentro rodeado de personas que despiden soledad y violencia en su camino hacia la consecución de más y más cosas?

Creo que la respuesta se halla en la *independencia*. La independencia es un hecho natural en el universo, que siempre ocurre. La cuestión es si usted está dispuesto a sintonizar con ella y a ponerla en práctica en su vida diaria. En nuestra sociedad, que destaca por su elevado índice de materialismo, la independencia es un principio normalmente rechazado por quienes persiguen más y más éxito. Es algo de lo que muchos se burlan puesto que pone a prueba la esencia de las tradiciones y creencias que han defendido a lo largo de sus vidas.

Permítanme una digresión. No pretendo dar a entender que la acumulación de riquezas y de posesiones materiales sea mala. En mi caso, tras superar mis comienzos en la pobreza y haber alcanzado la riqueza, me siento satisfecho por la cosecha que ha producido mi dinero. Estoy orgulloso de mis logros y no tengo por qué pedir disculpas si ahora puedo comprarme cuanto deseo, como resultado de mis esfuerzos. La independencia no consiste en una negación de la alegría derivada de la abundancia. Paradójicamente le reportará mucha más abundancia, en vez de obligarle a desprenderse de sus bienes materiales. Sin embargo, si opta por renunciar a ellos, la vida le resultará mucho más fácil.

COMPRENDER EL SIGNIFICADO DE LA INDEPENDENCIA

A lo largo de este libro me he referido a la dualidad que somos, es decir, nuestra forma y no-forma. Gran parte de nuestro ser está desprovista de forma y abarca nuestros pensamientos, espiritualidad y conciencia superior. El pensamiento es una dimensión superior, en la cual residen nuestra conciencia superior y espiritualidad. Todas nuestras ataduras se hallan en la forma. Empleo el término «atadura» para referirme a la dependencia de las cosas y a definir nuestra vida con relación a personas y cosas ajenas a nosotros mismos. Por consiguiente, puede afirmarse que una atadura es algo perteneciente al mundo de la forma al que, por concederle tanta relevancia, ahora nos sentimos emocionalmente unidos. Creemos que debemos poseerlo todo porque de lo contrario perderíamos nuestra esencial humanidad. Pero tenga presente que nuestra esencia radica en el pensamiento, donde las ataduras no existen. En el cuerpo soñador podemos tener ataduras en el pensamiento, pero cuando despertamos, nos damos cuenta de que las personas y las cosas a las que estábamos «atados» no eran más que ilusiones creadas para el sueño.

Si se encuentra *verdaderamente* despierto, se percatará de la insignificancia de todos los objetos a los que se encuentra encadenado. Imagínese dejando este planeta, tras su muerte, y contemplando con mirada retrospectiva todas esas ataduras. Se dará cuenta de la poca importancia que tienen. Ahora le sugiero que piense en este principio de la independencia en el mismo sentido. Despréndase de la *necesidad* de depender de personas y cosas. En esencia usted nunca puede llegar a poseer nada ni a nadie. Toda atadura es un impedimento para vivir en un nivel superior de conciencia. Por otro lado, las ataduras son las culpables de una felicidad y un éxito personal muy limitados. Cuanto más pueda renunciar a la dependencia de personas y cosas, menos obstáculos tendrá que salvar durante el viaje de su vida.

La capacidad para separarse de personas y cosas, y al mismo tiempo considerarse parte del todo que constituye la humanidad, es una de las grandes paradojas del viaje espiritual. A estas alturas de mi vida sé perfectamente que estoy conectado al resto de los seres humanos en la unidad, y al mismo tiempo soy consciente de que no estoy atado a nadie (es decir, no necesito depender de nadie para sentirme completo) en este cuerpo que denominamos humanidad, ni a nada que necesite acumular para sentirme feliz. Valoro y disfruto de todo lo que ya tengo.

En consecuencia, mi desprendimiento de personas y cosas para sentirme un ser completo me permite pasar por la vida y ser yo mismo con mucha facilidad, en lugar de enfrentarme con la vida o exigir algo de alguien. La independencia es la ausencia de la necesidad de depender de alguien o de algo. No significa dejar de poseer cosas. Es un modo de pensar y de ser que nos concede la libertad de fluir por la vida, como el resto de las cosas que Dios nos ha dado.

La independencia se consigue en la dimensión de la no-forma o del pensamiento. Es un proceso de depuración que conduce en último término a la libertad y a la no necesidad de vivir en el mundo de la forma. No hay que esclavizarse a todas las cosas que acumulamos. Hay que llegar más alto. Todo es cuestión de conseguir experimentar lo que se siente navegando al mando de nuestra propia embarcación río *abajo*. Y hacerlo sin impedimento alguno. Es un retrato de la perfección del universo. Es el fluir de la corriente.

EL FLUIR COMO UN MODO DE INDEPENDENCIA

Cuanto más atados nos hallamos a personas, cosas, ideas o emociones, menos capacidad tenemos para experimentar estos fenómenos con autenticidad. Intente apretar el agua con sus manos y se dará cuenta de la rapidez con que desaparece de su vista. Ahora relájese mientras una de sus manos corre por el agua y podrá gozar de ella tanto como guste. Así funciona el principio de la independencia y del fluir: permitiendo que las cosas circulen de una forma natural en el universo. Todo en el universo, sí, sí, todo, es energía, incluso usted. La energía necesita fluir con libertad para conseguir una mayor eficacia. El permitir que las cosas fluyan con naturalidad es una manifestación del universo. El aire circula sin interrupción alguna. El agua corre por todo el planeta sin encontrar la más mínima resistencia. La tierra gira en torno a su eje, y lo mismo hacen todos los cuerpos celestes del universo.

Se puede afirmar que todo el universo es un gran sistema energético, que se esfuerza en dirigir todo el movimiento de dicha energía. Trabaja en armonía con todos sus componentes sin sufrir atadura alguna con respecto al funcionamiento de las cosas.

Recuerde que los seres humanos también son un sistema energético. Todos formamos parte de la fuerza de la vida que constituye una única canción. Y puesto que toda energía precisa fluir libremente, parece lógico concluir que también nosotros necesitamos funcionar sin ataduras. Cuantos menos impedimentos se encuentren en el fluir de la energía, más fácilmente conectamos y armonizamos con el sistema energético que denominamos universo. Las ataduras que nos obligan a creer en la necesidad de poseer más y más cosas y de controlar a los demás, constituyen impedimentos en la consecución de una conciencia superior y de una vida transformada tras un auténtico despertar. La independencia es una de las grandes lecciones que deben aprender quienes se hallan en el camino de la iluminación y una nueva forma de vida.

CÓMO FUNCIONA SU FORMA EN EL UNIVERSO

Usted en sí mismo es un sistema energético perfecto. Sí, sí, me estoy refiriendo a usted, querido lector. No necesita controlar que su cuerpo funcione como es debido. Ni verificar las acciones que su cuerpo ejecuta en su forma. Ni comprobar que todo su sistema funcione. Él, por su propia cuenta, ya lo hace, y sin recibir ninguna orden de usted. De hecho, si pretendiera intervenir en las funciones de su cuerpo, no haría más que oponerse al fluir de su energía y a su funcionamiento sistemático. Pongamos un ejemplo. Imagínese comiendo una ensalada de lechuga. Piense en todas las funciones que usted y esa lechuga deben realizar para asegurarse su nutrición. La saliva fluye automáticamente en su boca para facilitarle la masticación. Usted ni siquiera advierte ese hecho. Sucede sin percatarse. Luego, cuando se la traga, los músculos peristálticos de su garganta se encargan de que la lechuga descienda por el esófago. Este proceso tiene lugar sin que usted intervenga en absoluto. Tampoco es responsable de que ciertas sustancias de la verdura circulen por su sangre. Los procesos digestivos hacen precisamente lo que deben y transforman la lechuga en alimento que se distribuye por las zonas que más lo necesitan. Así, por ejemplo, los nutrientes destinados al páncreas nunca se equivocan de rumbo y se dirigen al dedo gordo del pie. Usted nunca ha tenido que emprender ninguna acción dentro del sistema que es *usted* con el fin de obtener su adecuado funcionamiento. Una vez se traga la lechuga ya no le queda ninguna atadura con respecto a ella. El proceso que ella sufrirá en su cuerpo ya no requiere ninguna atención por su parte. Usted no interviene en los sistemas digestivos, respiratorios o excretores. Sencillamente, funcionan autónomamente.

Del mismo modo, y por poner otro ejemplo, su corazón late miles de veces al día. ¿Se ha molestado en alguna ocasión en controlarlo? Por supuesto que no, porque ese órgano es un mecanismo automático y perfecto que funciona con total independencia. Ya se habrá dado cuenta de que en su propia vida tienen lugar muchas funciones en las que usted no influye en absoluto. Todas ellas se ejecutan perfectamente porque guardan una relación armoniosa con principios universales superiores. No hay necesidad de que usted intervenga y si lo hiciera, seguramente entorpecería el curso natural de estas funciones.

Ésta es la forma de funcionar en calidad de sistema de sistemas dentro del mayor sistema, el universo. La energía circula por él como es debido. Usted ingiere la comida y todo ocurre tal como se espera. Toda interferencia por su parte no haría más que desviar el curso natural de las cosas, y en consecuencia dañaría la perfección que usted representa.

A partir de este momento me propongo cambiar la perspectiva que ofrecía el microscopio que le ha estado examinando y sustituirlo por la visión que nos proporciona el telescopio. El universo es un sistema de sistemas parecido al perfecto sistema que funciona en el ser humano. También funciona según principios que escapan a nuestro entendimiento y control. Y lo que es más importante, funcionan a la perfección cuando no nos inmiscuimos en ellos y permitimos que la energía circule sin impedimento alguno. Me fascina comparar este proceso con el que sufre la lechuga (que no es más que energía) dentro de un cuerpo, depositando el número preciso de nutrientes allí donde se necesitan. Usted, al igual que esa lechuga, realiza su función perfectamente. Ésta es la inteligencia que subyace a la forma. Ésta es la fuerza, o el Dios, o el espíritu, o como prefiera llamarlo, que es parte integrante de toda forma y que trabaja en armonía sin interferencia o atadura alguna.

¡Y ahora... a por el gran salto! Hace un momento usted era el sistema que se servía de la lechuga. Ahora imagínese que es una hoja de lechuga gigante. Siga el proceso de transformación y conviértase en la imaginaria lechuga que forma parte de la imagen más inmensa que pueda concebir, el lugar que ocupa en el universo. Usted también es una porción de energía que fluye perfectamente dentro de un sistema mayor que está dentro de otro gran sistema que apunta al infinito. Usted también puede ejecutar aquello para lo que se le ha designado, siempre que no interfiera en el sistema perfecto. No tiene que hacer lo que supone que es su papel; tiene que dejarse llevar, como la lechuga, y todo seguirá su curso. Debe comprender que toda atadura que usted tenga respecto a cómo *se supone* que las cosas deben ser, entorpece de alguna manera su perfecto funcionamiento dentro del sistema superior. Tampoco debe olvidar que todas las cosas de las que usted dependa producen ese efecto entorpecedor de funcionamiento del sistema energético; es como si la lechuga recogiera una maleta al pasar junto a los intestinos y cargara con ella durante todo el viaje por su cuerpo. Ya puede imaginarse lo que sucedería si la lechuga decidiera llevar más cosas creyendo que eso redundaría en un mejor viaje. Ello afectaría no solamente a la lechuga, su estómago y su respiración, sino también a su propia existencia.

Naturalmente, soy consciente de que somos mucho más complejos que una hoja de lechuga. Pero la analogía nos sirve para recordarnos que los principios universales funcionan a la perfección cuando no existe interferencia alguna o ayuda por ningún lado. Si aplica el principio de la independencia a su vida diaria, descubrirá que está funcionando con plena libertad y en armonía con el sistema energético universal. Y aún hay más. Se dará cuenta de que está permitiendo que la energía procedente del universo fluya por todo su cuerpo sin interferencias.

Cuanto más circule la energía libre de ataduras, mucho más feliz y satisfecho se sentirá usted. Además, todas las cosas por las que ha luchado incansablemente y las que más ha deseado poseer, se presentarán en su vida en cantidad necesaria para su propio bien y el de sus seres queridos. Combine esto con la práctica del principio de la abundancia y el flujo de la energía en su vida será más caudaloso. Con el tiempo conseguirá mantener toda esa energía en circulación por su cuerpo y dará a sus semejantes todo aquello que no necesite. Y una vez más, otra paradoja: sepa que cuanta más ofrezca a los demás, más tendrá usted.

Al permitir que la energía circule sin trabas el sistema adquiere una perfección máxima y gloriosa. Nuestras trabas se deben a algún tipo de atadura que creemos indispensable en nuestras vidas.

CÓMO APRENDÍ A APLICAR ESTE PRINCIPIO

Desde cuarto hasta octavo curso escolar suspiré en silencio por Earlene Rentz, el amor de mi vida. Pensaba que era muy hermosa, y sin embargo nunca me armé de suficiente valor para confesarle mis sentimientos. Vivíamos en el mismo vecindario y yo era muy amigo de su hermano mayor, lo cual me permitía verla a menudo. Ella siempre ocupó un lugar muy especial en mi corazón.

Hace poco recibí una carta suya diciéndome que había leído algunos de mis libros y que había visto un artículo sobre mí en la revista de ex alumnos que publica la Wayne State University de Detroit. Tomé la repentina decisión de llamarla.

Earlene y yo hablamos cuarenta minutos por teléfono. Le conté lo que había sentido por ella en aquellos años escolares y ella me contestó que lo sabía. Yo no podía creerlo. Lo había sabido durante todos esos años. En un momento dado de la conversación añadió: «Lo que más recuerdo de ti es que nunca te preocuparon demasiado las posesiones y que eras el chico más generoso de la clase». Me quedé ciertamente sorprendido al comprobar que eso era lo que su mente más había retenido de aquellos años. Y sin embargo, cuando miro hacia atrás me doy cuenta de que su afirmación era fundada. De alguna manera siempre supe que depender de una cosa era la forma más segura de no tener nunca suficiente de ella. Aunque los otros niños de mi edad hablaban de lo que deseaban tener, yo estaba normalmente contento con lo que ya tenía. De hecho, ayudaba a mis amigos a obtener lo que tanto ansiaban. En mi adolescencia y juventud mis amigos hablaban incesantemente de lo que querían alcanzar, coches y cosas por el estilo, y sin embargo yo estaba encantado con mi Plymouth de 1950, sus partes oxidadas y deficiencias. No parecía importarme. Cuando pienso en aquellos tiempos comprendo que ya entonces me sentía cómodo siendo independiente de las cosas.

Poseo muy pocos objetos de los que parecen formar parte de toda casa que haya conocido la riqueza. La moda en la ropa no me preocupa en absoluto y la ostentación de las posesiones ni siquiera se me ha pasado por la cabeza. Y sin embargo, paradójicamente, podría tener todas las cosas que la mayoría de personas desean. Cuantos más bienes poseo, menos los deseo para mi propio uso. Esta paradoja esconde algo muy profundo y difícil de explicar. «Más es menos.» Para mí, poseer más bienes significa tener que asegurarlos, limpiarlos, protegerlos, mantenerlos, preocuparme por ellos, intentar incrementarlos, alardear sobre ellos, ponerles precio, tal vez venderlos para obtener beneficios, etc.

Desde luego, uno puede apreciar la belleza que encierra cada objeto y disfrutar con ella, pero eso no constituye ninguna atadura, simplemente es permitir que la energía de su apreciación y amor fluya hacia el objeto y retorne posteriormente a usted. Si desea saber la diferencia que existe entre una atadura y el disfrute de una cosa, pregúntese cómo reaccionaría al descubrir que un objeto de valor le ha sido robado, se ha roto, perdido o sufrido cualquier accidente. ¿Se dejaría llevar por la rabia y la preocupación? ¿Se quedaría de una pieza, inmovilizado, sin saber qué hacer ni cómo actuar ante sus seres queridos? De ser ésta su reacción, ese objeto representaría una atadura. La necesidad que va unida al objeto le concede a éste poder o control sobre sus emociones. No miento al decir, y mi esposa también opina como yo, que si nos robaran o se extraviara uno de nuestros objetos, me limitaría a comentar: «Ahora estará donde le corresponde. Espero que quien lo utilice disfrute de él y se sienta feliz. No es más que una cosa, no me siento atado a ella».

No es que yo sea indiferente a los atracos o a la negligencia. Simplemente, ofrezco ese ejemplo para que no se deje poseer por los objetos. Sea capaz de distanciarse y separar la humanidad y su propósito en la vida de las cosas que solamente tienen valor de cambio. Si somos capaces de valorar una cosa simplemente con el pensamiento, entonces indudablemente podremos liberarnos del proceso materialista y mercantil.

Un ejemplo sobre esto se me presentó cuando estaba escribiendo este libro.

Tras intervenir en un programa radiofónico de tres horas, acepté una invitación de Marie Provenzano. Ella, dedicada al negocio de los cosméticos y la belleza, me había escrito infinidad de cartas en las que me contaba lo mucho que mis cintas y libros le habían ayudado. Y me había invitado en numerosas ocasiones a su estudio para recibir un tratamiento facial gratuito, en señal de agradecimiento. Por alguna razón inconsciente decidí pasar por su estudio en mi viaje de regreso a casa y recibir mi primer tratamiento facial.

Cuando se disponía a comenzarlo, Marie me dijo que algunos años atrás había sufrido una apoplejía y que creía haberse repuesto de ella a fuerza de escuchar mis cintas una y otra vez. Naturalmente, me sentí muy satisfecho al saber que había contribuido a la superación de semejante problema. No presentaba ninguna huella de la enfermedad. Marie siguió contándome que antes siempre estaba intentando ser una «persona perfecta». Me relató con detalle cómo disfrutaba preparando fiestas en las que todo, absolutamente todo, resultase «perfecto». Por su local desfilaban los más caros vestidos y joyas, los más exquisitos manjares preparados por primerísimos cocineros y las mesas mejor adornadas, todo lo cual respondía al buen gusto y originalidad por los que deseaba ser conocida. Le encantaba recibir felicitaciones por ser una excelente anfitriona. Pero con el tiempo aprendió que la mayor parte de su vida tenía significado sólo con respecto a una serie de ataduras. Una de aquellas tardes «perfectas» se convirtió en el detonante de su vida.

En vez de recibir una de las muchas felicitaciones a las que estaba tan habituada, una invitada le comentó: «Marie, ¿no estás cansada de toda esta exhibición, y de empeñarte en hacer las cosas perfectas?». La respuesta de Marie no fue otra que el llanto. La mujer la condujo al sofá, la rodeó con el brazo y no se apartó de su lado en dos horas. Hablaron sobre la verdadera Marie, la Marie más allá de las cosas materiales, sobre lo fácil que era disfrazarse con «cosas» externas y lo triste que debía de resultar acabar la jornada acariciando las joyas de uno mismo, sin poder compartir la mirada y el corazón de otro ser humano. Conversaron sobre el modo de reencauzar la energía para servir a los demás, y así conseguir ser la verdadera persona que encierra la jaula de las posesiones. Aquello significó el comienzo de una gran amistad.

Marie sufrió la apoplejía al poco tiempo de haber conocido a su nueva amiga, la cual la ayudó muchísimo en conseguir superarla. Juntas estudiaron la literatura del amor y la armonía, y Marie comenzó a impartir clases sobre mis trabajos en una universidad local. En la actualidad, Marie cuenta con cuarenta y cinco estudiantes matriculados en su curso sobre enriquecimiento en la vida, insuficiente para atender todas las demandas. Siempre comienza sus clases describiendo a sus alumnos cómo sus propias ataduras a objetos y posesiones le habían bloqueado su capacidad de ver la belleza y la satisfacción contenidas en las relaciones humanas. También les cuenta cómo una tarde que había empezado como una «perfecta atadura» cambió su vida y le dio una lección sobre cómo vivir mejor e incluso cómo curarse de las secuelas de la apoplejía.

Marie es una de las personas más felices y encantadoras que conozco. Estaba muy emocionada de relatarme su transformación, y exclamó: «¡Me cuesta de creer que esté aquí en mi estudio! Usted, mi guía, mi maestro espiritual». Yo le recordé entonces que ella tenía tanto que enseñarme a mí como yo a ella. Dije: «El maestro espiritual es usted, no yo». Los extraños y maravillosos geles, vapores, masajes y cremas consiguieron estimular no sólo la piel de mi rostro sino también mi corazón.

¿Por qué escribo sobre Marie y su descubrimiento de la independencia?

En parte porque creo que su historia puede servir de catalizador para que otros muchos reconozcan el vacío que encierran sus ataduras. Pero también porque creo que una energía especial fue lo que me llevó a su estudio ese día en concreto, para escuchar la historia y poder compartirla ahora con usted.

Las ataduras no siempre son posesiones. La atadura a las cosas es un hilo común que enhebra su camino a través de nuestra cultura materialista, y atrapa a las personas que sólo piensan en lo material. Sin embargo, existen otras ataduras más significativas, como por ejemplo las relacionadas con las opiniones de los demás sobre diferentes aspectos y sobre nosotros mismos.

Creo que mis palabras fluyen con facilidad porque no me siento atado a las opiniones y pareceres que puedan motivar. Con esta actitud permito su libre circulación, sabiendo y confiando en que serán lo que tengan que ser. Estoy abierto a todo lo que suponga una mejora, pero no pienso en ello cuando escribo. Si lo hago, mi punto de mira se dirige hacia lo que debería estar sucediendo, en vez de hacia lo que estoy permitiendo que suceda. El escribir es energía, al igual que cualquier otra actividad humana.

Ralph Waldo Emerson no pudo expresarlo mejor: «El buen escritor parece escribir sobre sí mismo, pero tiene sus ojos puestos en ese hilo del universo que pasa por sí mismo y por todas las cosas». Esto es lo que hago en este preciso instante. Escribo sobre mí mismo, pero soy consciente de que también soy parte de usted, a pesar de que no nos conozcamos personalmente. Estas palabras brotan de mí y fluyen hacia usted. Yo no las poseo, ni tampoco usted, y cuanto menos atado me encuentro a este proceso, más sencillo y agradable me resulta. Lleve a cabo lo que necesite hacer por usted mismo, sin preocuparse ni ligarse emocionalmente a los resultados, o según las palabras de Castaneda:

> Así pues, un hombre de muchos conocimientos suda y jadea, y si uno lo mira con detenimiento comprueba que es un hombre como cualquier otro, con la excepción de que tiene la locura de su vida bajo control... Su locura controlada le obliga a decir que lo que hace importa y le hace actuar como si así fuera, y sin embargo él sabe que no es así; por tanto, una vez ejecuta sus actos se retira en paz, sin preocuparse por saber si ellos fueron buenos, malos, si dieron buenos resultados o no.

Este punto es bastante difícil de asumir, porque hemos sido educados creyendo que todo lo que hacemos importa. La mayoría de nosotros no consigue controlar la locura de nuestras vidas. Nos preocupamos pensando en cómo la perciben los demás. Nos fijamos en las opiniones ajenas, y en consecuencia nos resulta muy difícil simplemente ser. Castaneda, al igual que otros, nos anima a adoptar una actitud flexible por la cual la energía pueda fluir a través de todos nosotros sin ser objeto de enjuiciamiento y, al mismo tiempo, participemos de ella como si en realidad importara, para luego separarnos y alejarnos en paz cuando se acabe. Si esto resulta paradójico e inconsistente, es porque en realidad lo es. Sin embargo, la separación le ayudará a apreciar y disfrutar de lo que ya tiene, en vez de preocuparle con la obtención de más cosas.

Siento lo mismo en lo concerniente a mis charlas. Nunca empleo apuntes cuando estoy delante del público, y llevo ya muchos años actuando de esta manera. Cuando me desprendí de mis notas y comencé a hablar desde el fondo de mi corazón, mi habilidad como orador mejoró muchísimo. No tengo la atadura de necesitar agradar a la audiencia, ni se me hace imprescindible expresarme con precisión. En realidad, no dependo de ninguna atadura. Lo que suelo hacer es meditar media hora antes de mi conferencia e intentar visualizar que todas las cosas salen bien y que tanto el público como yo disfrutamos y apreciamos la nueva experiencia. La ausencia de ataduras me permite estar delante de miles de personas durante horas y horas. Cuando estoy en esa situación, me encuentro en una nueva esfera de vida, en una nueva dimensión. El tiempo deja de existir. Mi memoria se ha vuelto más fiel que nunca. Las palabras fluyen en mi mente y en mi voz con facilidad, sin ni siquiera titubear un segundo y todo sale, y valga la redundancia, a pedir de boca.

Cuando decidí desprenderme de mi atadura con respecto a que mis charlas fueran perfectas, una nueva aspiración empezó a invadirme. La emoción interna y el nerviosismo que antes había experimentado se convirtieron en un fuerte deseo de estar delante de un público, en ese espacio mágico, haciendo lo que me gusta y mostrándome tal como soy, con toda mi energía circulando en libertad. Esta energía que fluye sin impedimento alguno ocupa el lugar más elevado que conozco a nivel físico.

Al hacer lo que me gusta, es decir escribir y hablar, he comprendido que la independencia con respecto a las consecuencias y las opiniones de los demás es la clave que me permite fluir por la vida con libertad y en máxima perfección. No lo intento, no me preocupo, no me produce ninguna ansiedad; simplemente me comporto tal como soy, y me dejo llevar por la corriente energética, sin que mi mente interfiera en ella. Sé desde lo más profundo de mi ser que estoy contribuyendo a un cambio, y también soy consciente de que para conseguirlo no necesito pensar en él. Sencillamente es así. Pienso que concederle importancia es una cuestión muy discutible, puesto que ese cambio carece de importancia en un contexto superior. Sin embargo, actúo como si verdaderamente importara. Pero cuando finalizo una conferencia o un libro, nunca miro hacia atrás. Sé que se ha terminado, y que a pesar de lo que algunos puedan pensar ese acto ha sido realizado tal como estaba previsto. Por consiguiente, encamino mis esfuerzos hacia un nuevo reto, sin que lo que acabo de ejecutar me entorpezca en nada. Aprendo de las experiencias previas y comienzo el nuevo proyecto. Este nuevo proyecto no tiene importancia pero yo actúo como si la tuviera. El proceso consiste, según dijo Castaneda, en tener la locura de nuestra vida bajo control. La forma de hacerlo consiste en ser lo que somos, sin tener que aparentar lo que los demás desean ver. Mantenga sus distancias y disfrute de cada momento en que la energía circule por usted.

Mi esposa y mis hijos son las personas que más quiero de este mundo. Por ellos he modificado mi pensamiento y he roto con muchas ataduras de mi pasado. Ésta es una transformación de primera magnitud, que nos ha deparado a todos un nuevo sentido de amor y serenidad.

Amo profundamente a mi esposa; y sin embargo, sé que no la poseo en ningún sentido. Mi conocimiento interior reconoce que ella sigue su propio camino y que el hecho de estar casada conmigo forma parte de su camino. Me siento muy agradecido y afortunado de poder compartir con ella una gran parte de mi vida y viceversa. En anteriores relaciones amorosas me había costado varios disgustos y bastante tiempo el poder disfrutar de la relación sin sentir la necesidad de controlarla. Ahora permito que la persona a la que amo sea ella misma, aunque sea diametralmente opuesta a mí, o no responda a lo que yo deseo de ella.

En mi opinión, ésta es la esencia de una relación matrimonial en un nivel de amor consciente. La capacidad de suspender todo juicio sobre el modo en que nos parece que nuestra pareja debería conducir su vida, y de amar a esa persona tal como es, resulta un ejercicio muy beneficioso en la práctica de la independencia y el desprendimiento de las personas y las cosas. Suspender todo juicio significa respetar la necesidad y el derecho de esa persona a encontrar su camino siguiendo sus propias directrices y sin atender opiniones ajenas. También quiere decir respetar mi necesidad y mi derecho a sentir lo que siento, sin tener que pronunciarme sobre su pertinencia o no. Esto es amor incondicional con respecto a mí mismo y a mi pareja. El amor incondicional no implica que uno tenga la «razón» y el otro esté «equivocado». Cuando usted se encuentra relacionado intensamente con alguien y lo juzga, piense que *no* está definiéndolo a él, sino hablando de sí mismo.

Mi esposa y yo somos muy diferentes. En muchos sentidos, hasta me atrevería a decir que somos opuestos. El amor parece funcionar de esta forma, permitiendo que nuestra pareja goce de sus cualidades específicas no comunes. Normalmente no nos enamoramos de personas parecidas a nosotros. Tal vez ello se debe a que estamos demasiado familiarizados con nuestra forma de ser y una persona similar podría resultar una carga. Hace tiempo que he dejado de juzgar y enfrentarme a esas diferencias. Ahora me dedico a disfrutar del nuevo sabor que mi esposa aporta a mi vida diaria, y le estoy agradecido por ello. Los dos aceptamos con amor el hecho de que no tenemos por qué gustarnos y entendernos todo el tiempo. Ésta es precisamente la cualidad que nos aporta: superar la necesidad de posesión. Nos permite apreciar con sinceridad esas «extrañas» cualidades, opuestas a las nuestras. Cuando siento la necesidad de cambiar su modo de ser, me recuerdo que eso fue justamente lo que más me gustó de ella. Cuando empecé a enamorarme de ella nunca me dije: «Si tuviera otro punto de vista todavía la amaría más». Ha sido nuestro amor incondicional el que ha permitido que nuestra relación madurase y creciera. Si la necesidad que a veces siento de cambiarla en algún aspecto llega a importunarme, miro en mi interior y busco lo que este hecho dice sobre mí. Y me siento aliviado al descubrir que ese aspecto significa mucho para ella. En otras ocasiones admito que me siento confundido ante sus puntos de vista y acciones, pero pronto vuelvo a amarla precisamente por eso, en lugar de convencerme de que ella está equivocada.

Me he percatado de que este modo de comportamiento en mi matrimonio ha influenciado en gran medida mi relación con los demás. Sé por experiencia propia que toda atadura respecto a tener siempre la razón me define sólo a mí, y no a los demás. Al final me di cuenta de que las personas no cambiarán su forma de ser, a pesar de la opinión que yo pueda tener sobre ellas. Esto me facilita muchísimo mi trabajo en el momento de relacionarme con los demás. No siento necesidad de emitir juicios, de responder con odio o de sentir hostilidad. Sólo tenemos que ser nosotros mismos.

Desde que ya no dependo del deseo de que mis semejantes estuvieran equivocados y yo en lo cierto, me resulta mucho más sencillo compartir la vida con personas que defienden diversos puntos de vista. Si me permito algún juicio, soy mucho más amable y abierto que antes. Sólo doy paso a la rabia por un momento porque, paradójicamente, al cabo de ese momento la elimino, y me siento como si nada hubiera sucedido. Si por alguna razón no puedo deshacerme de la rabia, comienzo a pensar en los puntos que aquí expongo. Irónicamente me doy cuenta de que causo mayor impacto en las personas que maltratan a otras o actúan según una serie de prejuicios, puesto que soy una persona con pocas ataduras. Mi independencia de la necesidad de estar en lo cierto les sorprende, y notan que no voy a comportarme como ellos lo harían si el interlocutor actúa o piensa de otra manera. La persona tranquila que no desea convertir a los demás en su propia imagen ni convencerles de que están equivocados (aunque no lo estén), cuenta con armas mucho más poderosas que el resto de las personas para edificar un comportamiento basado en el amor. Los que le rodean no lograrán su objetivo de cambio si sólo emplean sus juicios y la cólera.

Hace poco tiempo, en el club donde practico tenis varias personas se enfrentaron en una discusión acalorada. Defendían posturas opuestas con respecto al racismo: unos eran partidarios del mismo y otros les criticaban por su carencia de amor y comprensión. Alguien detuvo la discusión y me preguntó: «Wayne, ¿usted qué opina? Nunca se le ve preocupado por estos temas. Pero seguramente tiene su propia idea al respecto».

Mi respuesta fue la siguiente: «Estoy aquí sentado y les envío todo mi amor. Si ustedes pudieran hacer lo mismo entonces la discusión sobre quién debe amar a quién no tendría ningún sentido». Se quedaron inmóviles y me miraron como si fuera un bicho raro, y dejaron de discutir durante unos minutos.

Este planteamiento de amar a todas las personas a pesar de sus diferencias con respecto a nosotros empecé a ponerlo en práctica en mi matrimonio, y a partir de esa experiencia decidí aplicarlo a los demás aspectos de mi vida. Si usted se halla en paz consigo mismo le resultará mucho más fácil desprenderse de las ataduras. Esa clase de paz interior aporta mucho más al mundo que la actitud de ser un combatiente más en las interminables disputas que se derivan de la intolerancia por los puntos de vista de nuestros semejantes.

Por ejemplo, soy mejor padre desde que comprendí y adopté las palabras de Khalil Gibran en *El profeta*:

Sus hijos no son sus hijos.
Son los hijos e hijas del deseo formulado por la vida para
[sí misma.
Llegan a través de ustedes pero no vienen de ustedes.
Y aunque están con ustedes, no les pertenecen.

195

Este mensaje encierra la gran verdad de la independencia. No hay nada que nos aleje más de ellos que pensar que los poseemos. Enseñar a nuestros hijos a ser responsables de sus actos pero al mismo tiempo saber distanciarse de ellos es muy difícil de conseguir. Yo quiero a mis hijos tanto como mi capacidad de amar me lo permite. Moriría por ellos si fuera necesario. Y no me lo pensaría dos veces si llegara el momento. Sin embargo, no estoy pendiente de que tengan o no éxito en sus vidas. Todos y cada uno de ellos saben que no sufriré ningún ataque de nervios ni echaré por la borda mi vida si incumplen sus deberes, llegan tarde a casa o hacen las miles de cosas que los jóvenes suelen hacer. Intento enseñarles a ser responsables a través de mis actos y mis palabras y a valorarse a sí mismos, y el espejo que tienen es el de un padre que hace lo mismo y les anima tanto como puede. Pero nunca estaré ligado emocional o espiritualmente a las decisiones que tomen en el curso de sus vidas. Deben vivir sus vidas y yo no puedo hacerlo por ellos. Están aprendiendo a asumir responsabilidades que con frecuencia la dependencia paternal les niega a otros chicos.

Al permitir que nuestra energía fluya por nuestros hijos sin imponerles nuestra voluntad, se convierten en seres mucho más responsables. ¿Y por qué no? Nadie se les opone, ni necesitan demostrar su obstinación pues sus padres ya no les controlan.

Mi independencia con respecto a ellos no significa que ya no me preocupen. De hecho, me preocupan tanto que les permito que se labren su propio camino, aconsejándoles en esto y aquello, ayudándoles a elegir con responsabilidad y amor, felicitándoles cuando hacen las cosas bien y sobre todo no olvidándome de que no les poseo; ellos se poseen a sí mismos.

Mi maduración personal en este camino hacia la independencia me ha conducido a un punto en el que el sufrimiento está vedado en mi vida. A fuerza de acumular cosas, relacionarme con mis semejantes y conmigo mismo he aprendido que cuanto menos dependo de la obtención de cierto resultado, más energía circula por mi interior y se expande hacia el exterior. La independencia es un factor esencial en la eliminación del sufrimiento y en la alimentación de la paz interior. Tener cosas en la vida es maravilloso pero necesitarlas es una atadura. Contar con personas a las que amar es fenomenal y es importante valorarlas por lo que son y así estarles agradecidos día tras día, pero poseerlas o controlarlas constituye una atadura. Si usted sufre actualmente, puedo garantizarle que su sufrimiento depende de alguna atadura respecto al modo en que las cosas debieran marchar.

La independencia es la única salida para eliminar el sufrimiento, tal como el Bhagavad Gita explica:

> Una persona a la que no le molesta el incesante fluir de los deseos, que como si de ríos se tratara penetran en el océano, nunca lleno del todo pero siempre tranquilo, puede por sí misma encontrar la paz, pero el hombre que se esfuerza por satisfacer esos deseos no la encontrará.

El océano recibe continuamente ingentes cantidades de agua pero siempre se halla en calma, a excepción de su superficie. Nosotros también podemos estar abiertos a nuevas experiencias y lecciones, y permanecer a un tiempo en calma, en paz con nosotros mismos, a menos que decidamos permitir que todas esas cosas invadan nuestra conciencia y nos importunen. Las molestias siempre las causan nuestras ataduras, nacidas de la creencia de que las cosas deberían ser distintas de lo que actualmente son. Nuestro sufrimiento, a pesar de la forma que pueda adoptar, viene dado por la mente, que insiste en tener preferencias y en no consentir que los demás se manifiesten tal y como en realidad son.

El sufrimiento puede manifestarse a través de varias formas. Nuestras ataduras a factores externos son ilimitadas. A continuación presento los siete tipos de ataduras más frecuentes y también incluyo las razones por las cuales en este momento usted puede estar labrándose un camino de sufrimiento.

1. *La atadura a las cosas.* La mayoría de personas del mundo occidental nos identificamos con nosotros mismos y con nuestro nivel de éxito o fracaso atendiendo a la calidad y cantidad de todo cuanto poseemos. Haciéndolo así medimos nuestro valor como seres humanos en proporción a la adquisición de objetos. Por consiguiente, nos disponemos a sufrir cuando lo que poseemos resulta insuficiente. Es decir, nos convertimos en nuestro propio objeto.

Al adoptar semejante postura usted se está preparando para padecer un sinfín de frustraciones. Lo que refleja con su actitud es que se considera un ser desprovisto de estima y valor e incompleto. Siente la necesidad de cargar sus baterías y su zurrón de cosas que piensa le ayudarán a encontrarse mejor consigo mismo. La tesis que encierra una frase como «Carezco de valor sin objetos» conduce irremediablemente a la consecución de más y más cosas y a la dependencia de ellas. Cuando nos esforzamos por lograr más y más objetos caemos en la cuenta de un hecho: nunca nos sentiremos completos en este nivel exterior. Esta postura le impide considerarse un ser completo, que ya no necesita de nada. También le lleva a la acumulación y a la necesidad de compararse con los demás con respecto a los objetos acumulados. Aparta su mirada de los ojos y el corazón de quienes se relacionan con usted y se fija en sus cuentas bancarias y posesiones materiales. Cuanto más valor y humanidad dedica a esas cosas ajenas a su persona, más poder de control les otorga sobre su propio ser. Y cuando es controlado por esos objetos externos se convierte en su esclavo, teniendo como único aliado al sufrimiento. Por supuesto usted puede padecer rodeado de comodidades, pero recuerde que esa agonía nunca desaparecerá pues forma parte de usted al igual que las ataduras.

2. *La atadura a los demás.* Ésta es una de las ataduras más difíciles de desprender. Seguramente el precio que pagará para romper con ella se traducirá en sufrimiento. Con esto no estoy afirmando que sea inconveniente amar a otra persona, valorar la presencia de la misma en su vida y sentirse feliz por su relación. Todo esto es el resultado positivo de las relaciones generadas por el amor incondicional. Lo que pretendo decir es que no nos reportará ningún beneficio el deseo o la necesidad de poseer a otra persona o nuestra sensación de inutilidad, impotencia y dolor al comprobar que esa persona no forma parte de nuestra vida de la manera que pensábamos. Dicha reacción responde a unas ataduras. Éstas son las relaciones por las cuales usted otorga el poder y el control de su propio ser a sus semejantes y a cambio sólo recibe sufrimiento.

Todas las relaciones humanas pueden resultar mucho más satisfactorias si se entablan bajo una actitud de desprendimiento e independencia. En realidad esto significa amar a los demás lo suficiente como para ser capaces de dejarles elegir su camino sin traba alguna por su parte, aunque usted piense que las decisiones que toman no se ajustan a sus deseos. También significa tener la suficiente confianza en sí mismo como para no sentirse amedrentado cuando usted no responde a lo que se esperaba. En la relación matrimonial significa amar al cónyuge con tanta intensidad que las necesidades de uno y los fallos del otro pasen a un segundo plano, pues usted ama a esa persona por lo que realmente es y realmente fue cuando le conoció. En las relaciones familiares ese desprendimiento se aplica permitiendo que nuestros parientes sean lo que deseen y contando con la plena seguridad de que no nos dejaremos llevar por sus juicios sobre nosotros mismos. Esta actitud incluye el hacer caso omiso de toda crítica que hayamos formulado y empezar a escuchar y a amar a nuestros familiares por lo que son, a darles algún que otro consejo cuando lo soliciten y a ofrecerles todo nuestro amor incondicional. Cuando se trata de una relación de padres e hijos no olvide que sus hijos siguen sus propias sendas y no vivirán como usted desearía que lo hiciesen. También es cuestión de guiarles, de ayudarles a tener confianza en sí mismos y demostrarles que su amor es incondicional, aunque en ocasiones sus actitudes sean negativas.

La independencia en las relaciones humanas no significa despreocupación por los demás, sino todo lo contrario. Sus semejantes le preocupan tanto que decide eliminar todo juicio de valor sobre ellos y relacionarse con ellos desde el amor en vez de intentar controlar o juzgar sus vidas. La persona independiente en este sentido logrará evitar todo el sufrimiento innecesario que la mayoría de nosotros experimentamos en nuestras relaciones. Lo que usted hace es ofrecer amor a los demás, dejar a un lado su papel de víctima y demostrar que posee una gran sensibilidad sobre sí mismo y sus semejantes. Y de este modo usted goza de independencia a nivel metafísico.

La atadura apareja que el otro debe agradarme para que yo pueda amarle. Cuando usted permita que los demás sean libremente lo que en realidad son y les ame por ello, podrá considerarse una persona sin ataduras. Una vez alcance este nuevo estado de independencia, no deseará ni necesitará la posesión o el control de ningún ser humano, especialmente de sus seres más allegados. Paradójicamente, cuanto menos intente poseer y controlar a una persona, más unido se sentirá a ella.

La independencia en realidad le anima a estrechar sus relaciones personales e intensificar su amor. Al mostrar a los demás su amor incondicional, aunque quienes le rodeen en un momento dado decidan abandonarle, usted reduce las posibilidades de sufrimiento en esa relación. Aprendiendo a ser más independiente de ellos también se instruye en una gran verdad sobre las relaciones y el amor. *¡El amor se da, no se toma!* Ésta es la verdadera esencia de la independencia en las relaciones humanas.

3. *La atadura al pasado.* Para eliminar algunos de los sufrimientos que existen en el mundo debe aprender a distanciarse del pasado y las tradiciones, tan determinantes en la vida de muchas personas. Eche una ojeada a todos los seres que se encuentran en guerra en alguna parte del planeta, y que sufren y mueren en nombre de alguna tradición. Se les ha enseñado que lo que sus antepasados creyeron es lo que ellos deben creer y defender a ultranza. Al seguir esta lógica absurda sólo logran perpetuar el sufrimiento en sus vidas y también en las de sus enemigos. Gran número de las guerras entre grupos étnicos se han librado durante miles de años. Si no se abandona la dependencia que manifiestan con respecto a su pasado y tradiciones, esas guerras nunca finalizarán. Las mentes determinantes de esas culturas ya no están entre los que ahora se enfrentan, que sólo viven en la forma y no dudan en morir por una tradición que únicamente garantiza la enemistad y el odio a las generaciones venideras.

Participamos en una atadura al pasado cuando intentamos trazar el camino que nuestros semejantes deben seguir, siempre basándonos en lo que nos fue inculcado en nuestro momento. La educación que pretendemos, la vocación que tenemos, los amigos que elegimos, el voto que depositamos, nuestro modo de vestir, nuestra forma de hablar e incluso nuestro pensamiento vienen determinados por nuestras ataduras a las tradiciones, tan fuertes y poderosas que no podemos ignorarlas, porque ello significaría un completo ostracismo con respecto a nuestra familia o nuestros vecinos. Por lo menos así nos lo han enseñado. A veces nuestros padres nos dicen: «Recuerda, tú eres un...», o bien: «Has nacido en el seno de esta familia y no tienes otra alternativa». Ante semejante actitud la iluminación del alma no tiene cabida. ¿Cómo puede alguien madurar y crecer si persiste en hacer las cosas tal y como siempre fueron hechas? Al aprender los principios universales, comprendemos que no somos más que mera forma. Nuestro envoltorio puede presentar un determinado aspecto y contar con un particular origen pero lo cierto es que no representa ni lo más mínimo de lo que somos. Únicamente es una capa que recubre el verdadero ser que somos, el cual carece de forma y no necesita de ninguna etiqueta del pasado.

Las ataduras a la historia de su forma como representativa de lo que sus antepasados y parientes fueron no le reportarán más que un sinfín de preocupaciones y sufrimientos. Se requiere mucho valor para independizarse de las tradiciones, y el precio que pagan quienes deciden hacerlo puede ser muy elevado. Sin embargo, el precio por continuar dependiendo de las ataduras aún puede ser mayor, e incluso llegar a causar verdaderos estragos en su vida. La desaprobación de quienes son adictos a la historia de su forma resulta a la larga mucho menos costosa. Todo aquello a lo que usted se sienta atado, de algún modo lo posee. Equivale a encadenarse y ponerse trabas con el fin de asegurarse que no se posee una mente propia. Ralph Waldo Emerson nos lo recuerda al decirnos: «No sea esclavo de su propio pasado, sumérjase en los sublimes mares, bucee por las profundidades y nade hacia horizontes lejanos. De ese modo regresará respetándose a sí mismo, con una nueva fuerza, con una experiencia singular, que al ser relatada hará olvidar el pasado».

Piense en este aspecto y considere la posibilidad de eliminar todo sufrimiento de su vida cuyo origen sea una atadura con el pasado. Desde luego, podemos respetar e incluso apreciar el pasado y todo lo que nuestros antepasados hicieron. Podemos amarlos porque siguieron su propio camino. Pero sentirnos atados a ellos, a su manera de vivir y pensar sólo porque nos asemejamos en la forma, es negar la viabilidad de nuestra propia iluminación. Éste es el método que históricamente han seguido numerosas instituciones y personas para conseguir controlar a los demás. Instruir a los niños pidiéndoles que vivan según las normas establecidas puede convertirlos en siervos incapaces de pensar y en manos de quienes en ese momento detenten el poder. Las ataduras al pasado son responsables de que hoy en día un niño juegue con un arma, se imagine actuando de asesino, busque enemigos que le sirvan de blanco, y se encuentre condicionado y plenamente conforme con el estado de las cosas. Eso anula su razonamiento. Los niños crecen convencidos de que si intentan desprenderse del pasado cometerán una deshonra ante los ojos de Dios. Nos resulta muy fácil comprobar este ejemplo en algunos países lejanos, y debería servirnos de lección para que en adelante nos preocupemos un poco más de nuestra forma de demostrar apego al pasado.

4. *La atadura a su forma.* Si usted piensa que sólo es un cuerpo, y que allá donde él va usted lo sigue, entonces lo que está haciendo es disponerse para una vida en la que sólo tendrá cabida el sufrimiento. Las arrugas, la caída del cabello, la pérdida de la visión y todos los síntomas que apunten hacia un cambio físico generarán en usted un sufrimiento directamente proporcional a la atadura que mantiene con usted mismo al desear seguir siendo el mismo. Depender de su cuerpo puede llevarle a un estilo de vida basado en la artificialidad y en el temor. Eso le impedirá seguir su propio camino.

Depender de su propio cuerpo como único medio de satisfacerse en esta vida siempre acabará por crearle infinitas preocupaciones respecto a su aspecto físico. Es una atadura con nuestro cuerpo, el cual recubre el conocimiento a modo de tupido velo impidiéndonos ver que dicho cuerpo no es más que la forma temporal que ocupamos. Al estar exclusivamente centrados en nuestro aspecto físico y externo nos resulta difícil comprender que nuestra verdadera esencia se halla en un estado desprovisto de forma en el interior de nuestro cuerpo. Cuanto más dependamos del cuerpo y de su aspecto, menos posibilidades tendremos de observarlo con perspectiva y de percatarnos de la divinidad que en realidad representa. La adicción a la forma nos aleja de toda consideración sobre el estado de la no-forma que es el que verdaderamente constituye la mayor parte de la esencia humana. Paramahansa Yogananda escribió en *El romance divino*:

> Los santos afirman que así es como usted debe tratar al cuerpo, en calidad de residencia temporal. No se sienta atado o ligado a él. Caiga en la cuenta del infinito poder de la luz, de la conciencia inmortal del alma, que subyace en este cadáver de sensaciones.

Me gusta este sintagma formado por «cadáver de sensaciones». Se refiere a su cuerpo, a un esclavo de las reglas impuestas por la forma, siempre cargando con el peso de los dolores, los sufrimientos, los huesos que se debilitan y los órganos que enferman. Pero en su interior, donde usted es pensamiento astral sin forma, usted es puro y no se enfrenta a ninguno de los obstáculos que limitan la forma. La atadura a su cuerpo equivale a una atadura con respecto al sufrimiento y al deseo de perpetuarlo.

La separación del cuerpo no significa ignorar la perfección que la forma puede llegar a obtener. De hecho, curiosamente, al final uno acaba prestando mayor atención y mejores cuidados a esa forma que alberga a su alma. Desde que ya no dependo de mi aspecto físico me ocupo mucho más de mi cuerpo, intento mantener mi peso, hacer ejercicio, dormir el número de horas necesarias, ingerir menos alimentos bajos en nutrientes. A estas alturas soy capaz de observar el paso del tiempo en mi cuerpo sin sentir que mi ser se esté deteriorando. Puesto que me considero separado de mi cuerpo no me alarma contemplar algunos de sus achaques. Y por consiguiente dichas flaquezas no necesitan aparecer en la superficie. Y además cada vez me siento menos insatisfecho respecto al aspecto que ofrece mi cuerpo. Me complace la forma y la perfección de la que goza, y al mismo tiempo soy consciente de que soy mucho más que eso. Siento amor y respeto por mi yo físico pero no me identifico con él. Jesús ya lo dijo: «Estar en el mundo, pero no ser *de* él».

Yo estoy en mi cuerpo pero no soy *de* él, y ello me ayuda considerablemente a habitarlo de mejor manera que cuando le pertenecía, hace tan sólo pocos años.

5. *La atadura a las ideas y a tener la razón.* Ésta es una de las ataduras más resistentes. «Tener la razón» podría tildarse de «enfermedad occidental» terminal. Suelo escuchar la radio varias horas al día en distintas ciudades de los Estados Unidos, y la mayoría de personas que llaman a una emisora para opinar sobre un tema de actualidad dependen de su propia idea e intentan convencer de que las demás son erróneas. No resulta fácil encontrar a alguien que exponga su punto de vista y al mismo tiempo permanezca abierto a las opiniones ajenas. Los oyentes que llaman a la emisora suelen ser educados y permanecen callados cuando la otra parte opina sobre el tema, pero en cuanto ésta finaliza ignoran lo dicho y defienden a ultranza su propia postura. Casi nunca se oye decir: «Ha dado usted en el clavo. Volveré a plantearme la cuestión y llamaré dentro de un rato».

Esta atadura que nos obliga a tener siempre la razón genera sufrimiento porque de nada nos sirve si queremos comunicarnos con los demás. Si usted no sabe o no puede comunicarse con quienes le rodean, sufrirá. A las personas nos desagrada que nos digan cómo debemos pensar o bien que no estamos en lo cierto, cuando nuestra opinión difiere de la del resto. Cuando nos encontramos en semejante situación automáticamente nos encerramos en nuestra conciencia y construimos una barrera. Si usted se ha quedado encerrado por su incapacidad de escuchar a los demás, piense que ello se debe a su gran dependencia de sus ideas y a su insistencia en llegar a considerar equivocados a todos cuantos sostienen posturas opuestas a la suya. Este tipo de atadura dificulta muchísimo las relaciones en las que el amor juega un papel importante, porque continuamente levanta barreras.

Por cada una de las ideas que usted considera acertadas existen millones de personas que piensan lo contrario. El antagonismo entre razón y error causa muchos problemas metafísicos a infinidad de personas. Cuando se encuentra con alguien que defiende un punto de vista distinto al suyo, y usted pretende convencerle de su equivocación, lo que hace es definirse a sí mismo. Su actitud contribuirá a que su amigo se reafirme inexorablemente en su postura. Así pues, cabe concluir que los encuentros de este tipo suelen finalizar con dos creencias mucho más firmes de lo que en un principio eran.

Para liberarse de las dependencias debe tener presente que todos los antagonismos basados en la razón como opuesta al error responden a una invención humana. La razón no existe a expensas del hombre. El universo es sencillamente tal y como debe ser y funciona según los principios antes definidos, pero sin tener en cuenta la opinión que tengamos sobre él. Es magnífico que todos sostengamos opiniones sobre lo que nos plazca, pero no debemos olvidar que si nos dejamos llevar por ellas, estamos limitándonos a nosotros mismos y anulando toda posibilidad de escuchar otro punto de vista. La atadura a las ideas y la obsesión por probar que los demás están equivocados constituye la historia del ser humano, causante de numerosas guerras y desgracias desde los inicios de la historia.

Sucede muy pocas veces que las personas se detengan un momento a escuchar a los demás. Sólo en contadísimas ocasiones sustituimos nuestras firmes convicciones por las que nos proponen nuestros semejantes. Y normalmente somos incapaces de sostener en nuestra mente dos opiniones contrapuestas. Sin embargo, esto es lo que usted debe hacer si quiere despertar en una nueva dimensión de conciencia humana: un conocimiento interior que puede coexistir junto al suyo, sin necesidad de que ninguno deje de tener razón. Este aspecto suele ser comentado por mentes privilegiadas e iluminadas. Uno de los mejores novelistas norteamericanos, F. Scott Fitzgerald, dijo en una ocasión:

La prueba de que nos enfrentamos a una inteligencia de primera magnitud estriba en su capacidad de retener dos ideas contrapuestas a un tiempo y poder funcionar. Uno debería ser capaz de ver que las cosas no funcionan y tomar la determinación de mejorarlas.

Esto es lo que verdaderamente significa ser una persona desprendida e independiente: permitir que puntos de vista encontrados residan en una misma persona, y disfrutar a la vez de la exquisita belleza que semejante actitud ofrece.

6. *La atadura al dinero.* Falta muy poco para que esta atadura sea considerada de pleno derecho enfermedad del mundo occidental. Pero no estoy defendiendo una aversión al dinero. Por supuesto que no. Estoy plenamente convencido de que el dinero beneficia al que lo tiene y no tengo nada en contra del mismo. El dinero está bien y trabajar para conseguirlo es parte integral de los tiempos actuales. En este apartado me propongo escribir sobre la atadura al dinero que se convierte en el factor de mayor trascendencia en su vida.

Intentar alejarse y no depender del dinero constituye una ardua tarea. Sin embargo, si usted es de los que necesita adentrarse en semejante aventura y empresa, no se lo piense dos veces y actúe en consecuencia. A lo largo de mi vida me he percatado de que las personas que han sido capaces de realizar lo que amaban y de vivir según lo que creían siempre han contado con el dinero que necesitaban. Parece como si hubieran permitido que su dinero siguiera circulando por ahí, utilizándolo en beneficio de los demás, en vez de obsesionarse por la acumulación de capital y el costo de la vida. Ellos no padecen esa *enfermedad* tan extendida en nuestra cultura.

Deshacerse de esa dependencia con respecto al dinero significa comenzar a realizar aquello que más nos gusta y que da sentido a nuestra vida, permitiendo que el dinero nos llegue en el momento apropiado, sin que por ello nos convirtamos en sus víctimas. Este desprendimiento implica saber que *usted* no es su propia cuenta corriente, sino una persona. Si usted es de los que creen que para ser feliz se *necesita* dinero, entonces permítame decirle que depende de ese factor material. Su necesidad de aspirar a más la interpreto como imposibilidad de sentirse completo, puesto que *algo* (que usted denomina *más dinero*) le falta. Esa parte que echa de menos le obligará a concentrarse en el dinero, en lugar de permitirle estar aquí y ahora, y hacer lo que a usted le plazca. Y por supuesto, recuerde que, tal como expliqué antes, aquello en lo que uno se centra tiende a expandirse.

Puesto que lo que observa ahora mismo en su vida es el resultado de lo que cree, puede sentir la necesidad de modificar sus creencias si ya no le sirven con respecto al tan manido dinero. Pregúntese por ejemplo: ¿el dinero me ha proporcionado la satisfacción a que yo aspiraba? Si la respuesta es negativa y usted no se ve capacitado para cambiar de ideas, entonces revíselas cuanto antes puesto que de ellas depende.

Puede hacerlo a través de la concentración o la meditación. Confíe en su interior y pídale que le revele de qué creencia se trata. A lo mejor ni siquiera es una atadura al dinero, y probablemente no lo sea si es que teniéndolo aún se siente insatisfecho. Por ejemplo, a veces creemos tener hambre, pero después de comer todavía nos sentimos hambrientos. Al pensar que la comida solucionará nuestros problemas, estamos haciéndonos tan dependientes de ella que nunca más, a pesar de que comamos en abundancia, quedaremos satisfechos. Una dependencia de la comida o del dinero en este tipo de contexto está condenada a perpetuarse a sí misma. Cuando estamos obsesionados con nuestra atadura y conseguimos manifestar nuestro deseo de independizarnos de ella, debemos ser conscientes de que ha llegado el momento de examinar lo que esa atadura nos reporta.

7. *La atadura al triunfo.* Ganar constituye una adicción en nuestra cultura, y en tanto dependamos de la necesidad de vencer estaremos abocados al sufrimiento. Una vez más debo especificar que no estoy en contra de los ganadores. Me gusta vencer como al que más, sobre todo en las competiciones atléticas. Pero la prueba del despertar en esta área consiste en demostrar que somos independientes de la *necesidad* del triunfo. Cuando dependemos de la victoria, ésta se convierte en una obsesión, y al final, si no nos alzamos con ella, sufrimos mucho con la derrota. Un gran examen sobre nuestro carácter se produce cada vez que reaccionamos ante la derrota. Si jugamos en plan competitivo y nuestro contrincante logra más puntos en su marcador o «gana», ¿qué hemos perdido? Nada, absolutamente nada. Sencillamente salimos a la pista para jugar. Si somos capaces de admitirlo, no tendremos inconveniente en felicitar a nuestro contrincante y sentirnos tan contentos por su victoria como si fuera nuestra. La atadura a la necesidad de alzarse con un triunfo convierte a muchísimos seres humanos en perdedores, o por lo menos eso creen. Si persisten en defender dicha atadura seguirán sintiéndose como perdedores puesto que no siempre es posible ganar.

Vencer es sólo cuestión de un juicio. Cuando nos disponemos a jugar estamos de acuerdo con unos principios preestablecidos que nos alzarán como ganadores o perdedores. Una forma de participar en el juego sin sentir la obsesión de triunfar consiste en entenderlo como una serie de reglas establecidas por otros. Y no por ello dejaremos de saborear nuestros triunfos y aprender de nuestras bajas actuaciones. Sencillamente entraremos en el proceso de la participación. El hecho de ganar o perder puede considerarse como otra norma más con la que podemos estar de acuerdo o no. Defender la victoria significa convertirnos en el marcador de nuestra propia actuación. El sufrimiento surge como resultado de sentirnos como perdedores.

Sin embargo, cuanto más independientes nos mostremos durante el juego, cualquiera que sea, mayores serán nuestras posibilidades de vencer. Es decir, cuanto menos nos obsesionemos por ganar, más probabilidad de hacerlo tendremos. Le sugiero que lea lo que tan excelentemente se ha escrito sobre el juego interior, el Zen en el tiro con arco, u otros parecidos. Los jugadores que más destacan no son los que intentan ganar, sino los que permiten que la acción fluya libremente en determinado momento. Su competición se asemeja más a un ejercicio de meditación que a una lucha. Se hallan en plena armonía con su cuerpo y su alma. Los grandes bailarines simplemente se dejan llevar, confiando en sus instintos e intuición para que sus formas fluyan al compás de la música, y cuando alcanzan el punto interior de la perfecta armonía, el hecho de vencer pierde toda relevancia. Cuando los grandes gimnastas y los saltadores de trampolín piensan en la puntuación que obtendrán, ya son incapaces de realizar la perfecta función para la que han preparado sus cuerpos. Vencer se convierte casi en un imposible. Esto constituye una nueva paradoja. Al pensar en ganar y sentirnos dependientes de la victoria, nuestra capacidad para lograrla disminuye.

La atadura al triunfo siempre va estrechamente unida a otra atadura, la de enfrentarnos con nuestros contrincantes. El lenguaje de la competición es parecido al de la guerra. Se habla de luchar contra ellos, de darles una paliza, de pisar con fuerza en el terreno, de destruirlos, de aniquilarlos, de bombardearlos, de matarlos. Si sólo atendemos al hecho de vencer a toda costa, nuestro nivel de ejecución se deteriora. Nos ponemos tensos y nerviosos, y finalmente acabamos por vencernos a nosotros mismos. ¿A qué se debe esto? No podemos olvidar que la lucha debilita y que, por el contrario, la armonía vigoriza y fortalece. Cuando nos hallamos en perfecta armonía nuestro cuerpo desarrolla su función a las mil maravillas y logra su máxima eficiencia. Esto es fundamental cuando se juega a ganar. Deje de concederle importancia. Compórtese tal como es y disfrute plenamente de lo que está realizando en total armonía con su cuerpo y espíritu, y notará cómo independizarse de la victoria le conducirá a esos primeros puestos que jamás hubiera imaginado.

Examine cada una de las ataduras que he analizado en los puntos anteriores y fíjese si pueden aplicarse en su caso. Recuerde que es posible amar cosas pertenecientes a las categorías mencionadas y al mismo tiempo ser independientes de ellas. Déjese llevar por la corriente, por así decirlo, y circule libremente por una red llena de armonía y paz interior. Al superar las ataduras aprendemos a conectar nuestra conciencia con una red y a emitir poder y fuerza desde ella, descubriendo así el lujo metafísico de vivir pacífica y productivamente.

TRABAJANDO EN RED: UN MÉTODO EFICAZ PARA ALCANZAR LA INDEPENDENCIA

La mayoría de nosotros estamos familiarizados con los organigramas de las empresas. Éstos empiezan en su parte superior con la presidencia, bajan hacia las vicepresidencias, y siguen bajando hasta la dirección superior, y subdirección, oficinistas, secretarias y otros miembros del personal. Las personas que pertenecen a una organización como la anterior intentan iniciar su andadura hacia arriba. En cada nivel adquieren mayor prestigio y poder, hasta que alcanzan la cumbre de la máxima autoridad y el éxito consiguiente.

Muchos grupos educativos, religiosos, gubernamentales y benéficos también funcionan de este modo. La persona más poderosa se halla en la cima de la organización y delega parte de su poder y autoridad, siempre que le sea posible, en otros miembros de la misma. A la mayoría de nosotros se nos ha enseñado a respetar este modelo de organización, llamado burocracia. Constituye la forma menos eficaz de llevar las cosas a cabo. Un sistema mejor aunque menos conocido es el denominado trabajo en red. Yo defiendo este sistema porque creo que contribuye a la construcción de una sociedad más despierta e iluminada.

Un trabajo en red es todo lo contrario a la burocracia. En una burocracia se concentra el poder y se distribuye según un organigrama que incluye una serie de subordinados. En un trabajo en red todo consiste en repartir el poder. Por citar un ejemplo: piense en una gran red telefónica descentralizada, pero con las distintas terminales conectadas entre sí. La red de comunicaciones tiene como objetivo prestar un servicio hasta la siguiente terminal y así sucesivamente. Nadie que esté conectado a la red desea el poder, a no ser con el objeto de cederlo a otro.

Los seres humanos también pueden funcionar de este modo. En vez de obsesionarnos con obtener buenos contactos y contrastar a las gentes que podríamos llegar a controlar, podemos cambiar de táctica y ofrecer nuestro conocimiento y adquisiciones a nuestro vecino, y éste al suyo, y así sucesivamente. Si el trabajo en red contara con un organigrama, éste funcionaría en horizontal, en lugar de en vertical como el que antes he comentado. Este nuevo funcionamiento significaría enviar por la red todo cuanto poseemos, lo cual continuamente circularía, junto a lo que nuestros vecinos aportasen. Es una cuestión de dar sin esperar nada a cambio. Una vez más surge la paradoja. Al ofrecer desinteresadamente aumenta la riqueza de nuestras vidas.

Considero que el trabajo en red constituye una forma mucho más eficaz de compartir todo lo que siento. Suelo enviar un ejemplar de uno de mis libros, *Los regalos de Eykis*, a todas y cada una de las personas que me escriben, sin esperar nada a cambio. Lo he hecho sencillamente para que miles de personas conocieran las ideas con las que tanto me identifico. Y debo decir que las *ventas* de *Los regalos de Eykis* han aumentado desde que *envío* los ejemplares. Cuantos más ejemplares regalo, más personas lo compran y más cartas recibo sobre los pensamientos e ideas de Eykis, elaborados y discutidos por una serie de lectores que mantienen el libro en circulación dentro de una red de respuesta positiva. Y además he ido recibiendo más de mil libros y cintas procedentes de todos los rincones del mundo como agradecimiento por *Los regalos de Eykis*. Se está contemplando la posibilidad de filmar una película en torno a Eykis y la popularidad del libro va en aumento. El principio en el que me baso es el del viejo refrán que dice: «Lo que el agua trae el agua lleva», en el que la palabra «agua» podría ser sustituida por «universo».

Una persona que funciona en red no tiene dificultad alguna en dar más de lo que se espera de ella, y sabe que la forma de conseguir que los otros sean seres iluminados y afortunados consiste en sorprenderles ofreciéndoles más de lo que esperan. Las personas conectadas a la red nunca intentar hacerse con el poder; ponen en circulación cuanto poseen y animan con su actitud a que los demás hagan lo mismo.

Muchos negocios empiezan a trabajar según este sistema de red. Esta nueva tendencia, descrita en una serie de libros de gran aceptación, pretende desarrollar un planteamiento de nuevos tipos de triunfo, olvidarse de las cuotas, buscar la manera de atender mejor a los clientes, etc. Un gran número de jefes y empleados están comprendiendo que el hecho de volver a introducir un servicio excepcional en su organización y conectar con la dimensión espiritual de ellos mismos y los demás, a la larga repercute positivamente en el negocio. Cuando la organización comienza a funcionar a este nivel, el principio de la conexión en red aplicada a la independencia de la que tanto hemos hablado, crea un ambiente en el que tanto los clientes como los miembros de la organización resultan vencedores.

Así pues, los pasos a seguir son los siguientes: dejarse llevar por su corriente energética, examinar sus ataduras y finalmente comenzar a trabajar en red conectado a los demás. Este principio universal puede representar un gran problema para quienes desde la retaguardia del mundo prefieren contar el número de árboles en vez de contemplar todo un bosque. Por consiguiente, es importante que examine abiertamente cualquier resistencia que usted pueda ofrecer al desarrollo de una concepción más pacífica e independiente.

POR QUÉ SE RESISTE A LA INDEPENDENCIA

A continuación presento las razones más habituales por las que muchísimas personas pertenecientes a la cultura occidental se retraen en su propósito de ser independientes.

— La independencia significa confiar en que el universo nos facilitará cuando necesitemos mientras avancemos por nuestro camino de iluminación. Nadie nos ha animado a comprometernos con un principio metafísico. Nos enseñaron a conseguir cosas, a correr más que el vecino para que él no se hiciera con lo que deseábamos y a sentirnos siempre insatisfechos. Pregúntese si lo que en realidad anhela es que su vida interior sea controlada por personas, cosas y acciones ajenas a usted y pertenecientes al mundo exterior. Considere lo que significaría para usted el determinar libremente su propia vida interior.

— Trabajamos muchísimo en determinada profesión, ascendemos por la escalera del éxito, nos negamos la experiencia de una serie de años y esperamos una recompensa en el futuro. Creemos que el sufrimiento en cierta medida va unido a todo ello. Nunca hemos recibido un curso sobre metafísica aplicada. Nuestra educación ha estado centrada en lo racional y no en los sentimientos. Ahora le sugiero que examine cuidadosamente su parecer sobre la consecución del éxito. ¿Consiste en la acumulación de riquezas, posesiones y beneficios? Tras la reflexión tal vez desee apartar de su vida algunas de sus más firmes convicciones y hacer de la independencia, en el sentido aquí expuesto, la filosofía de su vida.

— Una gran mayoría de personas llega a la conclusión de que la independencia supone dejar de poseer todo aquello por lo que tanto se han sacrificado. En otras palabras, olvidarse de la buena vida. Pero lo que verdaderamente significa la independencia es la liberación de las ataduras que en este momento le son tan *necesarias*. No implica ningún sacrificio. El éxito entendido como proceso interno no puede ser medido en términos cuantitativos. Si usted aplica sus posesiones materiales para medir su valía interna es imposible que llegue a independizarse de ellas. Piense que puede aplicar el principio de la independencia en su vida y seguir disfrutando de toda la abundancia que le plazca.

— Quizá no acabe de comprender la idea de independizarse de sus seres más allegados. Tal vez incluso piense que semejante actitud implica la más pura indiferencia respecto a ellos. Pero la independencia aplicada a las relaciones generadas por el amor significa todo lo contrario. Quiere decir amar a las personas profunda e incondicionalmente, por lo que son, sin emitir juicio alguno cuando deciden ser lo que tanto anhelan. Si nos referimos a la independencia de los niños no se trata, aunque usted suponga lo contrario, de permitirles que se rijan por sus instintos y eludan todas sus responsabilidades. Los niños se convierten en seres humanos más felices si aprenden que el respeto y la responsabilidad forman parte de sus vidas. Y es el adulto quien debe impartir, con su comportamiento respetuoso y responsable, esta lección. La independencia impide que los hijos de padres dados a la manipulación les conviertan en esclavos de su conducta. La lucha entre la dependencia y la independencia le conducirá a romper sus relaciones con los demás, y luego se sentirá como una víctima.

— Tal vez considere a la independencia como una ausencia de convicción y propósito, un estado que atrapa en una especie de jaula. Yo considero, en contestación a su erróneo concepto, que quienes experimentan las mieles del éxito son los que han aprendido a dejarse llevar por la corriente de la vida y a no oponerse a ella. Todos ellos experimentan paz interior en vez de esa sensación de desorden interior. Si desea eliminar la ansiedad que le invade en su vida, no persista en navegar ya contra corriente; deténgase y déjese llevar por las aguas. Llegará a buen puerto.

En caso de que usted oponga una fuerte resistencia al principio de la independencia porque no acaba de comprenderlo, le sugiero que dé rienda suelta a sus sentimientos y actúe en consecuencia. No intente forzarse a sentir lo que en este momento no le parece indicado para su propio bien. No crea que al actuar de este modo su dimensión interior o los demás van a condenarle. El amor incondicional que se profese a sí mismo siempre le llevará por el camino que *usted* debe seguir. Se halla en su propia senda. Créalo y lo verá.

APLICAR LA INDEPENDENCIA EN SU VIDA

La independencia es una manera de rendirse a la fuerza o la inteligencia subyacente en la forma, incluso en la suya. Una vez sea consciente de que la energía es la máxima responsable de que la forma funcione perfectamente, usted empezará a reducir la marcha y a funcionar en armonía con esta inteligencia. La palabra «renuncia» nos puede venir muy bien en esta ocasión. Nos sirve para recordar que debemos detener toda lucha que convierta la vida en un campo de batalla. Al renunciar, nos relajamos a la sombra de la inteligencia y el fluir natural de la vida, y hacemos caso omiso de todo impulso por depender de las personas y las cosas.

Seguidamente proporciono una serie de ideas relativas al proceso de renuncia, que sin duda lo fortalecerán, puesto que a diferencia de las luchas y ataduras que acaban por debilitarle, toda fuerza que adquiera durante su libre singladura le vigoriza.

— Déjese llevar por todo lo que encuentre a su paso en vez de ser tremendamente crítico con ello. Aprenda una nueva forma de procesar las ideas o de pensar en todas las cosas que se le presentan. Por citar un ejemplo, en lugar de criticar al conductor que le precede en la carretera por sus maniobras envíele un mensaje de amor y empiece a pensar que así debe ser. Elimine la idea de que el conductor lento se equivoca y que usted sin duda está en lo cierto al pedirle paso y sentirse molesto. Dedique una hora a cada persona que vea. Deje que todas y cada una de ellas se manifiesten tales como son sin que a usted le dé vueltas por la cabeza la idea de que son muy diferentes.

Proceda de la misma manera con las noticias en la televisión. Por supuesto, no se moleste en amar aquello que más aborrece pero pruebe a dejar que las noticias fluyan por su pensamiento, libremente, sin ser objeto de crítica. La independencia con respecto a ellas le proporcionará una paz muy especial sobre lo que ve y oye. Descubrirá la sencilla pero esquiva verdad según la cual el mundo está funcionando según lo previsto. Su atadura respecto a sus creencias sólo le convertirá en una víctima más.

— Intente reemplazar parte de su espíritu competitivo por ansias de cooperación. En vez de verse compitiendo con alguien, intente contemplar a los demás desde una perspectiva más amplia y universal. Vislúmbrelos como parte del Ser Humano. Considérese como alguien que funciona con mayor eficacia y satisfacción cuando no necesita vencer a nadie para sentirse mejor. Recuerde que si se siente obligado a superar a otra persona en una contienda, dicha persona está controlando su vida. No dude en competir en los acontecimientos deportivos o en los negocios si así lo desea, pero al mismo tiempo coopere e intente independizarse del resultado a conseguir. Este proceso de liberación de las ataduras es lo que se conoce como independencia en acción. Deje que cada uno de los movimientos que ejecute en un encuentro competitivo sea único en sí mismo. Disfrútelo a fondo en ese instante. No olvide que si usted sólo se concentra en el resultado que desea obtener, su atadura al triunfo le impedirá alzarse con él. La independencia produce su efecto cuando usted coopera con toda la humanidad, incluso con sus adversarios. Desprenderse de la necesidad de vencer le liberará de tal forma que usted sacará el máximo partido de cada uno de los momentos del proceso competitivo. La iluminación de nuestro ser no aparece al ganar. Todo consiste en considerarnos seres totalmente humanos aunque no logremos el triunfo y en tratar a los demás con respeto a pesar del resultado, favorable o no, que hayamos alcanzado.

— Mantenga las cosas circulando por su vida. Si el año pasado dejó de utilizar uno de sus objetos, no dude en desprenderse de él a pesar del apego que pueda sentir por él, y cédaselo a otra persona. Ya no le sirve puesto que le ha sacado todo su provecho. Pasándolo a una persona que todavía puede sacarle un provecho asegura la continuación del proceso. Diríjase al cuarto trastero y deshágase de los muchos «trastos» que todavía guarda. Piense que día a día aumenta el número de objetos que van a parar a sus manos y que desprenderse de unos cuantos no le pondrá en ningún aprieto. Al sentirse libre de ataduras se encontrará más feliz que nunca y se percatará de que todas las cosas emprenden el camino de vuelta a su casa en uno u otro sentido. Puedo asegurarle que este método da muy buenos resultados. Pero para verlo, primero tendrá que creerlo.

— Reflexione sobre la actitud que adopta ante el concepto de posesión. ¿Cómo puede afirmarse que posee un reloj, un diamante, una casa u otra cosa? Sería más lógico hablar de bienes que le han sido cedidos según un contrato temporal. Su placer es el resultado de su pensamiento, no de sus posesiones. Un objeto en sí es neutro. Su placer y disfrute proceden del pensamiento que usted ostenta en torno al objeto. Imagínese que el objeto escapa de su conciencia. ¿Es que su felicidad y placer van a huir también?

Las cosas van y vienen por nuestra vida con la misma facilidad con la que abrimos y cerramos los ojos. Cuantos menos objetos necesitemos para sentirnos felices, mayor será nuestra conciencia y menor el potencial de sufrimiento por ellos. Si usted depende en gran medida de las cosas, puedo asegurarle que experimentará un gran sufrimiento al comprobar que se gastan o desaparecen a lo largo de su vida. No olvide que todo lo que hoy en día le presta un servicio (su casa, su coche, sus joyas...), con el tiempo pasará a otras manos.

— Intente día a día dejar que sus seres queridos se muevan y vivan a su antojo. Cuanto menos dependan de usted posesivamente, más cerca estará de ellos en sus relaciones. Por lo que respecta a su pareja, alégrese cada vez que descubra una nueva característica que la diferencia de usted. Permita a su pareja que cometa errores sin sermonearle luego. Responda a sus acciones con un sentido integral y no de acuerdo con juicios parciales.

Facilite su ayuda a quienes se la soliciten, aconséjelos si así lo desean, y no se sienta decepcionado si al final se inclinan por una opción que no es de su agrado o le parece incoherente. Recuerde que usted también tuvo algún tropiezo en su camino. Lleve su vida por la senda que ha elegido y siga esa marcha que se ajusta a su modo de ser, pero no espere que los demás le sigan. Aquí es donde verdaderamente se halla la esencia de la independencia.

— Examine las tradiciones que sigue en su vida actual. Si le sirven de alguna manera y las disfruta, entonces no dude en honrarlas. Pero recuerde que una atadura a la tradición con frecuencia crea barreras entre las personas y cierra el paso a quienes no desean perpetuarlas. Sea usted mismo el dueño de su conducta y no permita que el comportamiento de sus antecesores le dicte la trayectoria a seguir. Si usted es de los que piensa que «debe» actuar según sus antecesores lo hicieron, entonces permítame decirle que se halla atado de pies y manos a la tradición y que no lleva una vida iluminada. Sea suficientemente libre en su interior como para tratar sus asuntos a sus anchas, sin restricción alguna proveniente del pasado. Naturalmente, disfrute de las tradiciones que todavía le prestan algún favor tanto a usted como a la humanidad; pero si no le proporcionan ningún beneficio o si sólo sirven para construir barreras en lugar de puentes hacia los demás, ármese de valor y confíe únicamente en sus propias demandas interiores. No olvide que todas las tradiciones se iniciaron un buen día en el que una serie de personas así lo decidieron. Usted es un ser humano de una valía tan grande como los que le precedieron y también tiene derecho a sentar nuevas tradiciones que nazcan del amor y respeto hacia los demás.

— Practique mirándose en el espejo y reconozca con amor los síntomas del paso de los años en su forma. No se rinda y diga en voz alta: «Adelante; haz lo que debas; tú eres sólo el envoltorio que me cubre y yo no soy sólo este cuerpo». Es muy importante que comprenda que usted es mucho más que su cuerpo. Sus pensamientos no envejecen. Ni tampoco su espíritu. Los pensamientos no mueren. Ni tampoco la conciencia superior. Seguramente estas afirmaciones le ayudarán a separarse de su cuerpo y a cumplir con la misión que le ha sido encomendada.

Dependiendo de su aspecto físico se asegura una vida de sufrimiento al constatar la decadencia de su forma, que por cierto ya comenzó en el momento de su nacimiento. ¿Cómo puede impedir que el cabello se torne gris, que las arrugas hagan su primera aparición o que determinado miembro se le desarrolle anómalamente? La muerte de su forma ya está escrita en el momento de su concepción. Pero esa parte que piensa, esa parte que contiene la conciencia superior, el lugar en el que usted vive en realidad es independiente de las leyes de la forma. Si es consciente de ello, entonces ya puede dejar de obsesionarse con la idea de la eterna juventud. En vez de eso, dirija todos sus esfuerzos y energía mental hacia la calidad divina que su ser real alberga. Puede poner punto final a todo lo que constituya un motivo de preocupación y le obligue a adoptar determinada postura, y dejar de lado a la forma.

Sepa que puede cuidar perfectamente de su forma sin depender de ella en absoluto; cuando hablo de independencia me refiero a que no se identifique exclusivamente con su envoltorio. Y de nuevo la ironía se presenta. Su cuerpo gozará de mejor aspecto cuanto menos se concentre en él y más piense en ser una persona independiente.

— Dedique algunos momentos del día a dejar de considerar como seres equivocados a quienes le rodean. En lugar de atacar a su compañero cuando usted está en desacuerdo con él, intente responderle: «Por favor, continúa. Nunca había contemplado esa posibilidad». Su independencia de necesitar estar en lo cierto eliminará todo sufrimiento o antagonismo que pueda suscitarse y contribuirá a la creación de una vida interior en paz. Por experiencia propia ya sabe que la mayoría de personas no opinarán como usted. Al librarse de la necesidad de mostrar a los demás su opinión, conseguirá una mayor apertura de las líneas de comunicación, cortará de raíz toda frustración en la mente de las personas que discrepan de su opinión y se convertirá en un ser mucho más equilibrado. Esta tarea no requiere demasiados esfuerzos. Todo consiste en abrirse a los demás ofreciéndoles sus comentarios y pensamientos en vez de asaltarlos con sus puntos de vista y el deseo de imponerlos.

— Propongo que lea la siguiente afirmación. ¿Preparado? Allá va. «El dinero para que usted pueda satisfacer sus necesidades se le aparecerá en cantidad suficiente únicamente cuando deje de precisar más y más de él. Cuanto más ofrece sin esperar nada a cambio, más recibe.» Se trata de una aseveración muy radical pero debo hacerla porque mi caso particular responde a ella. Cuando me desprendí de mi atadura al dinero y de mi obsesión por ponerle precio a todas las cosas y seguí haciendo lo que me gustaba, me percaté de que el dinero aparecía en mi vida en cantidades ingentes.

Deje de pensar por un instante en el dinero y concéntrese en todas las cosas hermosas de la vida que no se compran con dinero. Independícese de la necesidad de conseguir y acumular dinero. Délo a quien le parezca en la cantidad que juzgue oportuna. No ponga precio a su vida ni a lo que ve y realiza. Disfrute de los objetos por la belleza que encierran y no por lo poco o mucho que ha pagado por ellos.

— No olvide que la mejor forma de ganar consiste en no necesitar hacerlo. Usted obtiene sus mejores resultados cuando interiormente se siente relajado y libre. Por consiguiente, le sugiero que también elimine la presión sobre sus hijos y sus seres más allegados. Permítales que se muevan y diviertan a su aire, en vez de evaluarlos pensando a quién pueden estar superando en ese momento. Usted puede librarse de esa perjudicial necesidad y sentirse más dichoso cada día.

— Habitúese al trabajo según el sistema de red antes expuesto. Entréguese a los que le rodean como si usted fuera un regalo para compartir. Cuanto más unido se sienta a los demás, muchos más recibirán este mensaje. Cuantos más objetos de valor (para usted) ofrezca a sus semejantes, más y mejor contribuirá a la consecución de la armonía en el mundo. Su objetivo y satisfacción se intensificarán. La gente sin voz ni voto de nuestro mundo, que no integran ninguna organización burocrática, cuentan con una poderosa arma si trabajan en red. Al conectarse a otras personas que correrán la voz sobre lo que sucede, pueden cambiar el mundo. Si usted cede alguna de sus pertenencias, la que sea, quien la recibe se recarga con la energía que procede de ese singular acto y decide seguir su ejemplo. Pese a que los canales de comunicación no sean visibles, el impacto resultará potente. Haga la prueba la próxima vez que intente actuar según su viejo sistema burocrático. En lugar de ver a la otra persona como un obstáculo para la consecución de sus objetivos, considérela un aliado. Déle lo que pretendía acumular para sí mismo. Despréndase de la necesidad de acumular influencias y poder y piense en su propio poder, el cual será transmitido a otro y así sucesivamente hasta alcanzar una infinita red de poderosas influencias. Viva en armonía con la Madre Naturaleza y no intente dominarla o ejercer su control en ningún momento.

Esto es la independencia, tal vez el principio que provoca el mayor número de malentendidos de nuestra cultura. Intente observarla desde un punto de vista metafórico.

Imagínese escuchando una sinfonía y diciéndose a sí mismo que no puede disfrutar de ella porque necesita oír todas y cada una de las notas musicales que la componen. Cuando la sinfonía llega a su fin, se percata de que esa música es algo que no puede poseer. Es una nota, y luego otra, y otra, que van pasando por sus sentidos. Cada nota va surgiendo y usted la experimenta con relación al resto de ellas y a los instrumentos que las interpretan. Así funciona la independencia en acción en su vida diaria. Nunca logrará guardar toda esa música en una caja y poseerla para siempre. ¡Jamás! Lo único que consigue es disfrutarla en su momento y luego experimentar la siguiente. El sentido de la propiedad y el control no tienen cabida, sólo la diversión lúdica y sin ataduras que no obliga a nada.

La música es una energía que fluye por usted al paso de cada nota. No puede esperar a que toda la composición finalice para disfrutarla. La energía que la música genera procede del exterior y penetra en usted, pero en el momento en que usted depende de ella ya la puede dar por perdida. Cada nota a su tiempo, en esta «única canción» que forma nuestro universo. No existe ninguna atadura a él, excepto la producida por el infinito fluir de su esencia. No olvide que toda dependencia constituye un impedimento para el disfrute del flujo de la vida.

Es muy similar a lo que ocurre si tratamos de apretar con la mano un puñado de agua. Ya lo he mencionado antes. Cuanto más la presiona, menos posibilidades tiene de retenerla. Sin embargo, si se relaja y deja que su mano se acerque al líquido, éste no se escurrirá y podrá experimentarlo. Por consiguiente, no me cansaré de repetir que debe deshacerse de las ataduras para disfrutar de un mayor y mejor fluir de las cosas y personas que le rodean, al igual que sucede con la música que disfruta nota tras nota, y con el agua, que no cesa de mojar su mano si usted no se lo prohíbe.

6

Sincronía

El universo es completo y perfecto. En él no cabe el error.
Nada está ahí por azar. La totalidad de la «única canción»
está maravillosamente sincronizada.

Para comprender la sincronía y ponerla en práctica
necesitamos renunciar a algunas de nuestras viejas ideas
y abandonar nuestra noción de la coincidencia, los errores y la creencia en la imperfección de las personas. El
principio según el cual cada ser humano y cada acontecimiento se hallan perfectamente conectados puede resultar un poco difícil de aceptar sin más. La mayoría de nosotros preferiríamos justificarnos con el «principio de la
casualidad» y el «error». En muy pocas ocasiones llegamos a considerar que todas las cosas de nuestro perfecto
universo pueden estar funcionando perfectamente. Parece mucho más sencillo creer que se produce una serie de
coincidencias inmotivadas e inexplicables.

El primero en emplear el término «sincronía» fue el
gran psicólogo Carl Jung. Se pasó toda su vida intentando desenmarañar los misteriosos hilos entrecruzados de
manera casi incomprensible. Jung describió la sincronía

con las siguientes palabras: «La existencia simultánea de dos acontecimientos relacionados de manera significativa pero no fortuita». Él defendía la hipótesis de la existencia de una colaboración entre las personas y los hechos que de alguna manera guardaba relación con el destino y siempre operaba en el universo.

Los principios básicos de la sincronía afirman que toda vida individual tiene un propósito y un significado mucho más profundo de lo que normalmente se cree. Detrás de toda forma se halla una inteligencia maravillosamente perfecta y que funciona según el principio de la sincronía. Detrás de todo lo que sucede existe un motivo, y de este modo las piezas que forman el rompecabezas de la vida encajan a la perfección. Si usted llega a conocer y a confiar en estos pensamientos, en su vida cotidiana obtendrá pruebas palpables de su verdad. Estoy plenamente convencido de que este fenómeno está omnipresente en la vida, y de que los casos fortuitos no existen. Carl Jung incluso llegó a afirmar lo siguiente:

> Desde el momento en que nos esforzamos en mantener un sentido de autonomía personal quedamos atrapados en fuerzas vitales superiores a nosotros y, en consecuencia, al creernos protagonistas de nuestra propia vida olvidamos que somos los extras de un drama superior al nuestro.

O bien, tal como antes hemos expuesto, sólo existe un sueño, el sueño de Dios, en el que todos actuamos como personajes similares a los que nosotros mismos inventamos en nuestro estado soñador.

LA SINCRONÍA EN NUESTRAS VIDAS

A lo largo de los últimos años he ido preguntando al público que atendía a mis conferencias lo siguiente: «¿Cuántos de entre los presentes pueden contar la experiencia de haber estado pensando en alguien, y de repente recibir una llamada o una carta de esa persona?». Y: «¿Alguno de ustedes se ha encontrado con alguna persona a la que no veía hacía un montón de años, tras haber citado u oído su nombre en una conversación?». Normalmente todas las manos del público se alzan. La sincronía o la conexión entre acontecimientos y pensamientos al parecer escogidos al azar parece un elemento común en esta experiencia universal y humana. Nos sucede a todos con cierta regularidad, y tiende a repetirse en una serie de acontecimientos que a veces resultan muy difíciles de explicar. La verdad es que cuanto más nos dejamos llevar por la energía de nuestro sistema en el universo, más experimentamos este fenómeno. Al final dejamos de sorprendernos y lo consideramos parte de la misteriosa perfección que conforma nuestra existencia.

Estoy seguro de que en más de una ocasión usted ha tenido la experiencia de saber quién le llamaba por teléfono aun antes de descolgar el auricular. Esto responde a lo que algunos llaman experiencia *déjà vu*, es decir, ya vista y vivida con anterioridad. También me atrevería a afirmar que alguna vez se ha encontrado, sin saber por qué, realizando algo que nunca había hecho. Luego, con el paso del tiempo, ha mirado hacia atrás y ha descubierto la razón que le indujo a ello. Permítame que le relate algo que me sucedió hace algún tiempo.

Años atrás mi editor me ofreció una suma de dinero bastante considerable en concepto de anticipo por un libro de divulgación que sería la continuación de *Tus zonas erróneas* y *Evite ser utilizado*. Estuve pensando sobre el contenido de ese libro durante muchos meses, y francamente no encontraba salida al bloqueo mental del que era presa en esos momentos. Un día me encontraba sentado junto al océano pensando en un tema sobre el cual escribir, cuando de repente sentí un irrefrenable deseo de levantarme, vestirme y dar una vuelta en coche. Ese comportamiento no era nada usual en mí puesto que raramente abandonaba la tranquilidad de la playa por un viaje en coche. Sin embargo, en esa ocasión me dejé llevar por mis ansias de sentarme al volante y al cabo de media hora acabé aparcando el vehículo junto a los grandes almacenes de Pompano Fashion. Me sentía desconcertado por mi actitud. Normalmente suelo alejarme de los grandes almacenes y nunca desperdiciaría una hermosa y soleada tarde en ellos.

Pero en esa ocasión fue distinto. Me dirigí a la librería y en cuanto entré busqué la sección de psicología. Uno de los libros llamó poderosamente mi atención porque estaba a punto de caer de una estantería abigarrada. Lo agarré casi al vuelo, le eché una ojeada, fui a la caja y lo pagué. Volví al coche. Lo aparqué y me encaminé hacia mi lugar predilecto en la playa, donde me enfrasqué en su lectura.

Cuando la terminé sabía perfectamente sobre qué deseaba escribir. En el espacio de unas breves horas logré esbozar las grandes líneas del libro *El cielo es el límite*. Mi tema era la realización de uno mismo, o lo que yo denominaba la vida sin límites. Pensaba que era capaz de poner estos aspectos de la psicología humana al alcance y la disposición del lector medio, que no está demasiado familiarizado con estos temas. Sabía que debía escribir sobre cómo convertirse en una persona capaz de experimentar la vida a niveles superiores y sobre cómo aprender a alimentar un sentido de finalidad y significado en la vida. Tras esa extraña experiencia algo me impulsaba a escribir irremediablemente mi siguiente libro.

El libro que práctica y literalmente había ido a parar a mis manos fue *Los extremos más alejados de la naturaleza humana*, de H. Maslow. Sus escritos anteriores habían ejercido una poderosa influencia sobre mí, pero este libro me había dotado de la fuerza necesaria para escribir *El cielo es el límite*. Cuando me encontraba bloqueado, una fuerza surgida accidentalmente solía guiarme hacia donde debía ir. Y por esta razón decidí dedicar *El cielo es el límite* al doctor Maslow. Pensaba que de alguna manera se me había encomendado la misión de continuar su tarea y de poner al alcance de muchísima gente todas sus ideas sobre la potencial grandeza de la humanidad.

Probablemente usted también recuerde algunos episodios de su vida rodeados de un aura de misterio, puesto que se halló haciendo algo insólito pero que con el tiempo llegó a comprender. ¿Cómo saber por dónde empezar a explicar estos hechos? ¿Cómo se explica que aquella tarjeta que más tarde me conduciría ante la tumba de mi padre se hallara en el cinturón de seguridad de un coche alquilado? ¿Cómo se las arregla un pensamiento para conectarnos con algo o alguien de lo que o quien parecíamos estar desconectados? El sintagma formado por las palabras «estado de conexión» es fundamental para la comprensión de este principio de sincronía. De alguna manera misteriosa e inexplicable todo parece estar conectado, aunque no seamos capaces de advertirlo. De alguna forma extraña la persona adecuada aparece o el hecho indicado se produce en el momento justo, y tanto la una como el otro nos ayudan a superar algún problema que nos preocupa. Una vez entendemos que todas las cosas están conectadas en algún sentido, el principio universal de la sincronía resulta más fácil de aceptar y en consecuencia de ser adoptado por todos nosotros.

En el universo existe un ritmo. Cuando dejamos de emitir sonidos podemos experimentar nuestra vinculación a ese ritmo perfecto. De nuevo me estoy remitiendo al concepto de perfección, porque para un gran número de personas la imperfección es un hecho. Creo que nuestro mundo sólo puede ser perfecto. La cantidad justa de energía que requerimos para calentar y dar vida a nuestro planeta procede del Sol, fuente inagotable. La Tierra gira sobre su eje y nunca corre peligro de salirse de él. Todo el universo, sin excepción, cuenta con el soporte de una inteligencia, que yo llamo Dios, y que usted puede denominar como prefiera. El retorno del salmón hacia el lugar exacto del desove yendo contra corriente es de una perfección que roza los límites de lo misterioso. Las golondrinas se dan cita en el mismo sitio siglo tras siglo. La araña no tiene ninguna dificultad en construir su telaraña a pesar de no haber sido instruida a tales efectos. Los instintos que hacen que toda esta única canción funcione a la perfección son suministrados por una inteligencia que admite todas las manifestaciones de la forma. Pero sabemos muy poco sobre su funcionamiento. Sin embargo, todo permanece conectado de alguna manera, generación tras generación, especie con especie y así hasta el infinito. Si somos capaces de entender este proceso de conexión, por lo menos a escala muy reducida, también empezaremos a comprender el principio de la sincronía y a creer en esa inteligencia, sin duda fenomenal, que da soporte a la vida con esa perfección a la que nos tiene acostumbrados.

Si pretende comprobar la existencia de los conectores en el universo, a pesar de saber que no puede verlos con sus ojos o tocarlos con sus manos, permítame acompañarle al «estado de la conexión».

LOS CONECTORES EN LOS QUE MÁS FÁCILMENTE PODEMOS CREER

Naturalmente, las cosas en las que más fácilmente creemos son aquellas que podemos ver. De ahí la consabida frase «Si no lo veo no lo creo», que define a nuestra lineal cultural, centrada únicamente en la forma. Si observa a un niño tirando de un juguete mediante una cuerda no tendrá dificultad en ver y creer que existe una conexión entre ambos elementos: la cuerda. Cuando dos cosas se hallan conectadas y somos capaces de ver, oír, tocar, oler o saborear la conexión, entonces no nos resulta nada difícil creer en la misma. Al llenar el depósito de gasolina del coche y poner el vehículo en marcha, quemando así el combustible, nos percatamos de la conexión que existe entre nuestras acciones y nuestra capacidad de movimiento al volante de un automóvil. Al pensar en el desplazamiento que un vehículo a motor puede realizar nuestra mente no se halla aturdida por el hecho ni demuestra incredulidad ante el movimiento. Por consiguiente, nuestros ojos pueden ver los conectores que se encargan de hacer funcionar los objetos, y le llevan a afirmar: «Veo cómo funciona y por tanto me lo creo».

CONECTORES MÁS DIFÍCILES DE CREER: DE LA FORMA A LA FORMA OCULTA

. Cuando usted enciende la luz accionando el interruptor de la pared, ciertamente no puede ver la conexión que existe entre ese interruptor y la habitación ahora iluminada, pero sin duda sabe que existe una conexión, aunque los conectores vayan por dentro de la pared. No necesitamos verlos. Sólo tenemos que creer que se encuentran ahí, ocultos, para aceptar su existencia y así creer en el funcionamiento de todo el proceso. Esta categoría de «conectores difíciles» requiere un mayor sacrificio para su comprensión, pero no demasiado, puesto que las personas tenemos debilidad por los conectores que se manifiestan en un estado de forma. Y aunque en este caso no se encuentren a la vista, siempre nos queda la posibilidad de buscarlos y encontrarlos.

CONECTORES MUCHO MÁS DIFÍCILES DE CREER: DE LA FORMA A LA FORMA INVISIBLE

Imagínese en la sala de estar mirando un programa de televisión. En vez de levantarse de su cómodo sillón para cambiar de canal acciona el mando a distancia, que no está conectado a la televisión. Pulsa uno de sus botones y obtiene la visión de un nuevo canal. El televisor responde a un tipo de señal invisible y nos preguntamos cómo funciona. A simple vista no se aprecia ningún conector. Es incapaz de oler u oír algo si se acerca al aparato. Y aunque ponga un trozo de papel delante del control remoto, la conexión todavía continúa. ¿De qué se trata?

Todos nos hemos acostumbrado a este tipo de conectores. Solemos comprar a nuestros hijos automóviles de juguete que se desplazan a control remoto. El giro a la izquierda de uno de estos vehículos es ejecutado mediante la pulsación de un botón. Algo invisible induce al coche a girar a la izquierda. Algo sin cables, sin cuerdas, sin conexiones que salten a la vista, y sin embargo la mayoría de nosotros creemos en estos conectores a pesar de que desconocemos su forma de funcionar. Creemos que una serie de señales imperceptibles cruzan el aire porque así nos lo han inculcado pero en ningún momento hemos podido observarlas. Por consiguiente, ahora hemos alcanzado un punto en el que ya no nos resulta tan difícil creer que la conexión de dos objetos a veces no necesita la existencia de una forma. Creemos y vivimos junto a una serie de conectores que desafían nuestros sentidos. Al creer en ellos creemos en su funcionamiento. Con el paso del tiempo ni siquiera caemos en la cuenta de que existen, y sin embargo su presencia sigue representando un misterio para todos nosotros.

CONEXIONES INVISIBLES: DE LA FORMA HUMANA A LA FORMA HUMANA

La próxima vez que alguien en la otra punta de la habitación le dirija la palabra, deténgase y hágase la siguiente pregunta: «¿Cómo se produce este fenómeno?. Esa persona se halla a unos cuatro metros de mí, pronunciando unas palabras y entre nosotros sólo hay aire. Sin embargo, las oigo y puedo procesar toda la información que contienen. ¿Cómo se explica esto?». Al detenerse a meditar este punto, el tema pasa a depender por completo de la mente. Los objetos invisibles denominados ondas sonoras se dirigen de la boca al oído y su cerebro procesa el mensaje. ¿Dónde se hallan por tanto los conectores? Observo el movimiento de sus labios. ¿Es que los conectores le están saliendo de la boca en este preciso instante? No me propongo captar con mis oídos dichas señales invisibles y sin embargo eso es justamente lo que hago. Sin poner en tela de juicio la cuestión me atrevo a afirmar que creemos en toda una lista de conexiones existentes entre las personas, que nuestra mente racional ni siquiera puede concebir.

Somos conscientes de que estas ondas invisibles nos mantienen conectados, y lo mismo ocurre con el sonido de una radio o un portazo. En ningún caso nos tomamos la molestia por averiguar lo que sucede. Sencillamente, aceptamos lo que se denomina «sonido» como algo que existe y que forma parte de nuestra humanidad. Jamás hemos llegado a decir: «No puede ser. Si no puedo verlo o tocarlo, para mí no existe». Nuestro convencimiento sobre este punto nos permite funcionar como seres humanos. Existen conectores invisibles que nos unen y usted día a día participa de ellos.

NUESTRAS PROPIAS CONEXIONES: DE NUESTRO PENSAMIENTO A NUESTRA FORMA

Imagínese bailando con su compañero y deslizándose con soltura por la pista. Sus pies lo están haciendo muy bien. Siempre existe algún tipo de conexión misteriosa entre sus pensamientos y la actividad neuromuscular de sus pies. ¿Por qué sus pies saben responder de una forma tan magistral al pensamiento que les ordena el movimiento? ¿Cuál es la conexión? ¿Cómo se produce?

Cada vez que usted mueve los miembros y los apéndices de su forma, ellos responden a un pensamiento. Pero un pensamiento es invisible y carece de forma, y precisamente ese estado desprovisto de forma lleva la batuta de todas esas acciones. Usted no puede ver la conexión. Ni puede explicársela. Sin embargo, el hecho de rascarse la nariz, caminar hacia la cocina, mover su cabeza, correr para golpear mejor el balón o cualquier otro movimiento que ejecuta diariamente, dan fe de la existencia de conectores invisibles que le permiten la movilidad de su cuerpo casi sin esfuerzo por su parte.

La energía mental gobierna la energía muscular. La energía mental constituye el pensamiento. En consecuencia, puede afirmarse que el pensamiento es una clase de conexión entre un deseo y un resultado físico. Usted cree firmemente en esta conexión a pesar de no poder explicarla. Acepta esta conexión que como forma de vida le lleva a una respuesta automática ante todo estímulo. Usted cree en ella. Funciona en ella. Nunca se cuestiona su existencia, puesto que millones de movimientos diarios constituyen la prueba de que existe una conexión entre el mundo de la forma y el mundo de la no-forma. Tenga bien presente este concepto, sobre todo ahora que nos aproximamos a las últimas zonas en las que existen esas conexiones.

LAS CONEXIONES INCOMPRENSIBLES: DEL PENSAMIENTO HUMANO A OTRA FORMA HUMANA

Mi esposa se halla sentada en algún lugar de la casa y nuestro bebé se encuentra en otra parte de ella, fuera del alcance de nuestros oídos. Mi esposa de repente me dice: «El bebé está llorando. ¿Te importa ir a echarle un vistazo?». Está en lo cierto; el lloro es incesante; sin embargo, desde su sillón era imposible que lo oyera. Toda madre que lea estas palabras asentirá con la cabeza ante lo que acabo de exponer, sabiendo que existe una conexión invisible entre sus pensamientos y las acciones de su bebé.

Hemos sobrepasado el límite de lo comprensible. Puede existir una conexión entre el pensamiento de una persona y las acciones de otra, sin contar con ayuda de ninguno de los cinco sentidos. Todos sabemos que dichas conexiones existen. Mi esposa puede hallarse a quince kilómetros del bebé y decirme: «Es hora de irnos; el bebé está a punto de comer». Yo le respondo: «Pero ¿cómo sabes que tiene hambre? ¿Es que has memorizado su horario?». Su contestación es la siguiente: «Me acaba de venir la leche y eso siempre me ocurre a la hora de amamantarle». ¿Qué conexión existe entre su cuerpo y el del niño, que se encuentra a tanta distancia? Su cuerpo sabe perfectamente cuándo debe producir la leche siempre basándose en el pensamiento que le dicta que su bebé tiene hambre. Es un sistema infalible. La conexión es invisible pero está indudablemente allí para que nos percatemos de su existencia.

Si dicha conexión invisible se produce entre una madre y un bebé, ¿podemos hablar de otras tantas similares entre *todos* los seres humanos? En torno a la forma de otra persona, ¿podemos redefinir la relación entre nuestros pensamientos y el mundo?

En ocasión de una de mis conferencias en Sacramento (California), un padre que se hallaba entre el público y sujetaba a un bebé en sus brazos, se puso nervioso al no poder calmar los llantos de su hijo. Se levantó y se dirigió hacia la salida con la intención de no importunar a los presentes y al mismo tiempo seguir escuchando mi charla. No pude por menos que sugerirle que se relajara puesto que así transmitiría a su hijo la misma serenidad y tal vez dejara de llorar. Me sonrió, aliviado al pensar que no le recriminaba la presencia del bebé y se tranquilizó. El pequeño, como era de esperar, dejó de berrear y ya no emitió ningún sonido a lo largo de las tres horas de la reunión. Indudablemente existía una conexión invisible entre los pensamientos del padre y el comportamiento del niño que desafía todo intento de descripción.

SUS PROPIAS CONEXIONES: DEL PENSAMIENTO AL PENSAMIENTO

Nosotros ignoramos lo que es un pensamiento, y sin embargo sabemos y creemos que existen y se hallan conectados entre sí. Por ejemplo, ahora me encuentro aquí sentado, pensando en lo que voy a escribir. Ese pensamiento me conduce a otro que me indica la forma en que debería escribirlo. Luego otro pensamiento ordena a mis dedos que pulsen las teclas de la máquina de escribir en un determinado sentido que me han inspirado los pensamientos previos.

Estamos capacitados para sentarnos tranquilamente y concebir un pensamiento, puesto que somos la fuente de ellos. Luego podemos tener otro pensamiento basado en el primero, y después otro y otro, tal vez diez más, hasta que decidamos trasladarlos al mundo de la forma o simplemente olvidarlos.

No me estoy refiriendo al proceso del pensamiento. Estoy tratando de la existencia de *conexiones* entre los pensamientos. Las conexiones indudablemente existen entre dos objetos sin forma, denominados pensamientos, dentro de usted, es decir, dentro del ser que usted es en este momento. Si es capaz de aceptar que estos conectores existen, entonces ya está preparado para afrontar el próximo nivel. Si no es capaz de aceptarlo, espero que me lo comunique abiertamente. Y dígame cómo explica usted que no existen conexiones entre los pensamientos, cuando todos sabemos que un pensamiento conduce a otro.

LA SINCRONÍA: DEL PENSAMIENTO HUMANO A OTRO PENSAMIENTO HUMANO

Aquí es donde yo quería llegar. Por supuesto, los conectores están ocultos, al igual que ha sucedido en todas las categorías previamente expuestas, a excepción de la primera. Sin embargo, usted cree en la existencia de todas las conexiones. Por tanto, ahora intente abrir su corazón de par en par y deje que penetre la invisible conexión que existe con nuestro universo, porque una vez empiece a creer en ella, la verá en la superficie de todas las cosas. La prueba, aunque esquiva a sus sentidos, se hará palpable y le sorprenderá en el momento más imprevisible, si usted cree en ello. Ahora pasemos a analizar la forma en que dichas pruebas hacen acto de presencia tanto en su vida como en la mía.

Imagínese una hucha del tamaño de un pomelo, con una tapa en su parte superior. Ahora intente adivinar cuántas monedas podría guardar allí. Tal vez trescientas. Si a mí se me ocurriera preguntarle: «¿Cuántos pensamientos puede guardar en esa hucha teniendo en cuenta que debe estar cerrada para que no se pierda ninguno?», seguramente usted respondería: «¿Cómo puedo guardar pensamientos en una hucha?». Los pensamientos carecen de forma y de dimensión. En una hucha usted sólo puede guardar cosas que tengan determinadas dimensiones físicas.

Pregúntese a sí mismo: «¿Qué es la memoria?». Al final no le quedará más alternativa que afirmar que la memoria no es más que pensamientos. Por tanto, ¿dónde se guardan esos pensamientos para que podamos utilizarlos una y otra vez? Muchas personas piensan que la memoria se almacena en el cerebro, pero el cerebro tiene un tamaño parecido al del pomelo. Es forma. ¿Puede usted almacenar pensamientos sin forma en un contenedor que sí tiene forma? Naturalmente que no. Por tanto, ¿qué es la memoria y dónde se oculta si no es en el cerebro? No se impaciente porque a partir de este momento especularemos en torno a esta cuestión.

Permítame que le formule otra pregunta que con frecuencia llega a mis oídos: «¿Adónde vamos al morir?». La mayoría de personas intentan imaginar algún sitio que concuerde con su educación basada «sólo en la forma». Pero yo pienso que gran parte de lo que somos no se rige por las leyes de la forma. Por ello yo mismo suelo contestar a esa pregunta con otra: «¿Adónde van todos los personajes que le acompañaban en sueños, una vez se despierta?».

La forma ocupa un lugar; puede almacenarla. La noforma (el pensamiento) no requiere espacio, puesto que carece de dimensión. El pensamiento es infinito y por tanto nos resulta imposible comprenderlo exclusivamente

237

desde el punto de vista de la forma. Para experimentar nuestra universal espiritualidad se requiere otra dimensión de ser, en la que los principios, los finales y los lugares de almacenamiento son innecesarios.

Muchas religiones hablan de Dios como creador del cielo y de la tierra. Si se les pregunta sobre el momento en que comenzó a hacerlo, todas responden con la misma frase: «Dios siempre existió». Esta respuesta nos resulta bastante aceptable y en consecuencia dejamos de especular sobre principios y finales. ¿Qué se imagina cuando piensa en ese estado de infinitud que la mayoría de personas denominan Dios? Supongo que esa dimensión de la no-forma en la que no existe principio ni final, que es de lo que he estado hablando a lo largo de estas páginas, puede darse a conocer bajo cualquier nombre. No importa. Lo que sí es fundamental es permitir que esa dimensión en la que usted reside la mayor parte de su vida sea una noción que usted acepte plenamente. El pensamiento, en mi opinión, es una parte de esa dimensión superior.

Existen muchas etiquetas para calificar esta dimensión desprovista de forma: espiritualidad, conciencia superior, sabiduría interior, iluminación, estados alterados de conciencia, etcétera. El pensamiento, actividad humana universalmente reconocida como tal, constituye un lugar idóneo para comenzar a entender esa dimensión sin forma.

En algunas tradiciones orientales esta dimensión superior se conoce bajo el nombre de Tao, que puede ser traducido como «lo no revelado». Se ha dicho que «el Tao que se describe ya no es Tao». Esto se debe a que la forma, en palabras orales o escritas, *describe* la experiencia. Lo que *experimentamos* mediante nuestros sentidos es algo muy distinto. En la dimensión del pensamiento la descripción difiere de la experiencia. Pero con la finalidad de poder hablar sobre él, utilizamos esos vocablos que nos lo ponen más fácilmente a nuestro alcance. Porque de no ser así, este libro no sería más que un conjunto de páginas en blanco. Ahora bien, si estuviéramos tan iluminados como fuera de desear, entonces ello sería suficiente. Tras un laborioso estudio pondría el libro sobre la mesa y diría: «No me cabe la menor duda de su profundidad». Pero todavía no hemos llegado a ese punto, o por lo menos, a mí aún me queda camino por andar. Por consiguiente, afirmo que como escritor estoy hablando de algo que no puedo describir dentro de la dimensión de la sincronía, dentro de la dimensión del pensamiento.

Si la memoria (los pensamientos) no puede almacenarse en el cerebro, entonces tenemos que considerar la posibilidad de que exista fuera de él. Algunos de los acontecimientos que parecen tan inexplicables tal vez puedan incluirse en la sección que trata de los pensamientos en relación con otros pensamientos. Si existen conexiones invisibles entre los pensamientos y la forma, ¿por qué no pueden existir entre los propios pensamientos? Y si los pensamientos ciertamente se encuentran con otros, y nosotros somos la fuente de los mismos, entonces es posible que creemos situaciones en sincronía.

Considere el pensamiento como algo que vamos generando continuamente. Somos la fuente de este proceso creativo a través de nuestra conexión con lo divino y el infinito. Debido a este conocimiento estamos capacitados para eliminar la posibilidad de «la coincidencia» y creer, por supuesto, que la inteligencia divina opera en nuestro universo. Desde luego, una vez crea en ello, se dará cuenta de su funcionamiento a diario. La sincronía no es un principio especulativo ni pasivo. Está aquí, funcionando, y usted es parte del mismo. Puede o no creérselo. Y puede o no verlo.

¿DE QUÉ ESTÁN HECHOS ESTOS CONECTORES?

Al examinar los conectores que existen entre las diferentes formas, podemos establecer perfectamente los límites que las encierran. Pero una vez pasamos a la dimensión de la no-forma nos vemos obligados a dejar de confiar en nuestros sentidos y nuestra intuición para descubrir cómo las conexiones unen pensamientos con formas y pensamientos con pensamientos. Las tres hipótesis respecto a la constitución del pensamiento son: 1) la energía que resuena por todo el universo; 2) las ondas invisibles, que vibran a tanta velocidad que no podemos percibirlas ni medirlas; 3) parte de los campos de tipo morfogenético y magnético que rodean a todas las especies.

Pero a pesar de la gran especulación, de la considerable investigación y de la ingente cantidad de libros en torno al tema, todavía no se ha logrado ningún acuerdo sobre la construcción del pensamiento y sobre cómo se transmiten los pensamientos. Y por tanto, sugiero que pasemos del análisis a la síntesis. El análisis es un modo de violencia intelectual a través de la cual examinamos de cerca un objeto de estudio, buscamos modelos, intentamos definirlos por un método científico y deducimos una fórmula. La síntesis es un modo de reunir todos los elementos, empezando por el más obvio. Los pensamientos carecen de forma. Existen en nuestro universo y nosotros participamos de ese proceso. No necesitamos de ninguna fórmula que nos diga que existe una conexión entre el pensamiento y todo lo que hacemos. Somos plenamente conscientes de que no podemos almacenar nuestros pensamientos en un contenedor. Los pensamientos son de alguna manera parte integrante del mundo invisible que existe fuera de nuestro alcance.

Reshad Feild escribió el siguiente diálogo en la novela *El camino invisible*, que ciertamente pone a prueba el pensamiento y lo provoca:

—Entiendo lo que me dice, John —contestó Nur—. Hubo un tiempo en el que podía ver ese otro mundo. Cada idea respondía a una forma que podía ser comprendida, en vez de necesariamente vista a través de los ojos.

Las palabras de Reshad Feild sugieren un mundo al que nos hemos mostrado bastante indiferentes por culpa de nuestra experiencia de vida basada exclusivamente en la forma: el mundo de las ideas, del pensamiento; ese algo sin forma denominado pensamiento, que se origina con la persona y que simultáneamente es la persona. El pensamiento se halla aquí dentro y allí fuera. Está en todas partes. ¿Es energía? Tal vez. ¿Una resonancia? Quizá. ¿Una cadena formada por la unión de campos morfogenéticos? Quién sabe. ¿Invisible? No hay duda. ¿Algo de lo que no se puede escapar? Sí. Intente dejar de pensar por unos minutos y se percatará de que el pensamiento es algo que está estrechamente unido a usted.

Cuando acepte que el pensamiento puede existir fuera de usted se encontrará en camino de comprender la sincronía. El vínculo de unión que existe entre acontecimientos aparentemente desconectados es en realidad el lazo de unión de los pensamientos, la esencia de nuestro universo, la energía vibratoria que no podemos ver ni definir. Del mismo modo, el nexo de unión entre sus pensamientos y los de otras personas resulta más fácil de considerar ahora, si partimos de la base de que el pensamiento es energía que fluye por el universo sin restricción alguna, y no sólo por un individuo. Esas situaciones que parecen coincidencias se prestan perfectamente para aquellos casos en que sintonizamos con la dimensión del pensamiento. La respuesta a la pregunta de este apartado: «¿De qué están hechos los conectores?», es muy sencilla: «De pensamientos».

Los pensamientos entendidos como energía no son producto de la casualidad sino de que nosotros mismos somos la fuente de pensamiento y parte del pensamiento universal. La capacidad de ser pensamiento y de crear pensamiento nos permite establecer cualquier conexión con el pensamiento que deseemos. Cuando nos abrimos a esta nueva posibilidad, las coincidencias dejan de sorprendernos. Y antes de que transcurra demasiado tiempo, nos disponemos a esperarlas. Y luego, llega la transformación, es decir el momento en el que somos capaces de crearlas a nuestra voluntad.

Reconocer la sincronía en nuestras vidas alimenta nuestra conexión divina con el mundo invisible de la no forma. Nos permite comenzar el proceso del despertar y ver que podemos utilizar nuestra capacidad de pensar y de ser pensamiento para volver a dar forma y sentido a nuestras vidas.

EL PROCESO DEL DESPERTAR

Etapa número uno: sus comienzos en el camino. ¿Recuerda usted las ocasiones en que sintió que el corazón se le rompía en mil pedazos y en que pensó que ya no podría superar el dolor? Su mente seguramente no funcionaba a su favor puesto que sus pensamientos le cernían en la miseria y en la inviabilidad de un futuro mejor. Tal vez lo que ocurrió fue una crisis en su vida sentimental, un divorcio, un desastre financiero, una enfermedad o un accidente. En esos instantes usted se sentía incapaz de considerar los acontecimientos con perspectiva.

La experiencia de pasar por una crisis nos paraliza por mucho tiempo. Nuestra mente sólo parece concentrarse en los aspectos más negativos y desastrosos de la situación, y somos incapaces de rendir en ningún sentido. Nos cuesta dormir, comer y nos preguntamos si lograremos superar la adversidad. Nuestra mente se obsesiona con todo lo que anda mal y nos preocupa el futuro. Los consejos que parientes y amigos nos ofrecen parecen no tener relación con nuestro problema y normalmente nos conducen irremediablemente a la rabia y la frustración. Nuestra desgracia no parece tener salida.

Esta reacción es muy corriente en aquellas personas que consideran que los signos externos son todo lo que la vida nos depara y ofrece. Somos incapaces de pensar que en esa desgracia se esconde una lección. Nos negamos a aceptar los consejos que nos recuerdan que con el tiempo esa experiencia que ahora nos resulta tan traumática nos será de mucha utilidad. Sólo deseamos revolcarnos en el fango de esa desgracia puesto que creemos que algo o alguien procedente del exterior es el culpable, y pedimos a gritos que esos factores exteriores cambien.

Reconozco que yo también me he encontrado en esta encrucijada alguna vez. Recuerdo haber estado paralizado por alguna crisis sentimental y familiar y haberme sentido tan triste y deprimido que toda intención de hacer algo se convertía en agua de borrajas. Mi mente parecía fijada en el problema y todos mis pensamientos se concentraban en él. El problema me poseía y no conseguía explicarme por qué semejante situación me estaba ocurriendo a mí precisamente. Tampoco le veía ninguna salida positiva.

Todos nosotros, cuando llegamos a este punto del viaje, nos sentimos poseídos por nuestros propios traumas. Creemos que son los acontecimientos los que nos producen dolor y no comprendemos que nos hallamos sumidos en la desgracia por culpa de nuestra forma de procesarlos en nuestra mente.

J. Krishnamurti describe en sus *Comentarios sobre la vida* la reacción de un hombre ante la pérdida de su esposa.

> Solía pintar, pero ahora no me acerco a los pinceles, ni contemplo las cosas que he realizado. Durante los seis meses que han transcurrido, me ha parecido estar muerto... El otro día guardé los pinceles, y al tocarlos me resultaron extraños. Antes ni siquiera me daba cuenta de su textura; ahora me resultaban una carga muy pesada. Con frecuencia paseo hasta el río pensando en no volver; pero siempre lo hago. No podía ver a la gente, puesto que su rostro siempre se me aparecía. Dormía, soñaba y comía con ella, y ahora sé que nunca más volverá a ser lo mismo... He intentado olvidar, pero a pesar de mi fuerte empeño, sé que nada va a cambiar. Solía escuchar el canto de los pájaros, pero ahora sólo deseo acabar con todo.

No puedo seguir así, desde entonces no he visto a ninguno de mis amigos, y sin ella ellos no significan nada para mí. ¿Qué se supone que debo hacer?

El viudo describe en términos dramáticos cómo su mente se ha bloqueado en el sufrimiento. Todos hemos experimentado o experimentaremos dolores similares. Somos incapaces de considerar que en el drama que constituye nuestra vida en ese preciso momento puede ocultarse un regalo, una bendición.

Etapa número dos: el terreno intermedio. Al despertar utilizamos nuestro poder para crear nuestro mundo mediante nuestro pensamiento en un sentido superior. Al mirar hacia atrás, casi siempre nos percatamos del gran beneficio que nos produce. El divorcio que pensamos que nunca íbamos a superar ahora nos parece lo mejor que nos ha pasado en la vida. Las crisis de juventud, que en su momento constituyeron un fuerte golpe, las contemplamos ahora como parte integrante y necesaria de nuestro desarrollo. La adicción a la bebida que una vez sufrimos y que hizo tambalear nuestras vidas en aquellos días de alcoholismo nos ha enseñado, una vez la hemos superado, a ver la enorme fuerza interior que guardamos. La insolvencia económica fue, por ejemplo, el catalizador de una vida futura mucho más satisfactoria. Esa grave enfermedad que nos mantuvo en cama durante tanto tiempo nos permitió hacer balance de nuestra vida y nuestras prioridades y nos obligó a tomárnosla con mucha más calma. La perspectiva nos da la oportunidad de contemplar con nuevos ojos lo que nos sucedía hace algún tiempo.

La etapa número dos corresponde al terreno intermedio de la iluminación, porque es el lugar en el que ya no necesitamos observar nuestra vida con perspectiva. Al aproximarnos a esta etapa percibimos de inmediato cuán beneficioso puede resultarnos. Dejamos de pensar sólo en lo que nos falta y en el catastrófico futuro que

244

entendemos nos espera. En vez de eso nos preguntamos: «¿Qué me depara esto que me está ocurriendo ahora? ¿Cómo puedo convertir esto en una oportunidad sin tener que pasar por años y años de sufrimiento para ver su importancia?». Éste constituye un paso importante en el proceso de iluminación y nos ayuda a darnos cuenta de la sincronía que existe en toda esta única canción. Naturalmente, seguimos experimentando el dolor y el sufrimiento pero también somos conscientes de que algo magnífico por descubrir se esconde en ese sentimiento. Somos capaces de ser amables con nosotros mismos y los demás, de aceptarnos tales como somos, de respetar e incluso amar la parte de nosotros que ha generado la crisis. Probablemente no podremos entender el porqué del dolor que padecemos, pero contaremos con un conocimiento que subyacerá detrás de él y que nos permitirá creer en su valor.

Tuve ocasión de oír a Ram Dass describiendo sus sentimientos en torno a la muerte de su madrastra, a la que tanto había querido. Se preguntaba por qué ella tuvo que sufrir tanto en aquel avanzado estado de melanoma. Sabía que el sufrimiento era una de las alforjas de aquel viaje y que siempre conducía a una mayor satisfacción. Sin embargo, seguía preguntándose: ¿por qué? ¿Por qué le ha ocurrido a esta hermosa mujer a la que tanto amor profeso? Al adentrarse ella en los últimos momentos de su vida, Ram Dass comprendió que la tranquilidad había hecho mella en su madrastra, de que sus ojos mostraban una mirada serena y satisfecha a un tiempo y de que daba la impresión de penetrar en un nuevo reino colmado de dicha, al desprenderse de su cuerpo. Ya no padecía sufrimiento alguno, pues el dolor sólo se experimenta en la forma. Era libre, y Ram Dass contemplando esta escena se dijo: «Sí, incluso esto conduce a un estado superior». Se había dado cuenta de que el sufrimiento le había llevado hacia algo mucho mejor y de que ya no necesitaba esperar una serie de años para entenderlo. Cuando le abandonó, él se sintió tranquilo porque sabía que la muerte es una recompensa, y no un castigo, como algunos piensan. Estaba en paz conmigo mismo sabiendo que el dolor de su madrastra también había sido una bendición.

La etapa número dos significa estar en el presente junto a todas las cosas que nos rodean y experimentamos, en vez de tener que esperar un largo período para comprender la bendición que encierra todo esfuerzo nuestro. El día 15 de octubre de 1982, hallándome en Atenas (Grecia), noté que había superado la etapa número uno. Deseaba correr la original maratón griega y tras prepararme físicamente volé hacia Grecia. La distancia que tenía que recorrer, más o menos cuarenta kilómetros, no me preocupaba puesto que ya había participado en otras cuatro maratones. Pero no tenía ni idea de lo que me esperaba, estando en la línea de salida de una pequeña villa marinera junto a otros quince mil deportistas en dirección al estadio olímpico de Atenas.

Debido a una serie de problemas técnicos el comienzo de la carrera se retrasó una hora. Empezamos a las 10.20 de la mañana con una temperatura de unos veintiséis grados centígrados que iba en aumento. A lo largo de unos veintisiete kilómetros tuvimos que correr cuesta arriba. Tras haber superado los veinticuatro kilómetros me di cuenta de que a partir de entonces todo serían dificultades. El fuerte calor que imperaba y la cuesta empezaban a hacer estragos en mí. Muchos atletas abandonaban. Otros se salían del recorrido y vomitaban, y otros tantos, agotados por el calor, eran transportados en ambulancias de la Cruz Roja.

No me encontraba bien, y por primera vez en mi trayectoria deportiva me vi obligado a hacer un alto en mitad de una competición, a tumbarme en el suelo y vomitar. Normalmente lo que solía hacer era detenerme, beber un poco de agua y reemprender la marcha. Tras recorrer el kilómetro treinta y tres estaba tan cansado que empecé a temblar y llegué a vomitar bilis. No iba a ser capaz de conseguir aquello en lo que tantas veces había soñado y que me había conducido especialmente a Grecia.

No podía dejar que ese pensamiento invadiera el espacio de mi conciencia. Trataba de imaginarme lo que representaría para mí regresar a los Estados Unidos y contemplar con perspectiva lo positivo del suceso. No me cabía en la cabeza. Y continuaba estirado en el suelo rodeado de gente que venía a socorrerme y a ofrecerme los servicios de una ambulancia. Por unos momentos pensé y me pregunté qué clase de bendición o de oportunidad encerraba este hecho. Aparté el sufrimiento y me pregunté si lo que realmente deseaba era volver a casa sin completar lo que me había propuesto. ¿Podía de alguna manera buscar o encontrar la voluntad necesaria (mediante el pensamiento) para correr los once kilómetros restantes?

Lo que me sucedió a partir de ese instante sólo puedo calificarlo de milagro. Esperaba allí echado en el suelo con el fin de cobrar fuerzas y armarme de valor para completar lo que me parecía imposible. En ese momento once kilómetros se me antojaban once mil. Sin embargo, comprendí que podía utilizar esa situación como si fuera una bendición y madurar como ser humano traspasando mi condición física. Mi estado físico cambió radicalmente. En un abrir y cerrar de ojos pasé de la debilidad a la fuerza y fue precisamente entonces cuando empecé a descubrir la fuerza interna que guardaba. Me puse en pie, dije a los de la ambulancia que fueran a socorrer a otra persona y proseguí hacia la línea de meta.

Al entrar en Atenas supe que mis problemas no habían desaparecido. Las calles no habían sido valladas y tuvimos que correr por los carriles de la autopista, mientras los policías intentaban evitar que los coches se nos echaran encima. La cantidad de humo que tuve que respirar constituyó la peor experiencia de mi vida. Los coches cambiaban de carril delante de nosotros e ignorábamos que la policía estuviera dirigiendo el tráfico. El calor era cada vez más insoportable. Sin embargo, cada obstáculo me servía para reafirmarme y automáticamente mis piernas dejaban de temblar y de sentir calambres. Me estaba fortaleciendo por momentos. Toda posibilidad de caer en brazos de la debilidad me estaba vedada.

Logré terminar la maratón. Llegué a la meta a pesar de haber permanecido en el suelo una media hora. Alcancé el tercer puesto, por cierto el mejor de mi trayectoria deportiva, a pesar de haber registrado el tiempo más largo de mi historia como corredor. Pero el tiempo era insignificante, al igual que los aplausos y las medallas, que carecían de toda importancia. Había aprendido una gran lección sobre mí mismo y no necesité de varios años para descubrir que todo sufrimiento oculta una bendición y reporta algún bien.

Los breves versos de Raymond Ng que forman parte de *Reflexiones desde el alma* resumen perfectamente mis pensamientos al respecto:

> Fuera del fango nace la bonita flor de loto,
> fuera de las adversidades se juega algo superior.

Si sabemos ver ese algo superior en el momento necesario, avanzamos por el camino que nos conducirá a la tercera y última etapa en la que reside la sincronía y nosotros participamos más activamente cooperando en la creación del mundo.

Etapa número tres: la sincronía pura. La etapa número uno nos proporciona perspectiva para observar los puntos positivos que posee cada obstáculo. La etapa número dos nos permite darnos cuenta de la bendición mientras estamos sumidos en la desgracia y preguntarnos a nosotros mismos: «¿Qué es lo que me aguarda?». Si usted es de los que no puede vislumbrar nada más allá de la forma entonces tendrá dificultades para proponer una solución. La tercera y última etapa de la iluminación nos ofrece el pensamiento en su estado más puro. Nos da la posibilidad de experimentar el pensamiento sin mediaciones materiales o causales. Es sincronía acorde al concepto según el cual somos pensamiento y los pensamientos residen tanto dentro como fuera de nosotros.

En este estado de iluminación somos capaces de contemplar las dificultades como meros «obstáculos» sobre los que tenemos capacidad de decisión. En esta etapa no necesitamos ser creativos o dejarnos atrapar por los obstáculos para aprender. El término negativo «obstáculo» se ve desplazado por un vocablo mucho más neutral en significado: «acontecimiento». Creo que hoy en día, llegado a este punto de mi desarrollo, no necesito caer desfallecido en ninguna maratón para experimentar mi propio yo. Puedo contar con esa fuerza o con esa esencia en el pensamiento sin tener que pasar por ningún obstáculo o acontecimiento. Y naturalmente, en esta tercera etapa, la flor de loto brota sin necesidad de que el fango la genere.

Nuestra parte divina (el pensamiento) y Dios constituyen una fuerza en el universo con la que podemos sintonizar si creemos en ella y deseamos hacerlo. Tenemos la intuición que nos orienta sobre un acontecimiento que va a producirse. Nuestra intuición nos dice que nos veremos abocados a determinada situación y que debemos tomar una decisión sobre nuestro deseo de recorrer o no este camino una vez más. En estado de pura sincronía podemos ahorrarnos esta experiencia en la forma puesto que contamos con el pensamiento que puede hacer las veces de forma. En realidad consiste en aparecer al frente de la situación en lugar de aprender sobre ella mediante una visión con perspectiva. Si somos capaces de ceder el paso al pensamiento, entonces la sincronía se da por añadidura, como parte integral de la perfección, sin ofrecer resistencia ni darnos evasivas; sencillamente hace acto de aparición sin necesidad de manifestarse de un modo externo.

Hace cierto tiempo mi esposa y yo contemplamos la posibilidad de adquirir una nueva vivienda que se hallaba en construcción. Todo lo que ella nos ofrecía era de nuestro agrado y nos dispusimos a firmar el contrato de compraventa. Sin embargo, los dos tuvimos el presentimiento de que si tomábamos esa decisión las cosas no iban a irnos demasiado bien y tendríamos que enfrentarnos a ciertas dificultades. Finalmente optamos por no adquirir la casa. A lo largo de nuestra vida habíamos sufrido las experiencias de una serie de situaciones que nos habían hecho pagar un precio muy alto. En ese momento nos encontrábamos en la etapa número dos, muy a sabiendas de que teníamos una lección que aprender. La bendición que nos reportaron esos obstáculos consistió en permitirnos ser fieles a nuestras intuiciones interiores y así evitar resultados negativos en el futuro.

La tercera etapa de la iluminación, en la cual mi esposa y yo somos capaces de enfrentarnos, o mejor dicho de ponernos al frente de nosotros mismos y de tener la última palabra en torno a determinada cuestión, nos invade cada vez que mostramos disconformidad con respecto a un asunto. Ambos nos damos cuenta de lo que el futuro nos ha preparado, al ser capaces de vislumbrar mediante el pensamiento las consecuencias de ciertos comportamientos. Al contactar con el obstáculo mediante el pensamiento y desprendernos de la necesidad de traducirlo a la forma, eliminamos la posibilidad de sufrimiento.

El hecho de utilizar el pensamiento para escribir nuestro propio guión en la forma constituye una maravillosa etapa que debería alcanzarse en esta vida. En compañía de nuestro propio ser interior, podemos crear el guión de nuestra vida arropados por todo el amor que seamos capaces de imaginar. Podemos vivir en esa dimensión dotada de gracia que constituye el estado de la no-forma, simplemente programando todo lo que necesitamos para experimentar la forma a través de un proceso de realización de uno mismo. Y al mismo tiempo, al haber aprendido alguna que otra lección sobre los traumas, no necesitamos continuar sufriéndolos en nuestras vidas.

En la etapa número uno nos encontrábamos con un

diálogo que mantenía Krishnamurti con el hombre que tanto había padecido a raíz de la muerte de su esposa. Le sugiero que ahora echemos una ojeada al resto:

> El sufrimiento siempre existirá a no ser que se comprendan las formas del ser que encierra uno mismo; y esas formas sólo se descubren mediante la acción que se establece en una relación.
>
> —Pero mi relación ya ha llegado a su final.
>
> Las relaciones nunca se acaban. Se puede poner punto final a una relación, a una determinada relación pero la relación nunca llega a su término. Ser significa estar en relación y no hay nada que exista en el aislamiento. A pesar de que intentamos aislarnos a través de una determinada relación, debemos saber que dicho aislamiento sólo nos reportará dolor. El dolor es el proceso del aislamiento.
>
> —¿Puede la vida volver a ser lo que ha sido?
>
> ¿Puede repetirse la alegría que ayer sentimos? El deseo de la repetición surge de la insatisfacción en el momento presente; si el hoy que nos toca vivir está vacío, tendemos a mirar hacia el pasado o el futuro.

Todos tenemos el suficiente poder mental para hacer de nuestro presente la más satisfactoria y feliz de nuestras experiencias. Y lo ponemos en práctica utilizando el pensamiento. La pérdida de determinada relación nos resulta insoportable cuando no estamos relacionados con nuestro propio ser. La magia de la sincronía se resume precisamente en este aspecto. Los traumas y obstáculos son los acontecimientos que nos llevan a la comprensión, al conocimiento del ser que en el fondo es uno mismo.

Los pensamientos salen al encuentro de otros pensamientos y de usted depende el convertirlos en forma o no. Cuanto más sintonice con la fuerza maravillosa que es su mente, confiando en usted mismo como fuente de pensamientos, más pronto empieza a desavenecerse el misterio, de forma lenta pero segura, y mucho más comprensible. Los acontecimientos que en un principio nos resultaban tan difíciles de imaginar no son más que pensamientos que se encuentran con otros pensamientos en un universo que es todo pensamiento en vibración. Sepa que a partir de ahora, cuando se halle en situaciones que antes le hubieran llevado a decir: «¡Vaya! ¡No puedo creer en el gran número de coincidencias que nos han conducido a esto!», se verá pronunciando frases como: «Tengo plena confianza en todo ello».

Permítame seguir compartiendo con usted todo lo que esto me ha representado.

¿MILAGROS?

He podido experimentar una serie de acontecimientos sincrónicos que algunas personas, ajenas a su comprensión, podrían calificar de milagros. En mi opinión son sencillamente el resultado de haber creído en la inteligencia universal que sostiene toda la forma y de haber permitido que se desarrollara en perfecta armonía. Así pues, cuando alguien me comenta por ejemplo: «Venga, Wayne; sea un poco más realista», suelo contestar: «Yo soy realista; por eso espero los milagros».

Cuando comencé a ver el pensamiento y la forma como una única cosa y a ser consciente de que yo mismo era un algo divino conectado con el pensamiento, caí en la cuenta de que el pensamiento era también algo que podía utilizar. Este hecho se me hizo muy evidente cuando empecé a meditar y en cierto modo a desprenderme de mi cuerpo durante ciertos períodos de tiempo. Experimenté el mundo del pensamiento sin tener que cargar con el peso de la forma. Una vez llegado a este punto comencé a experimentar el tremendo poder inherente a nuestra capacidad mental. Muy pronto me percaté de que los pensamientos son algo más que elementos sin forma y misteriosos que se hallan en nuestras cabezas. Me di cuenta de que el pensamiento es la esencia misma del universo. Es la energía, y todo lo que lo conforma. Tiene características vibratorias singulares, como las otras formas de energía, pero me resulta inalcanzable mediante los cinco sentidos. El sexto sentido se ha convertido en una nueva fuente de conocimiento para mí.

Permítame poner un ejemplo. Hace unos meses recibí una carta procedente de una iglesia de Monterrey (California), en la que me invitaban a sostener una charla con sus feligreses. La fotocopié y se la pasé a mi secretaria, la cual debía contactar con ellos para fijar los detalles. Al día siguiente mi secretaria me dijo que les había llamado varias veces y que nadie se había puesto al teléfono. Me resultaba extraño que en una iglesia nadie respondiera y por este motivo opté por efectuar la llamada yo mismo.

Una voz femenina y muy agradable descolgó el auricular y me dijo: «Hola, Wayne. ¿A qué se debe esta llamada por su parte? Ayer hablé con su secretaria». Me sentí muy confundido. En el curso de la conversación me contó que ella trabajaba en la librería de la iglesia y que le encantaría escucharme en alguna conferencia. Yo le contesté que «casualmente» iba a visitar Monterrey el lunes (dos días más tarde) para dar una charla en el hotel Hyatt Regency, y luego pasar cinco días completamente aislado escribiendo un artículo. Añadí que en Monterrey *nadie* lo sabía por el momento y que volvería a llamar durante la semana. Hice especial hincapié en el hecho de que no deseaba la cobertura de ningún medio de comunicación, pues pensaba dedicarme única y exclusivamente a escribir y a la investigación.

Acto seguido llamé a mi secretaria y le pregunté cómo era que nadie había contestado a sus llamadas. Me dijo que había confundido esa iglesia con una del sur de California.

Llegué a Monterrey el lunes, di mi conferencia y cuando me disponía a comenzar mis escritos, sonó el teléfono. Era una mujer que tenía un programa de radio de 3.00 a 4.00 de la tarde diariamente antes de los comentarios deportivos. En ese momento eran las 2.45 de la tarde y deseaba que fuera su invitado y me presentara en el estudio en una hora.

Le pregunté cómo se había enterado de mi presencia en la ciudad y me respondió que nueve meses atrás yo le había enviado, entre otras muchas cosas, un ejemplar de *Los regalos de Eykis*, que precisamente llevaba encima esa misma mañana cuando acudió a la librería de la iglesia. Y continuó: «Cuando me disponía a pagar mis compras la cajera vio el libro y me comentó que usted se hallaba en la ciudad, en el Hyatt Regency para completar unos escritos y llevar a cabo una investigación. Mi corazón empezó a latirme con más fuerza al considerar la posibilidad de contar con su presencia como invitado en mi programa. ¿Qué le parece si le recojo sobre las tres?».

Me encontraba entre la espada y la pared e intenté excusarme para no acudir. Sabía que si aceptaba perdería toda una tarde. No se me ocurrió nada más que: «Debería haberme avisado con cierta antelación. Estoy aquí de incógnito, y nadie lo sabía, a excepción de una señora dependienta en la librería de una iglesia. Y ahora me encuentro con su llamada —me detuve unos segundos y acabé por decir—: De acuerdo. Recójame a la entrada del hotel en unos veinte minutos».

Tras mi intervención en el programa de radio, volví al hotel, y de repente pensé que había llegado el momento de pasar por aquella librería, que se encontraba a unas pocas manzanas de allí, y de saludar a aquella dama con la que había hablado por teléfono. Al entrar, lo primero que me dijo fue: «Sabía que vendría. ¡Ah!, por cierto, el programa ha sido maravilloso. —Y añadió—: ¿Le importaría firmarme unos cuantos ejemplares de *Los regalos de Eykis*? Hemos recibido una serie de llamadas al respecto».

Cuando me dispuse a hacerlo, un hombre de un metro ochenta entró en la tienda con lágrimas en los ojos y preguntó: «¿Dónde puedo conseguir un ejemplar de *Los regalos de Eykis*? Debo leerlo de inmediato».

La mujer respondió sin dudarlo: «Mire, el autor se encuentra precisamente aquí. ¿Por qué no se acerca y le saluda?».

El hombre lo hizo y me abrazó con fuerza. Lloraba desconsoladamente y le pedí que me lo explicara.

«Me encuentro en un estado de depresión desde hace meses, y esta mañana decidí poner fin a mi vida. Hice todos los preparativos y me fui al parque con la radio a cuestas para escuchar desde allí los últimos comentarios sobre los partidos de béisbol. Cuando sintonicé con la emisora usted empezaba a hablar y me interesé por sus palabras, a las que cada vez presté más atención. Usted hablaba sobre vivir la vida al máximo y luchar siempre por ella. Le oí mencionar a Eykis y los milagros que nos regalaba. Por eso decidí leer el libro del que usted parecía tan enamorado, y comencé a considerar la idea de sentir agradecimiento por la vida. Y en estos momentos debo darle las gracias por todo lo que ha hecho por mí. Me ha salvado la vida.»

Al salir de allí, me dirigí al coche, embargado por una profunda emoción. Pensaba en todos los acontecimientos que habían tenido que suceder para propiciar esa situación, que finalmente había llegado a buen término. El destino quiso que mi secretaria cometiese esa equivocación, que yo mismo efectuase esa llamada, que contactara con la mujer que informaría a otra mujer, una desconocida a la que yo había enviado un libro nueve meses atrás, de mi presencia en Monterrey. Se suponía también que debía acudir a esa emisora de radio, a pesar de mis deseos, y que un extraño debía sintonizar nuestro programa mientras esperaba una crónica deportiva. Finalmente yo debía sentir un deseo irrefrenable por conocer aquella mujer que era el lazo de unión de todo lo sucedido.

¿De qué se trata? ¿Son meras coincidencias? ¿O es el universo que funciona a la perfección y nos ofrece la oportunidad de tomar decisiones dentro de su perfección y complejidad? Una vez más sacaré a colación el paradójico comentario de Jung según el cual todos somos protagonistas de nuestras propias vidas y extras de un drama superior.

Me inclino por pensar que esta serie de acontecimientos forman parte del principio universal denominado sincronía, una colaboración con el destino, a través de la cual todos tenemos la opción de decidir nuestro futuro. No existe ningún principio científico que actualmente pueda explicar al hombre el porqué de dichos acontecimientos. Sin embargo, ninguna persona de las que ahora estén leyendo este párrafo será incapaz de relatar una historia que también se suma en el «misterio». Esta situación no es más que un encuentro de pensamientos que se actualizan en la forma. Si considero con cierta perspectiva todas las dudas que tuve respecto a mi asistencia a la emisora, me parecen totalmente insignificantes. Todo estaba ya preparado y la prueba es que así ocurrió. Se trata de una voluntad libre en un universo completo. Naturalmente, supone una gran paradoja, pero ¿qué no lo es cuando pensamos en tales cosas?

Hace varios años, en una ocasión me dirigí a casa en coche bajo un auténtico diluvio. La visibilidad a través de los cristales era prácticamente nula. Sin embargo, atisbé la figura de una mujer junto a un coche haciendo autoestop. Obedeciendo a un impulso me detuve y me ofrecí a llevarla. Al subir, me explicó que su coche se había estropeado en plena tormenta, y que necesitaba encontrar una cabina telefónica para solicitar ayuda. Sin embargo, lo que hice fue llevarla a su casa.

Cuando intercambiamos nuestros nombres, Shirley exclamó sorprendida que dos de sus amigos le habían recomendado que hablara conmigo sobre una serie de cuestiones personales. De hecho, lo que le habían dicho es que nuestro encuentro iba a producirse muy pronto. La dejé en su piso, le regalé un ejemplar de *Los regalos de Eykis*, y le sugerí que llamara a mi esposa para charlar sobre el problema que tenía con la concepción de hijos.

Mi mujer es una experta en la materia y yo presentía que si contactaba con ella podría surgir una gran amistad.

Unas semanas más tarde, Shirley vino a casa y nos trajo una cinta de vídeo que me daría la pauta y la fuerza para investigar algunos de los principios básicos que hoy forman parte de mi vida. Y todo se debía a la «casualidad» de un encuentro bajo la lluvia.

Shirley mantuvo largas conversaciones con mi esposa sobre la gran importancia que tenía el poder visualizarse dando a luz a un bebé. Ella reafirmó que tenía capacidad para crear dicha situación, a pesar de no estar casada y tener treinta y ocho años de edad. Dos años más tarde recibimos la siguiente carta:

Queridos Marcie y Wayne:

¿Me recuerdan? ¿La chica que hacía autoestop en plena tormenta y que fue rescatada por un coche azul, conducido por una amable persona, cuyas cintas trajeron a colación el tema de mi salud?

Pues bien, aquí estoy de nuevo en Los Ángeles donde ya llevo casi dos años. Ahora me llamo Shirley Lorenzini puesto que me he casado. La vasectomía que se practicó mi marido ha podido hacerse reversible y estamos a punto de ser padres. La vida es maravillosa. Incluyo en esta carta una fotografía de los dos después de la boda. Joe responde a todo lo que yo anhelaba. Muchísimas gracias por su convicción de que él aparecería en mi vida.

Wayne, me encantaría verle mencionado en mis textos y a menudo le cito en mis debates sobre la salud. La semana pasada conté la historia de nuestro encuentro bajo aquella lluvia torrencial. Aquel incidente fue cosa de la providencia. Con frecuencia pienso en él para no olvidar el milagro de la esencia de la vida. ¿Fui yo misma al escuchar sus cintas la que propicié el encuentro? ¿Sabía Dios que yo necesitaba un gran apoyo moral?

Y entonces, apareció usted, y Marcie con su paciencia y su amor, y sus ganas de escuchar todos mis sueños y fantasías, asegurándome que pronto me convertiría en una madre y esposa feliz.

Los dos son unos verdaderos ángeles.

Espero que en su próxima mágica aparición en Los Ángeles me llamen.

Un fuerte abrazo para los dos,

SHIRLEY

Me ha sucedido un gran número de cosas maravillosas como consecuencia de la ayuda que facilité a esa mujer en plena tormenta. Shirley se convirtió en un catalizador para mí, y nosotros dos también representamos lo mismo para ella, en su propia singladura. Mi vida dio un giro y algunas de las cosas que ella se vio obligada a traerme alteraron mi viaje espiritual de una manera que yo nunca hubiera imaginado. Por otra parte, se convirtió en una de nuestras mejores amigas y pudimos ayudarla a creer en su propio poder de creación y visualización, lo cual le permitió superar todas sus dificultades y temores y obtener aquello que deseaba con tanto fervor.

¿Cómo podemos llegar a saber que un pequeño incidente, en principio insignificante, puede cambiar el curso de nuestras vidas? La sincronía es fundamental para que todas esas fuerzas se reúnan y produzcan buenos resultados en nuestras vidas, pero para ello es necesario que digamos «sí» a la vida. Una respuesta negativa detiene el flujo de la energía. Por esta razón nosotros dos creemos firmemente en la importancia de una actitud positiva. Una respuesta en este sentido da paso a otra, no en una relación de causa y efecto, sino como continuación de la energía que se encuentra en cada uno de nosotros y en todas las cosas del universo. Usted, contando con su mente como fuente de pensamiento, que a su vez es fuente de energía, puede cambiar las cosas. Una respuesta negativa a ese conocimiento intuitivo de-

258

tiene el flujo de energía y le paraliza. Pero una respuesta positiva, una decisión interna por la cual usted decide seguir el flujo de energía, le mantiene en ese camino maravilloso.

Como seres humanos somos la misma energía del pensamiento, la eterna conexión con la inteligencia divina que se halla dentro, delante y detrás de la forma. Nuestra disposición a pronunciar el sí en este sentido, para ser positivos, sin miedo a dar otro paso tras nuestra propia intuición (pensamientos), nos concede el poder para crear junto a esa inteligencia divina que constituye nuestra esencia universal. *Podemos* tomar decisiones en un universo completo y nuestra disposición para pronunciar el sí en la vida nos permitirá fluir con ella.

Las historias en torno a mi experiencia en Monterrey y nuestro encuentro «fortuito» con Shirley forman parte de una larga lista que podría extenderse a lo largo de muchas páginas. Hoy en día forman parte del tapiz de mi vida. Las veo porque creo en ellas, y cuanto más consciente soy de ello en mi interior, más practico mi convencimiento.

Hace unos meses estaba leyendo la fascinante novela *La historia del invierno*, de Mark Helprin. Al final el autor incluía un breve capítulo totalmente independiente de la historia relatada. Por lo menos habré leído este capítulo titulado «Nada es por azar» unas cincuenta veces. Siempre me ha costado bastantes esfuerzos aceptar su contenido. En la actualidad sé que este principio se ajusta perfectamente a mi caso, y veo de este modo la única canción de la que formamos parte. Con el permiso del autor y del editor lo reproduzco a continuación:

Nada es por azar, ni nunca lo será, ya sea una serie de días en los que el cielo presente un azul inolvidable, los actos políticos más caóticos, el crecimiento de una gran·ciudad, la estructura cristalina de una gema que nunca ha visto la luz, la distribución de riquezas, la hora en la que el lechero llama a nuestra puerta, la posición de un electrón, o el hecho de un crudo invierno tras otro que también lo ha sido. Incluso los electrones, que se supone son los modelos de lo imprevisible, son pequeñas, graciosas y dóciles criaturas que se desplazan a la velocidad de la luz a los puntos en donde deben estar. Producen sonidos comparables a leves silbidos que una vez aprendidos en múltiples combinaciones resultan tan agradables como el viento que sopla en un bosque. Por otro lado, siempre hacen lo que se les ordena, y de este hecho no hay ninguna duda.

Y sin embargo existe una maravillosa anarquía en la hora en que el lechero se levanta, el túnel que las ratas eligen para esconderse cuando el metro pasa y el punto en el que un copo de nieve va a caer. Pero ¿a qué se debe todo esto? Si nada es por azar y todo se encuentra predeterminado, ¿cómo se entiende la existencia de una libre voluntad? La respuesta es muy sencilla. Nada viene predeterminado, está determinado o lo estuvo, o bien lo estará. Todo sucede a la vez, en un preciso instante, y sin el invento del tiempo no podemos comprender con una única ojeada el enorme y detallado lienzo que nos han regalado. Y en consecuencia, lo examinamos linealmente, trozo a trozo. El tiempo, sin embargo, puede llegar a superarse si lo contemplamos desde la perspectiva que nos ofrece una observación a cierta distancia. El universo está completo e inmóvil. Y todo lo que fue lo sigue siendo, y todo lo que será es, etcétera, y eso ocurre a pesar de sus múltiples combinaciones. Aunque al percibirlo nos imaginamos que se halla en movimiento y que aún está por terminar, no es así; está completo y es de una belleza exquisita. Al final, todo elemento, por pequeño que sea, se encuentra atado y conectado a los demás. Todos los ríos van a parar al mar; aquellos que se alejan son conducidos a él; los que se han perdido son redimidos; los muertos vuelven a la vida; los días radiantes continúan, inmóviles y accesibles, y cuando todo eso se percibe de una forma en la que el tiempo no importa, entonces la justicia hace acto de presencia no como algo que va a ser, sino como algo que ya es.

¿Hasta qué punto esta perspectiva puede diferir de la que usted ha mantenido a lo largo de su vida? ¿Cómo puede estar todo sincronizado si a simple vista advertimos una serie de hechos que parecen mero producto de la casualidad? Si usted desea ver cómo puede esto llegar a ser posible, le sugiero que se inicie en el fascinante estudio de la realidad del cuanto, con la lectura de *Los maestros danzantes Wu Li* de Gary Zukav, y *El tao de la física* de Fritjof Capra. Los dos libros ofrecen una visión de la nueva física y de la dificultad que tiene la ciencia para «aportar las pruebas necesarias» que se correspondan con la metafísica que yo defiendo. A continuación cito un pequeño pasaje de *Los maestros danzantes Wu Li*:

> El sorprendente descubrimiento que aguarda a los recién llegados a la física consiste en que el desarrollo de la mecánica cuántica indica que las «partículas» subatómicas parecen tomar decisiones constantemente. Y aún hay más. Dichas decisiones parecen ser las mismas que las tomadas en otras zonas. Las partículas subatómicas parecen conocer de un modo inmediato las decisiones tomadas en otras partes, y esas partes pueden hallarse tan lejos como en otra galaxia... Las implicaciones filosóficas de la mecánica cuántica apuntan a que todas las cosas del universo (incluyéndonos a nosotros mismos) que parecen existir de modo independiente, son en realidad partes de un modelo orgánico que todo lo encierra, piezas que nunca llegan a separarse unas de otras.

En mi opinión esto no es más que un intento por parte del mundo científico para dar alcance a todo lo que los grandes maestros espirituales de todos los tiempos nos han ido desvelando. Las partículas subatómicas son tan diminutas que desafían nuestro entendimiento racional. Ellas (con usted incluido) son la esencia del universo, y no se comportan como Newton y otros científicos formularon. No necesitan concebir el tiempo como una variable entre uno y otro punto. Son en un mismo instante las dos partículas. O según expone el libro *Los maestros danzantes Wu Li*:

> Una partícula puede comunicarse con otra que se encuentre a cierta distancia (con gritos, a través de una imagen televisiva, de unos gestos, etc.), pero el proceso dura un tiempo aunque sólo sean milésimas de segundo. Si las dos partículas se encuentran en galaxias diferentes, pueden tardar siglos en ponerse en contacto. Para que una partícula se dé cuenta de que va a establecerse una comunicación, debe encontrar a la otra partícula en el otro punto. Y naturalmente, si se encuentra allí no puede hallarse aquí. Si está en ambos sitios a la vez, entonces es que ya no se trata de una partícula. Esto significa que las partículas se relacionan unas con otras de una forma íntima y sistemática que coincide con nuestra definición de lo orgánico.

Así es, se trata de partículas subatómicas que se hallan en dos puntos a la vez y que ponen en evidencia todo conocimiento que nosotros podamos tener respecto a la naturaleza de nuestra existencia y la del universo. Tras leer sobre los nuevos descubrimientos en el terreno de la física y dudar sobre una serie de cuestiones, se pone de manifiesto que nuestros conocimientos previos carecen de toda validez. El hecho de que no podamos ver cómo se conecta todo, no significa que no lo esté.

Todo lo que conocemos sobre la vida no es más que una ilusión forjada por nosotros mismos a causa de nuestra limitada visión. Lo que en principio parecía un conjunto de objetos inanimados tales como las piedras, se convierte en algo que no solamente está tan vivo como nosotros sino que además se halla afectado por estímulos infinitesimales, al igual que le ocurre al ser humano. La distinción entre lo animado y lo inanimado no puede establecerse al penetrar en el mundo del cuanto e intentar determinar el lazo de unión de las partículas subatómicas, que por cierto tanto usted como el resto del universo contienen. La física y la metafísica defienden un modelo de universo que supera nuestra capacidad de comprensión. El mero hecho de que podamos observar algo mediante nuestros pensamientos tiene un efecto en lo que estamos examinando, aunque podamos llegar a pensar que nos hallamos a cierta distancia.

A lo largo de esta corta excursión por el mundo de la nueva física, descubrimos que dichas partículas subatómicas son tan diminutas, que si las comparamos con un edificio vacío de catorce plantas representando un átomo, su tamaño sería equivalente al de un gramo de sal. Y recuerde que una mirada a través de nuestro más potente microscopio revela millones de millones de esos edificios, por pequeño que sea el objeto observado. Una vez explicado este punto, la pregunta es: ¿Puede creer ahora en el concepto de la sincronía? Si su respuesta es negativa la cuestión entonces es: ¿Por qué? La esencia de nuestro universo desde la perspectiva de las partículas más minúsculas en el nivel subatómico sobre la infinitud del vacío parece estar compuesta de un modelo sistematizado y sincronizado del que todos formamos parte. Todos somos una partícula subatómica, aquí y en todas partes, siempre conectados por ese modelo de inspiración y comportándonos como seres singulares y únicos; y sin embargo a un tiempo conectados con todas las otras cosas, al igual que las partículas subatómicas en un átomo, en una molécula, en una célula, en un ser, en un universo. Funciona de manera sincronizada y a la perfección, es decir, como nosotros. Las casualidades no tienen cabida. El estudio de la física cuántica revela que las partículas más minúsculas funcionan individualmente de forma perfecta y misteriosa, y siempre obran en concierto con el resto de las partículas cualquiera sea el lugar del universo, y en un mismo momento. No se necesita ningún intervalo de tiempo.

En consecuencia, se puede afirmar que no resulta difícil ver que nos hallamos sujetos a un mismo sistema, que formamos parte de esa coreografía que en principio parece imposible de sincronizar, y que cuando tomamos decisiones sobre la forma de llevar nuestras vidas, al mismo tiempo, y quiero recalcar lo de *al mismo tiempo*, también participamos en la consecución de la imagen más grande de todas, que ya está completa y es perfecta. Las casualidades y la intervención del azar quedan descartadas.

TODO LO QUE HA SUCEDIDO TENÍA QUE OCURRIR; TODO LO QUE TIENE QUE OCURRIR NO PUEDE SER DETENIDO

Piense en los ejemplos que le proporcioné con mi amiga Shirley Lorenzini y el hombre de la librería en Monterrey. Cada uno de los acontecimientos en los que me vi involucrado antes de que todo ocurriera fueron necesarios para que yo me encontrara conduciendo por la autopista en el momento preciso o para que entrara en la librería en el momento preciso. Si las cosas hubieran sido distintas, entonces también habría sido diferente y me habría encontrado en otra situación. Pero usted ahora ya sabe que sólo podía tener lugar lo que sucedió. Así, aunque yo pueda creer que tal vez hubieran variado mis circunstancias, lo cierto es que las cosas salieron como era de esperar y que no existe nada que lo ponga en duda.

Creer que tenemos poder de decisión sobre lo que está ocurriendo es una razón que cae por su propio peso. En la actualidad me doy cuenta de ambos contextos con una claridad absoluta, y sé que ninguno de ellos excluye al otro. A pesar de lo paradójico de la siguiente afirmación: «Todos estamos condenados a tomar decisiones», lo cierto es que ésta es la realidad. Al igual que esas partículas subatómicas pueden hallarse en dos puntos a la vez y en perfecta conexión, también usted y yo podemos hacerlo. Por ejemplo, sé que siempre estoy tomando decisiones, y que cada una de ellas me conduce a otra, y también sé que en tanto no interfiera en el flujo de la energía voy por buen camino. Sé que cuando digo que sí a la vida, confío en mi intuición (que no soy capaz de definir) y me oriento hacia la consecución de la armonía y el amor para mí mismo y los demás, todo está equilibrado y es perfecto. También soy consciente de que tengo el poder para interponerme en el camino de la armonía actuando de forma discordante y agresiva. Mi capacidad de pensar me alinea en un universo de la misma forma que las partículas subatómicas lo hacen, aunque lo que observamos mediante nuestros sentidos nos induzca a creer que todo es obra del azar. Una visión más profunda y meditada de lo que sucede revela que nada ocurre por casualidad, incluyendo mi propio ser y todas mis decisiones.

A partir de ahora usted puede utilizar lo que le acabo de exponer en beneficio de su vida diaria. Una vez sabe que todo lo que se cruza en su camino, todo lo que usted piensa y siente, todo lo que hace, forma parte de la sincronía del universo y de ese mismo instante en el que usted vive, entonces no tiene otra alternativa que la de deshacerse de todas las trabas que afectan a su vida. Comprenderá que todos los pasos que da en su vida se hallan sincronizados. Podrá colocarse detrás de usted mismo, en su mente, y ver el camino que emprende su forma. No tendrá necesidad de sentirse agresivo ante nadie, y se convertirá en un ser mucho más receptivo ante todo lo que le rodea y todo lo que usted rodea. Puede poner fin a ese análisis infinito de todas las cosas, y en su lugar circular por la vida con mayor tranquilidad, sabiendo que la inteligencia divina que presta apoyo a su forma funciona a la perfección y que eso no cambiará. ¿De qué otro modo podría ser, si no? ¿Cómo se puede dejar de confiar en algo tan inmenso, tan equilibrado y tan perfecto, impidiendo así que continúe su camino hacia el infinito?

Tenga plena confianza en él. No olvide que todo funciona en perfecta armonía. Sepa que usted forma parte de esa perfección y que también participan de la misma sus actos, intuiciones, pensamientos y situaciones en las que se halla inmerso. Una vez acepte esta sincronización del universo, todas las coincidencias que parecían imposibles son admitidas con un asentimiento de la cabeza y un conocimiento interior, y no con una actitud de incredulidad.

Pero antes de conseguir que este principio funcione sin restricción alguna, debe eliminar sus viejas creencias. A continuación expongo una serie de razones que pueden dificultar la aplicación de ese principio en su vida. Examínelas atentamente para poner a prueba su voluntad con el fin de permitir que estos «milagros» formen parte de su vida en sincronía.

POR QUÉ LE CUESTA DAR LA BIENVENIDA A LA SINCRONÍA

— Nos han enseñado a no creer en nada hasta no verlo con nuestros ojos. Al no poder ver la sincronía o experimentarla directamente a través de los sentidos, nos mostramos escépticos. La cultura occidental nos ha enseñado que todas las conexiones misteriosas no son más que acontecimientos guiados por el azar, y naturalmente a nosotros nos resulta más fácil creer en esta serie de coincidencias que en algo que escapa a nuestros sentidos.

— Creemos firmemente en nuestra independencia del resto de la humanidad, al igual que en nuestra individualidad. Entendemos la sincronía como una especie de conflicto con nuestra necesidad de ser individuos únicos, separados del resto de la humanidad. Si todas las cosas funcionan en sincronía y a la perfección, entonces es que el destino juega un papel importante en nuestras vidas. Y si todo se halla en manos del destino, entonces resulta que no tenemos capacidad de decisión ni sabemos ejercer nuestra libre voluntad. Un gran número de personas tienen grandes dificultades para aceptar el concepto de la libre voluntad y de una inteligencia superior en el universo, que es total y completo. Si creemos que un principio excluye a otro, entonces nos resistimos a dar la bienvenida al principio universal de la sincronía.

— La forma, y no el pensamiento, es el principio que rige nuestras vidas. Si nos identificamos únicamente con nuestra forma y somos incapaces de imaginar otra dimensión del ser más allá de nuestra forma, tendremos verdaderas dificultades si deseamos seguir el principio de la sincronía. El mundo que gira en torno al estado de la no-forma no nos satisface por completo, puesto que todo él parece centrarse en nuestra fe y casi en nada más. En el caso de quienes trabajan en el mundo de los negocios, el cual cuenta con los hechos y beneficios como eje central, el escepticismo sobre el principio de la sincronía no es únicamente comprensible sino también de lo más habitual. (Aunque la evidencia de la sincronía se hace mucho más patente día a día, incluso en los círculos académicos, científicos o empresariales.)

— Tal vez este principio de sincronía entre en conflicto con la educación que hemos recibido a nivel religioso. Si nos han enseñado que Dios todo lo protege, que sabe de nuestros pecados y que puede castigar a quienes desobedezcan las reglas de determinada institución religiosa, entonces no cabe la menor duda de que la creencia en una inteligencia universal resulta prácticamente imposible. Por otra parte, la idea de que todo se halla perfectamente sincronizado puede no congeniar con las creencias según las cuales el hombre es un ser imperfecto, y que como tal debe pasar la vida pagando por ese defecto. Si sabemos que nos encontramos en un universo perfecto y que Dios no sólo se encuentra fuera de nosotros sino que también es parte divina de nuestro interior, y que todo se halla unido en perfecta armonía, entonces no hay necesidad de ejercer ningún control sobre nosotros y nuestras vidas. Si nuestras prácticas religiosas nos enseñan algo más, entonces seguro que entraremos en conflicto con el principio de la sincronía.

— Finalmente, resulta difícil de comprender la grandeza del universo y la forma que tiene de mantenerse en perfecta sincronización. Intente imaginarse el comportamiento de todas esas diminutas partículas subatómicas, que pueden llegar a miles de miles de millones en un solo punto, y luego dése cuenta de que todas ellas demuestran con su comportamiento que toman decisiones, y de que éstas se basan en otra serie de decisiones a las que se ha llegado en alguna otra parte que supera nuestra capacidad de comprensión. Luego imagínese que cada uno de nosotros en calidad de ser humano no es más que un sistema energético, formado por todas esas partículas subatómicas, y piense que si ellas son capaces de producir «magia» de acuerdo con el comportamiento marcado en alguna otra parte, entonces no hay razón para que nosotros no podamos generarla. Y eso sólo constituye una mirada hacia lo que supuestamente es más minúsculo, teniendo en cuenta que nuestros aparatos de análisis nos limitan y restringen. Se puede entender, sin embargo, que una partícula subatómica contenga miles de miles de millones de otras partículas subatómicas hasta alcanzar el infinito. Si luego observamos a través del telescopio, a sabiendas de que el universo no tiene fronteras, lo cual nos convierte en partículas sub-sub-subatómicas en un contexto eterno e intentamos imaginarnos actuando como dichas partículas, entonces la experiencia es realmente extraordinaria.

No obstante, todo ello *es* posible, e incluso bastante probable, definitivo, si usted se concede el permiso para observar desde esta fabulosa perspectiva. Su resistencia puede proceder de la necesidad de permanecer apegado a las cosas que le resultan más familiares y de dejar la especulación a los demás.

ALGUNAS IDEAS PARA PONER EN PRÁCTICA LA SINCRONÍA

— Dígase a sí mismo que no tiene por qué dejar de ser el protagonista de su propio drama en la vida. No tiene tampoco por qué dejar de creer en su capacidad de tomar decisiones y contar con una libre voluntad. Todo lo que debe hacer es aceptar la paradoja de que vivimos a un tiempo en la forma y en la no-forma, y que las reglas que rigen cada uno de estos estados son contrarias, aunque operen a la vez. Si es consciente de que posee una libre voluntad, entonces puede detener todos los pensamientos que le producen ansiedad en su vida.

Cuando note los primeros síntomas de ansiedad, recuerde que todo es perfecto, que usted no modifica para nada el curso de las cosas, y que todo lo que ocurre encierra una gran lección que podemos aprender. Saber que todo lo que sucede ocurre tal como esta previsto, que las casualidades no existen y que estamos donde debemos estar, haciendo lo que debemos hacer, nos libera de una tremenda presión y elimina nuestra necesidad de ser críticos y negativos.

Intente colocarse en la parte posterior de su mente y piense qué maravilloso es formar parte de este modelo viviente de perfección. Véalo como un magnífico tapiz en el que todo el mundo ocupa su lugar y déjese de especulaciones al respecto. Con esto se sentirá revitalizado por el efecto de la energía procedente de alguien que está colaborando como extra en el sueño de Dios, y al mismo tiempo creando lo que usted desea que ocurra en ese sueño. Su respeto le permitirá dejarse llevar por él, en vez de criticarlo o enjuiciarlo.

— Responsabilícese de su papel dentro del gran drama en *todo* momento o circunstancia. No considere que ese aparente accidente es consecuencia de haber estado en el lugar equivocado a la hora menos conveniente. Considérelo como algo que ha aprendido y que usted ha creado. Si sabe que ha creado su propia realidad dentro de un universo perfectamente sincronizado, se negará a culpar a nadie o a nada por sus experiencias y será consciente de que lo que usted ofrece al mundo le es devuelto siguiendo un modelo energético perfecto. Entonces comenzará a percatarse de que la «suerte» ha cambiado para usted. Dejará de considerar todo lo que le ocurre como una serie de accidentes negativos puesto que está deseoso por aprender la lección que aquellos acontecimientos encierran. Y una vez logre aprender de su «desgracia», no tendrá necesidad de volver a padecerla en su vida. Por ejemplo, cuando le pongan una multa de tráfico y usted sea consciente de que ello es un mensaje, una señal para que usted circule con mayor prudencia y a menor velocidad, entonces ya habrá aprendido la lección. Si por el contrario persiste en quejarse por todo, entonces se verá involucrado en situaciones mucho más comprometidas y radicales. Es decir, tal vez continúe conduciendo sin hacer caso de la advertencia hasta que cause un accidente, o le retiren el permiso de conducir, etc. Si comprende que las casualidades no existen, que incluso las partículas más diminutas funcionan según un propósito, al igual que usted, entonces usted podrá dar la vuelta a su vida.

— ¡Inténtelo! Concédase unos meses para hacerlo. Si quiere ser testigo de algo diferente, aunque sólo se trate de un cambio en su «suerte», comience a pensar en algo nuevo y le aseguro que pronto notará que en su vida se presenta todo aquello en lo que cree. Así es como funcionan las cosas en mi caso y no me cabe la menor duda de que a usted puede ocurrirle lo mismo.

— ¡Deje de preocuparse! ¿De qué tiene que preocuparse en un universo perfectamente sincronizado? No tiene sentido que se preocupe de aquellas cuestiones sobre las que no tiene ningún control. Y tampoco tiene sentido que se preocupe de aquellas sobre las que sí tiene control, porque siendo así no existe razón para hacerlo. La moraleja de la historia se resume en una frase: No hay nada de qué preocuparse. Ya se encargan de hacerlo por usted. Por consiguiente, déjese arrastrar por la corriente, en vez de ir en contra de ella.

— Tranquilice su mente para lograr experimentar el perfecto ritmo del universo. Cuando actúe guiado por su interior y se permita la libertad de estar en paz consigo mismo, sin críticas negativas, simplemente meditando y experimentando la unidad formada por todo el conjunto, muy pronto comenzará a conectar con esa energía a la que me he referido a lo largo de este libro. Ese estado en el que la mente se encuentra sumida en la tranquilidad le irá convenciendo progresivamente de la perfección de todo el conjunto.

En los momentos de meditación he creado lo que algunos denominan milagros. He penetrado en esa increíble luz que forma parte de mi meditación, y me he sentido convertido en pensamiento puro, aunque he continuado siendo consciente de mi cuerpo. Cuando vuelvo a esta forma es como si me hubiera recargado con una energía increíble. Conozco la dimensión que se halla más allá de la forma, porque soy capaz de experimentarla a mi voluntad, y ahora le invito a que aparte toda resistencia a esa noción y que sencillamente se dé una oportunidad. Si es paciente consigo mismo y está dispuesto a todo, entonces puedo asegurarle que obtendrá buenos resultados. No es casualidad que las personas espirituales más iluminadas hayan practicado o practiquen algún tipo de excursión diaria hacia la transformación o la meditación. Seguramente usted también puede darse cuenta de que es lo suficientemente divino para participar en esta práctica magnífica, si durante unos cuantos minutos al día está dispuesto a dejar de identificarse única y exclusivamente con la forma.

— Eche una ojeada a las tres etapas que llevan a la iluminación y pregúntese en cuál se encuentra usted. Si se halla en la número uno, y todavía necesita que el tiempo transcurra para descubrir la gran lección que todos sus problemas encierran, entonces intente buscar la parte positiva de los problemas en el preciso momento en que los enfrente. Esto significa que debe eliminar por unos momentos la rabia y la frustración que le invaden, y cambiar de actitud: «De acuerdo. Yo mismo me lo he buscado, aunque no sé cómo. ¿Qué puedo aprender de él?». Este ejercicio le impedirá concentrarse en lo que le falta o lo que va mal, y volverá a encaminarle hacia su objetivo.

Si se halla en la etapa número dos, buscando esa lección que se le va desvelando, intente colocarla fuera de su mente e imaginar mentalmente sus consecuencias, y posteriormente pruebe a eliminar la necesidad de que se manifieste en la forma, porque es justamente allí donde el sufrimiento tiene lugar. Detenga el trauma que puede causarle un problema mediante el uso de su mente y déjese llevar por sus instintos sobre cómo hacerlo, pues usted ya conoce los resultados que puede obtener si persiste en seguir como hasta entonces y sabe que no necesita llegar hasta el fondo.

Si se encuentra en la etapa número tres, y está capacitado para superar o evitar los traumas, o por lo menos restarles importancia enfrentándose a ellos mentalmente, entonces no dude en ayudar a quienes le rodean a que consigan ese mismo objetivo. Comparta ese gran regalo con los demás y permítales que contemplen la belleza que un ser transformado posee.

— Deseche la idea de que los conectores invisibles no son reales. Ya le he descrito algunos de los conectores que funcionan a diario en su vida. Una vez se conciencie de que los pensamientos no sólo conectan pensamientos sino también la forma, y de que todo sin excepción en nuestro universo es energía vibratoria, podrá comprender la sincronización y la perfección de todo el conjunto. Desde este punto de vista interior, puede empezar a trabajar en la posibilidad de crear acontecimientos y situaciones sincrónicas aplicables a usted. Puede utilizar el gran poder de su mente para centrarse en la salud, en el fortalecimiento de sus relaciones y en el mantenimiento de un mayor equilibrio o armonía interior. Todo puede lograrlo al centrarse en lo que desea crear, y teniendo la convicción de que puede conseguirlo mediante la inteligencia que da soporte a su forma. Pero ante todo no debe olvidar que su capacidad de ser pensamiento es el vehículo que le conducirá a la transformación de su vida. Mediante el pensamiento y sólo el pensamiento podrá lograr esos milagros de los que tanto usted ha huido.

— Confíe en su intuición o en esa «corazonada» de su interior. Ese conocimiento intuitivo constituye su conciencia superior en acción, y si la ignora, entonces está volviendo al tema de siempre, a todo aquello que le han enseñado a lo largo de la vida. Si por el contrario confía plenamente en esa intuición porque considera que es la única forma de avanzar, entonces dése cuenta de que este proceso responde a cualquier análisis lógico de la cuestión que usted pudiera realizar fríamente.

Una intuitiva corazonada interior es un pensamiento. Es algo divino. Es usted y usted es ella. Confíe en ella. Es su sistema operativo básico, humano y divino que se halla siempre en situación de alerta. Si le produce algún temor o sencillamente prefiere que otra persona tome esta decisión, entonces estará impidiendo el buen funcionamiento del sistema y enseñándose a sí mismo a ignorarlo. No tardará mucho el momento en que el sistema alerta del pensamiento y la intuición deje de funcionar, y usted entonces comience a funcionar en la vida siguiendo los deseos y peticiones de los demás.

Cuando usted juega un partido de tenis, no se detiene en ningún instante con el pretexto de meditar la jugada apropiada. Su forma responde al mismo tiempo que sus pensamientos. Cuanto más permita que esto ocurra, mayor eficacia caracterizará sus actos. Responda automáticamente según su intuición y confíe en la sincronía de todo este perfecto universo que fluye por usted.

— Recuerde que el «análisis» es un acto intelectual violento, que desmenuza el pensamiento y esculpe la forma del universo. Cuando usted tiene que dividir algo en múltiples pedazos, lo que en realidad está haciendo es utilizar su mente para formar una serie de todos. Es un acto de violencia, pues le impide contemplar el todo y sólo le concentra en el proceso divisorio. Se está prestando a sí mismo un mal servicio puesto que se está esculpiendo de un modo metafísico, al igual que da forma a sus relaciones, a sus actividades más comunes. Sólo está intentando hallar el significado que se oculta tras cada pieza que compone su comportamiento.

— Recuerde que la «síntesis» es lo contrario del «análisis». Usted tiene la oportunidad de pasar del análisis a la síntesis y al mismo tiempo de la violencia intelectual a la armonía intelectual. Sintetizar significa reunir todo el conjunto y ver cómo cada pieza ocupa su lugar. Usted puede observar y darse cuenta de su comportamiento y del de los demás mediante su relación con el universo, buscar la manera de alcanzar y aproximarse a un todo mucho más centrado, y en concomitancia, unirse en armonía con los que forman al Ser Humano. Es muy común en la cultura occidental detenernos a analizar y pensar en nosotros mismos, ignorando al resto de seres que nos rodean, e incluso compartimentarnos por sectores: la personalidad, las emociones, los pensamientos, la forma, el estado físico, la herencia cultural, etc. Para superar la barrera que forma la violencia intelectual que nos impide contemplar el todo perfecto y en sincronía, podemos adoptar el proceso de la síntesis, por el cual nos veremos todos conectados, los unos con los otros, y a la vez sirviendo de conectores. También podemos dejar de pensar en lo que nos afecta y pasar a un nuevo plano, actuando desde la perspectiva de servir a los demás.

Intento saber cómo nos hallamos conectados cuando leo, observo y actúo. Me niego a considerarme enemigo de nadie, a pesar de lo que los políticos actuales digan. Pienso de un modo global en todos mis objetivos intelectuales. Sé que un mundo que gasta 25 millones de dólares en armas cada minuto y que permite que mueran cuarenta niños en el tiempo de un minuto, es un mundo que dedica demasiada energía intelectual en dar forma y esculpir el planeta y tiene demasiado empeño en demostrar lo diferentes que todos podemos ser. También sé que puedo resistir la tentación de creer que alguien en nuestro planeta se halla separado y es distinto a mí. Cada vez que veo a otros seres humanos, de otro color u otras creencias, de otros parajes, sé que comparto algo con ellos. Ellos son conscientes de lo que significa ser humano, pasar hambre, querer a los niños, digerir la comida, tener retortijones de estómago, pensar, etc. Todos lo sabemos y lo compartimos. Cuanto más pensemos en la síntesis y menos en las vías del análisis, más probabilidades tendremos de reunir todo en un conjunto. Y naturalmente mayores posibilidades tendremos de acabar con la obsesión de enfatizar lo que nos separa.

Recuerde cada día cuando se despierte, mire al mundo y contemple los millones de millones de flores que brotan, que todo es producto de Dios, el cual no ha tenido necesidad de usar fuerza alguna. Todo está ya realizado en perfecta síntesis.

Y hablando de flores, no hace mucho me contaron la historia de un ramo de flores que resultó ser muy especial.

Una pareja de Nueva Jersey tenía un invernadero junto a su casa, el cual estaba repleto de flores, incluso de narcisos, muy difíciles de cultivar en invernadero.

Una tarde de enero la pareja salió de casa para acudir a su ensayo en la orquesta de aficionados en una población cercana a la suya. Pensaron que no sería mala idea llevarse un ramo de narcisos para regalarlo a sus compañeros y amigos y engalanar el local con brillantes colores naranja, amarillo y rojo y así añadir un poco de calor a esa fría velada de invierno.

Cuando llegaron a la ciudad, el marido tomó un camino poco frecuente que discurría junto al río. Nevaba y la zona parecía deshabitada a excepción de un pequeño punto en el que se distinguía la figura de una mujer que caminaba sola. La reconocieron, era la madre de su primer vecino. Detuvieron el vehículo para preguntarle si deseaba que la llevaran a algún sitio. Parecía un poco confusa, pero finalmente les dijo hacia dónde se dirigía y allí la condujeron. Cuando se bajó del coche le regalaron el ramo de flores.

Al cabo de unos tres días recibieron una nota procedente de aquella señora, en la que les agradecía su ofrecimiento, las flores, y les decía lo mucho que ese gesto había significado para ella. Añadía que toda su vida había sido enfermera, hasta su jubilación. No quería ser una carga para su familia y por eso se proponía arrojarse al río, a menos que Dios le enviara alguna señal de que todavía la necesitaba en la tierra. Ese ramo de flores le había salvado la vida.

¿Cuántas «casualidades» tuvieron relación con este incidente? Si esa pareja no hubiera pensado en llevar las flores, si el marido no hubiera conducido por una carretera intransitada, si no se hubieran detenido junto a la anciana en el momento en que se aproximaba al río y si ella no hubiera entendido el ramo de flores como una señal celestial, se hubiera arrojado a las aguas y su familia se hubiera quedado sin la satisfacción y la felicidad de cuidarla.

Permítame finalizar este capítulo con una última historia. Me sucedió en febrero de 1959, cuando yo contaba diecinueve años de edad.

Una tarde fría me encontraba haciendo autoestop para dirigirme a casa desde la estación naval y aérea del Rio Patuxent en el parque Lexington (Maryland). Mi hermano iba a visitarnos y yo tendría la oportunidad de verlo al cabo de casi dos años. Había llegado a un punto muy solitario y aislado junto a una autopista en mitad de Pensilvania. La temperatura debía de andar por los treinta grados bajo cero y el viento soplaba con tanta intensidad que sólo podía hacer autoestop cada diez minutos, protegiéndome de esas inclemencias como podía. Eran las tres de la madrugada y vi pasar a un marinero que venía de calentarse un poco en la gasolinera. Era demasiado oscuro para ver nada, pero como los dos íbamos de uniforme cruzamos unas palabras:

—Tenga cuidado, amigo —me advirtió el marinero—. Aquí fuera el frío es tan intenso que te puedes congelar sin darte cuenta.

—Gracias —le respondí—. Agradezco su interés.

Y así terminó nuestra breve conversación. Volví a probar suerte, pero la fortuna no me sonrió. Tras permanecer quince minutos en la autopista me dirigí a la gasolinera para entrar en calor. Cuando entré vi de nuevo al marinero, que había regresado. Esta vez pude fijarme muy bien en él. Se trataba de mi propio hermano que volvía a casa desde Norfolk (Virginia) para estar con todos nosotros.

¿Cuántos imponderables debieron producirse para que ambos nos reuniéramos en mitad de ninguna parte, nos habláramos en la oscuridad y compartiéramos las mismas circunstancias? No pretendo dar respuesta a esta pregunta, pero sé que las casualidades no existen en un mundo sincronizado que funciona a la perfección. Tal como ya he venido repitiendo en numerosas ocasiones, usted únicamente logrará ver aquello en lo que cree.

7

El perdón

Para perdonar... primero ha debido acusar

Lograr que nuestra vida experimente un nuevo despertar es prácticamente imposible, a no ser que en nuestras vidas apliquemos el principio universal del perdón. He decidido incluir un capítulo sobre el perdón porque sé que la incapacidad de ejercerlo por parte de muchas personas es la causa de los padecimientos de otras tantas. Al haber podido trabajar con un gran número de seres humanos a lo largo de estos años, he llegado a la conclusión de que la ausencia del perdón equivale a permanecer prisionero de una vida que no conoce el despertar. Este principio es tan importante como todos los que hemos examinado previamente.

Nunca podremos despertar totalmente y vivir plenamente una existencia iluminada si nos creemos restringidos por la forma. Tal como ya he apuntado, la abundancia y la iluminación se dan la mano. Si queremos alcanzar un nuevo despertar, debemos superar nuestros cuerpos, aprender a separarnos de ellos y a sintonizar con mayor precisión con la verdadera sincronía del universo.

Pero si no hemos aprendido el significado del perdón, entonces no nos queda otra alternativa que dominar el resto de los principios y convertirnos en prisioneros. El sentimiento del perdón consiste en comprender y aplicar todo lo que usted ha leído a lo largo de este libro. El perdón constituye el último examen al que debe someterse la persona dispuesta a alcanzar una vida iluminada.

En la presentación de este libro yo incluía una historia sobre la visita a la tumba de mi padre en 1974. Esa historia es sin lugar a dudas una historia del perdón. Y ese acto fue el catalizador que me lanzó hacia una nueva vida plena de abundancia y amor. Creo que fue el acto más libre y hermoso que he realizado. Una vez me desprendí del odio y la rabia que había almacenado a lo largo de tantos años, me encontré con un espacio interior que me permitió ser totalmente receptivo ante una nueva forma de vivir y percibir el mundo. Esa nueva visión, carente de juicios y de odios, constituyó el detonante de mi vida.

Si usted desea seguir el camino de la conciencia superior, debe echar una ojeada a su propia disposición con respecto al perdón. La mayoría de nosotros no solemos destacar en este punto. Dependemos de nuestras críticas y somos objetos del odio. No tenemos inconveniente en acusar a los demás por todos los contratiempos y barreras que a lo mejor nos dispone la vida. El perdón, y ahora me estoy refiriendo al verdadero perdón total y completo, requiere un gran cambio por su parte. Y otra vez volvemos al tema de siempre, a la misma esencia del universo y de nuestra existencia, es decir, a nuestro pensamiento. No podemos olvidar y dejar de comprender el funcionamiento del universo y el modo en que formamos parte de él.

EL UNIVERSO NO PERDONA PORQUE NO ACUSA

La vida consiste en una serie de acontecimientos, que hemos creado y nos atraen. El universo también es una serie de acontecimientos, que se suceden a expensas de las opiniones que tengamos sobre ellos. Es así, y funciona a la perfección. Las estrellas se encuentran donde deben estar. Cada copo de nieve cae en el punto que se ha previsto. La temperatura que se registra en un día no es otra que la que debe ser; de hecho, cada uno de los números que aparecen en un barómetro constituye el juicio que usted puede emitir en determinados momentos. Las tormentas, las corrientes, las sequías, la situación de los ríos y las montañas, la órbita del planeta responden a un plan ya establecido. El universo se nos presenta con toda su perfección. No tiene nada que perdonar porque no tiene nada que juzgar ni a nadie a quien acusar.

Cuando comprendemos que somos nosotros los que creamos todo cuanto necesitamos para nuestra existencia, nos encontramos en posición de saber que todo el odio y la rabia que experimentamos hacia los demás es también producto de nuestra creación. Hemos llegado incluso a crear a personas con el propósito de acusarlas de nuestros tropiezos.

Nuestra necesidad de perdón es sin duda el resultado de una distorsionada percepción a gran escala. Creer que los demás no debían habernos tratado tal como lo hicieron no puede ser más absurda. El universo siempre funciona tal y como se espera que lo haga, y por lo tanto todas las cosas que lo forman, incluso las que consideramos erróneas, inadecuadas, crueles y dolorosas tienen que ser aceptadas. Nuestro deseo por mejorarlas también forma parte de ese universo perfecto. ¿Cómo ha podido ser que los demás nos hayan tratado del modo como lo hicieron? En lugar de sentirnos dolidos y enfadados por el trato recibido, necesitamos aprender a considerar los hechos desde otra perspectiva. Los demás hicieron lo que les correspondía, según los condicionamientos de sus vidas. El resto de las cosas que llevamos a cuestas nos pertenece por completo. Todo es nuestro. Si, por ejemplo, es odio y crítica, ésa es la carga que hemos decidido llevar y eso es lo que tendremos para ofrecer a los demás.

Al juzgar a todas las personas que supuestamente le han producido algún daño en su vida, les ha otorgado el pleno control de su vida. Aprender a perdonar supone aprender a corregir la errónea percepción que se ha creado en su pensamiento. Una vez aclare sus ideas, asumirá toda responsabilidad por sus actos, incluyendo la forma en que lo tratan y llegará a un punto en que dejará de practicar el perdón. Habrá corregido todos sus conceptos erróneos, eliminando así las causas de su insatisfacción, que es la que, tal como ya he afirmado, crea la necesidad de perdonar.

La comprensión de estas «distorsiones del pensamiento» le conducirá a la práctica del perdón y en último término a sentirse libre de la necesidad de perdonar.

LIBÉRESE DE ECHAR LAS CULPAS A LOS DEMÁS, EL SENTIMIENTO DE VENGANZA Y LA NECESIDAD DE LOS JUICIOS

Pienso que el lugar que ocupo ahora se lo debo al hecho de haberme desprendido de esas tres prácticas que tan destructivas pueden resultar. Cuando ya no me quedaba ni rastro de esas tres reacciones, el principio del perdón se unió a ellas y me sentí capacitado para vivir de una forma natural y sin trabas. Ahora que vivo sin ellas, el perdón ya no existe para mí, excepto en aquellos casos en que necesito compartirlo con los seres que sufren al dejarse llevar por sus propios pensamientos. Si no cambiamos de actitud, entonces no tenemos otra alternativa y debemos contar con el perdón. Al pasar los límites de este tipo de pensamiento, el perdón no tiene ya sentido.

La acusación

Si somos incapaces de perdonar a quienes creemos que nos han reportado algún mal, necesitamos examinar la decisión que hemos tomado al culparlos de cuanto nos ha ocurrido. Echar las culpas a los demás es algo muy frecuente en nuestra cultura y normalmente nos conduce a la pérdida del control de nuestras vidas. El gran número de pleitos en los que nuestra sociedad se ve involucrada demuestra la falta de disposición de las personas con respecto a asumir toda la responsabilidad que conlleva su vida. En vez de actuar en este sentido prefieren ir a los tribunales y demandar a quienes les rodean, sin tener en cuenta si ellos mismos han incurrido en negligencia o si están acusando a un inocente de sus propias faltas. Los anuncios en los que se ofrece todo tipo de ayuda legal proclaman lo siguiente: «Usted no tiene la culpa, a pesar de que las circunstancias digan lo contrario. Ahora es el momento de que les demande por los daños que le han ocasionado». Esto constituye sin duda una prueba evidente de esa actitud de acusar a los demás que tanto nos caracteriza. Cuanto más se empeñe en ejercitarla en su vida, mayores dificultades tendrá que superar para practicar el perdón.

Debe ser completamente honesto consigo mismo si en realidad desea librarse de toda necesidad de acusar. Para comenzar, debe asumir la responsabilidad por todo lo que es usted actualmente en su vida. Dígase por ejemplo: «Soy la suma total de mis decisiones». Su entorno cultural puede dificultarle este proceso de aceptación. Tal vez prefiera decir: «No pude evitarlo», o «Fue culpa de otro», o «Estaba en el lugar equivocado en un momento inapropiado», o «Mi desgracia se debe a mi entorno familiar», o cualquier otra excusa que se le ocurra.

Despréndase de todo eso y contemple su vida desde otra perspectiva. Lo que le ha sucedido no es más que una lección por la cual debe sentirse profundamente agradecido. Todas las personas que intervinieron en su vida fueron como profesores, a pesar de lo mucho que usted los haya odiado o criticado. La verdad es que las casualidades no existen. Todo funciona y ocurre tal como deber ser. Y no hay más que eso. Todas esas situaciones, incluyendo las de su niñez, contienen grandes lecciones de las cuales debe sacar el mayor provecho y sin duda ahora se encuentran bloqueadas por sentimientos de odio y acusación hacia los demás.

Valore hasta qué punto puede resistir el principio de tomar toda la responsabilidad por su vida y aceptar que las casualidades no existen en un universo perfecto. Déjese llevar por esta lógica. Tal vez alguien le haya dañado en el pasado. Se siente dolido y muy enfadado, y seguramente esa rabia inicial se ha convertido en odio. Ése es *su* odio, y le acompaña a todas partes. Usted lo posee. Es de su propiedad. Es usted y usted es él. El odio es pensamiento y nunca le abandona. Usted ha permitido que no sólo le hicieran daño una vez, sino que además le deja que continúe molestándolo mediante el control de su vida interior. El odio ha infectado su vida mientras la otra persona se halla en su propio camino haciendo lo que sabe hacer, a pesar de su desgracia. Lo absurdo de culpar a los demás estriba en el hecho de que significa concederles nuestro control a quienes nos rodean. Nos convertimos en prisioneros sin la esperanza de poder alcanzar un mejor despertar y felicidad para nuestras vidas.

Así es como funciona el culpar a los demás. Ahora podemos darnos cuenta de las consecuencias que pueden traernos y de lo fútil y destructiva que puede resultar dicha actividad. En tanto persistamos en culpar por cómo nos sentimos a los que nos rodean, tendremos que esperar hasta que ellos cambien para poder salirnos de ese estado de inmovilidad. El perdón es un arma eficaz para superar los efectos negativos de culpar a los demás. Si conseguimos el perdón para todo y todos cuantos nos rodean, ya no habrá necesidad de contar con él. Irónicamente, no tendremos ninguna necesidad de perdonar a nadie más, y aquí se encuentra la esencia de este capítulo.

El perdón implica modificar sus percepciones erróneas. Al perdonar a otra persona por algo que nos haya hecho, lo que estamos diciendo es: «Ya no tienes el poder de controlar lo que soy, lo que pienso y el modo de comportarme en el futuro. Ahora yo soy el único responsable de todo ello». Por consiguiente, ya no tendremos nada que perdonar puesto que nosotros seremos los creadores de nuestra propia realidad mediante la forma en que procesemos el comportamiento de los demás. Si elegimos la posibilidad de echar las culpas a todos cuantos nos rodean, nos dañaremos a nosotros mismos. Por otra parte, también podremos eliminar el odio que estamos generando y sentirnos como seres libres. Al modificar nuestra percepción de los dolores y sufrimientos que padecemos en la vida y darnos cuenta de que nosotros mismos hemos creado lo que necesitábamos para este sueño, incluyendo a los desalmados con los que nos hemos enfrentado, ya no necesitamos culpar a nadie de nada. Éste constituye un estado mucho más libre de lo que seguramente ha podido nunca imaginarse.

Para ser totalmente libre y no tener necesidad de acusar a nadie y a la vez poder tomar las riendas de su propia vida, se requiere mucha disciplina. Se trata de una disciplina basada en el amor por uno mismo y no en el desprecio por lo que somos. Al amarnos, impedimos que los demás puedan controlar nuestras emociones. El perdón es un medio para llegar a un fin. Al inclinarnos por esta opción se produce una reacción automática con respecto a quienes nos tratan con desprecio, y en consecuencia el perdón se hace innecesario. El perdón es un acto de amor por uno mismo, no un comportamiento altruista y santo. Nos permite el control de nuestra vida interior y de nuestros pensamientos. El hecho de saber que nada ocurre por azar, y que todo en la vida tiene un propósito, incluso las personas que parecen ocupar puestos tan diferentes de los nuestros y tan destructivos, nos lleva a aceptar esas «casualidades» y a esos «desalmados» como si se trataran de acontecimientos cargados de significado e importancia para nosotros. Puedo asegurarle que una vez ya no necesite sacar partido de las lecciones que esos hechos negativos le ofrecen, ya no tendrá que soportarlos nunca más. Si usted necesita practicar el perdón, entonces contará con las suficientes oportunidades para hacerlo. Si su reacción se basa en el odio, la rabia y el desafío hacia «esas personas», entonces ellas continuarán apareciendo en su vida. En mi caso, ya me he librado de todo eso. Busco la bondad en todas y cada una de las personas, y me responsabilizo de todo, sin excepción, lo que me ocurre a lo largo de mi camino. Por consiguiente, he llegado a ver lo que creo, en multitud de ocasiones. Usted también está viendo lo que cree, y si, por ejemplo, lo que constituye su ser es odio, eso es naturalmente en lo que cree, y por supuesto lo que finalmente ve.

La venganza

Vivimos en un mundo que aprueba el odio y la venganza. Es un mundo en el que las personas se encuentran normalmente enfrentadas entre sí. La lucha es nuestra arma en el desacuerdo. La guerra incumbe a países cuyos habitantes tampoco se hallan en paz consigo mismos. Piensan en las guerras como una solución a sus problemas humanos. Son «guerras» sobre la propiedad, las drogas, el analfabetismo y el hambre. Rezamos por aquellos que pueden otorgar el perdón, defendemos el amor y respetamos a los grandes maestros espirituales por sus enseñanzas, pero cuando se trata de poner en práctica el perdón, optamos por la venganza y la guerra. Las armas de fuego en Belén el mismo día de Navidad y también en Jerusalén el domingo de Pascua nos recuerdan con pesar que solemos hablar bastante del perdón sin prestar atención a quienes crucificamos en ese momento.

La venganza es la puesta en escena de los pensamientos que pretenden acusar a los demás de nuestros actos. Todo se encuentra en la mente y la venganza se expresa mediante la forma. La venganza inmoviliza a quienes la eligen como forma de vida y viola el sacramento más sagrado que reza: «No matarás». Sin embargo matamos, y lo hacemos a gran escala, construyendo armas tan potentes que pueden arrasar y destruir ciudades enteras en unos minutos. Aunque esto sea parte de la forma perfecta de funcionar las cosas, debemos pensar que también el deseo de ponerles fin se encuentra incluido en ese funcionamiento. Por tanto, mientras se intensifica y continúa la violencia debemos preguntarnos: ¿Cuál es la lección que todos, como seres que formamos el cuerpo denominado humanidad, debemos aprender de esta situación? Nuestra propia existencia y la de las futuras generaciones dependen de su respuesta.

Cada día nos llegan más noticias sobre personas heridas, asesinadas, violadas, mutiladas y atracadas, y sabemos que existe el deseo de venganza contra los agresores. Las familias de las víctimas están llenas de odio y sólo les motiva la venganza. El odio crece a medida que crecen las demandas de un castigo equivalente a lo que sus seres queridos han sufrido. Sin embargo, aunque la pena llegue a ejecutarse, las víctimas de esos actos continúan sintiendo dolor y odio. Han envenenado sus almas con una rabia endémica y no saben continuar su vida sin el dolor. Son víctimas no sólo del criminal sino también de la sed de venganza.

Recuerdo un caso que Earl Nightingale me contó en una ocasión. La importancia que se le concedía al perdón en esa historia me dejó profundamente impresionado. La hija de una mujer fue asesinada. La madre, que se dejó consumir por el deseo de venganza durante dieciocho años, no pudo satisfacerlo porque la pena de muerte había sido prohibida en el estado donde el asesino fue sentenciado. En todo ese tiempo la madre fue incapaz de vivir de manera satisfactoria. Acudió en busca de ayuda a muchos lugares. Finalmente sólo se libró de su infelicidad perdonando al asesino de su hija. Tras hacerlo, la mujer describió la experiencia como un acto de amor espiritual para sí misma, su hija y el asesino.

El mero hecho de culpar a los demás de la condición que tiene nuestra vida sólo conduce a la rabia. Hay muchas personas que responden al mundo con una actitud de rabia creyendo que es lo mejor que pueden hacer.

Hasta tal punto la cólera constituye uno de los múltiples sentimientos (pensamientos) con los que contamos los seres humanos. No sentirla sería tan raro como que las nubes desaparecieran del cielo. El problema aparece cuando dependemos de la ira porque así lo hemos querido o porque nos han inducido a ello, y no logramos desprendernos de la necesidad de culpar a los demás, de vengarnos o de emitir un juicio. Estoy en contra de quienes pegan a un niño pretendiendo enseñarle que eso es lo que él no debe hacer a sus semejantes, y tampoco creo que la *manifestación* de la ira sea en modo alguno una medida terapéutica.

Le recomiendo que sea amable consigo mismo y que se ame a pesar de la respuesta que le den los demás seres que también forman el universo. Intente no depender de ninguna creencia que le dicte que los demás no deberían ser como son, por lo contrario, comprenda que se hallan labrando su propio camino, y que la opinión de usted no cuenta en absoluto. Llénese de amor sobre todo en favor de quienes usted cree que más daño le han causado, que es precisamente lo que todos los guías espirituales han enseñado, y compruebe si todavía le invaden la ira y el deseo de venganza. Esto puede resultarle difícil si usted pretende que el mundo no sea tal como es. Si es capaz de aceptar incluso lo que le desagrada y de enviar amor a donde antes había dirigido su odio, ya no sentirá la necesidad de concebir más pensamientos que se alimenten de la cólera. No tendrá por qué «ponerse a la misma altura» que su oponente. Será más fuerte que el propio odio y logrará inmovilizarlo con sus pensamientos.

Cuando usted se enseñe a sí mismo a ser una serie de pensamientos armoniosos, la rabia ya no será una opción con la que contar. Una vez ponga punto final a esa necesidad de acusar a los demás y empiece a responsabilizarse de su mundo interior, la ira tambié.1 desaparecerá. Tampoco deseará tener el control de la vida de quienes, según usted, le han perjudicado. Mediante el perdón hallará paz y a partir de ese momento seguirá el camino hacia la iluminación. Si un número suficiente de individuos comprendieran el principio del perdón y lo aplicaran en sus vidas, seguramente algún día todos podríamos influir con esta medida y actitud al resto de la humanidad.

Los jóvenes de hoy en día están muriendo por una causa, la de vengar a sus antepasados. Luchan en Tierra Santa, donde Jesús predicó el principio del perdón. La guerra no se perpetúa. ¿Qué se demuestra con esto? ¿A qué conduce? ¿A la paz? No, eso nunca. Los vencidos responden con la venganza y el número de víctimas se incrementa. Usted puede contribuir al cambio, si aprende la lección que contiene el principio del perdón y sabe superar el odio y restaurar la paz. Perdonar no es un acto de débiles, sino todo lo contrario. Es un acto que demuestra una singular gallardía y un gran coraje.

La lucha debilita a todos y cada uno de los que forman parte de ella. Todo aquello con lo que usted se enfrenta acaba restándole fuerzas. San Pablo ya lo había dicho en Romanos 12-21: «No te dejes vencer por el mal, antes procura vencer al mal con el bien». Lo único que debe hacer es perdonar, y nunca dejarse llevar por modos de comportamiento que le conduzcan a su propio desprecio. Un viejo proverbio chino dice: «El que busque la venganza deberá cavar dos tumbas».

El juicio

Usted puede desprenderse del deseo de culpar a los demás y eliminarlo de su vida para siempre. Pero lo mejor que puede hacer con el juicio es reducir el número de los que emite. El juicio significa ver el mundo desde *su* punto de vista, y no tal como ya *es*. Es imposible eliminar todos los juicios porque cada pensamiento contiene alguno. Si le comento a usted que hace un día magnífico, estoy emitiendo un juicio. Si evaluamos a alguien o alguna acción, también estamos emitiendo juicios. Así pues, cabe concluir que la única forma de eliminar todos los juicios consistiría en dejar de pensar, lo cual es absurdo.

Pero lo que sí puede hacer es reducir el número de críticas negativas, lo cual constituye un tipo de perdón que sin duda alguna le ayudará a mejorar su calidad de vida de un modo considerable. Lo primero que debe recordar es que los juicios no pueden alterar nada ni a nadie que forme parte del universo. Por el mero hecho de que una persona le disguste, no conseguirá que ella cambie. Y una vez más me permito recordarle que cuando usted emite un juicio sobre alguien, lo que está haciendo es definirse *a sí mismo*. Sus críticas hablan de usted. Nos describen lo que le gusta y lo que *no*. No definen en absoluto a la persona objeto del juicio, porque esa persona ya viene definida por sus propios pensamientos y acciones. Una vez reconozca este hecho, entonces comenzará a sustituir su tendencia a juzgar por la aceptación, y esto es lo que se conoce como perdón en acción.

Al aceptar a los demás ya no necesita experimentar el dolor que conlleva enjuiciarlos. Cuando alguien se comporta de una manera que a usted le resulta desagradable, debe comprender que su dolor, ira, temor u otra fuerte reacción no es más que la consecuencia de lo que usted ha decidido con respecto a esa persona. Si se siente incapaz o no está dispuesto a percatarse de esa emoción, entonces toda la atención debe ser prestada a su propio ser. El comportamiento de esa persona ha colisionado con algo inacabado o irreconocido en su vida. El dolor ante el comportamiento de dicha persona se corresponde con su manera de evitar algo que existe en su interior. Esta distinción es muy significativa.

Sus pensamientos sobre el comportamiento de los demás le pertenecen. Y usted es quien lleva la carga de los resultados de esos pensamientos. Si usted es de los que no juzgan a los que les rodean sino que suele aceptarlos tales como son y se comportan a lo largo de su propio camino, eliminando así la necesidad de sentirse perturbado por alguno de ellos, entonces ha puesto en práctica el principio del perdón. El perdón, tal como antes he explicado, consiste en corregir nuestras concepciones erróneas.

En realidad no tiene nada que perdonar, a no ser a usted mismo por haber emitido un juicio o culpado a alguien.

Estos tres elementos, culpar a los demás, el deseo de venganza y la emisión de juicios constituyen hábitos muy asentados en el hombre. Se desarrollan en una cultura que se enorgullece al culpar a sus miembros de lo que sucede y demandar a muchos en nombre de la «justicia». Es el resultado de haber conservado en nuestra mente pensamientos de venganza desde que éramos niños justificándolos como algo «indicado», patriótico o sencillamente justo. Sin embargo, este comportamiento es totalmente perjudicial e irresponsable, por no decir que carece de iluminación. Y, naturalmente, resulta bastante estúpido.

Cuando se halle atrapado en este tipo de comportamiento recuerde que en último término usted es la víctima. Está permitiendo que los que le rodean controlen su vida, y a pesar de las muchas excusas que pueda encontrar, sigue siendo un esclavo de los caprichos de sus semejantes. O bien en palabras de Maslow: «No existe nada parecido a un esclavo bien adaptado». Dicho comportamiento también le impide el experimentar un nuevo despertar. Es imposible que pueda adquirir el sentido del propósito al que está destinado y que viva una vida en armonía y equilibrio si al mismo tiempo permite que otra persona dicte sus propios pensamientos y acciones. Nunca logrará dar con su objetivo, o vivir una existencia espiritual y basada en el amor, si persiste en culpar a los demás, juzgarlos y se motiva en la venganza. La iluminación requiere que usted se responsabilice totalmente de su vida. La responsabilidad significa *responder* con su *habilidad* o *capacidad*. Obviamente, esto resulta imposible si el odio, el deseo de culpar a los demás y las ganas de venganza le dominan.

Eche una ojeada a las vidas de las personas más admiradas históricamente. Son las que ardieron en deseos de venganza y provocaron las guerras, matando indiscriminadamente, destruyendo todo lo que se interponía en su camino, siempre en nombre de la culpa de los demás y la ira. ¿Cómo puede una persona contribuir de forma positiva y sintonizar con la fuerza del amor si sólo se preocupa de la venganza? De ninguna manera. Es imposible.

Escuche las palabras de aquellos a los que tanto admira, y en vez de catalogarse usted según la etiqueta de cristiano, judío, musulmán, budista, intente comprometerse para ser como Cristo, Dios, Buda o Mahoma. Nosotros y el resto de los seres que conforman el mundo viviremos mucho mejor si así ocurre y comenzamos a aplicar el principio del perdón a diario, en vez de que todo se quede en palabras, como ocurre en la iglesia, volvamos a nuestra vida diaria para construir más armas, demandar a nuestros vecinos y juzgar a quienes están lejos.

El perdón

Una de las portadas más memorables que recuerdo de una revista nacional apareció hace varios años. Era una fotografía del papa Juan Pablo II, sentado ante el hombre que había intentado asesinarle. Ese retrato del perdón hizo mella en mí. Las personas a las que consideramos santas, espirituales o modelos de decencia, son capaces de perdonar sin ninguna dificultad. No nublan su conciencia con pensamientos generados en la ira, el odio o la venganza hacia aquellos que han intentado dañarles. En lugar de eso nos facilitan un modelo del perdón con el fin de que podamos utilizarlo en nuestra vida diaria. Tal vez la figura de Cristo perdonando a quienes le están torturando y matando constituye el mejor legado del gran maestro: «Padre, perdónales porque no saben lo que hacen». Ésta es la esencia del cristianismo y sin embargo muy pocos son los que logran vivir según estas palabras.

Es importante que todos y cada uno de nosotros consideremos su significado: «No saben lo que hacen». Las personas que dañan a sus semejantes tampoco saben lo que hacen. Sacan a relucir su propio odio, su ira, o la venganza. Lo que dirigen hacia los demás no dice nada sobre éstos. Sin embargo sí que habla poderosamente de ellos. Piense que las personas que se han comportado con usted de un modo irritante en realidad no sabían lo que hacían. ¿Por qué?, debe de estar preguntándose ahora. Porque eran y son incapaces de ver que todos estamos conectados. Viven en la separación. Se consideran aislados. Son como la célula cancerosa en ese cuerpo que ha perdido toda referencia sobre el conjunto, el todo. Al estar compuestos de desequilibrio, actúan con respecto al resto de los seres humanos de la misma manera que la célula cancerosa destruye a su vecina, y acaba por matar a todo el cuerpo. Seguramente usted no echaría la culpa a una célula de este tipo por ser lo que es. ¿No es así? Seguramente esperaría el desenlace al que siempre conduce. Lo mismo ocurre con quienes se comportan de un modo que nos disgusta. No saben lo que hacen a los demás, porque han perdido todo sentido de referencia con respecto a ellos mismos, y envían todo su desequilibrio a los demás porque eso es lo único que tienen para dar. Odiarles por su actitud sería como odiar al musgo que crece en el árbol y afea su aspecto. El musgo sólo puede actuar como tal, y a pesar de la opinión que usted pueda sostener sobre él, continuará haciendo lo único que sabe hacer. Las víctimas también actúan según lo que saben, y el único modo de ayudarles a que no se comporten de esa forma, consiste en procurar que esa falta de armonía se convierta en aceptación y amor por uno mismo, puesto que así finalmente lograrán dar todo ello a los demás.

Con esto no quiero decir que las víctimas no tengan cierta razón al querer tomar represalias. Pero ahora le estoy hablando a usted y no al agresor.

Si usted tiene el convencimiento de estar separado y de ser distinto al resto de los seres humanos, la compasión por los demás es prácticamente imposible. Únicamente cuando usted se sabe conectado a sus semejantes, incluso a quienes se comportan de forma improcedente, puédese afirmar que tiene punto de referencia con respecto al ser llamado Ser Humano. A través de este nuevo conocimiento nos llega la capacidad del perdón, que es de lo que precisamente hablan los grandes maestros espirituales, considerándolo el principio básico de la vida. Saben que quienes envían su odio a sus semejantes sólo actúan desde el lugar que ocupan y contando únicamente con lo que han podido pensar hasta ese entonces. La persona iluminada está segura de su propia divinidad y no juzga negativamente las acciones de los demás. El perdón es sin duda el mayor logro del hombre, porque muestra que la iluminación ya ha entrado en acción. Demuestra que uno se encuentra en armonía con el universo, es decir, con la energía del amor. Es la capacidad de ofrecer y dar amor aun en las peores circunstancias.

Nuestros modelos a seguir nos recuerdan que las personas que eligen el camino del mal *no saben lo que hacen*. Porque no podemos dar aquello que no tenemos, y naturalmente sólo ofrecemos lo que poseemos. Si nos movemos por odio o por dolor, eso es lo único que tenemos. Es imposible que una persona plena de amor actúe movida por el odio. Por esta razón cabe afirmar que, una vez se encuentre totalmente despierto, su capacidad para otorgar el perdón se le transmitirá automáticamente. Mark Twain lo escribió en bellas palabras: «El perdón es la fragancia que desprende la violeta en el tacón que la ha aplastado». Sin lugar a dudas se trata de una gran imagen, que merece la pena no olvidar mientras transcurre su viaje por el principio universal del perdón.

MI PROPIO VIAJE AL PERDÓN

Cuando en 1979 estuve delante de la tumba de mi padre, no era consciente de los cambios y desafíos que me aguardaban, pero sí sabía que estaba participando en un drama muy intenso. Cuando le hablaba a mi padre, con lágrimas en mis ojos, noté que algo estaba cambiando para mí, y cuando me marché a Misisipí, supe que me había convertido en otro hombre. Sabía que de algún modo había llegado hasta allí. El perdón, es decir, la corrección de mis conceptos erróneos respecto al porqué había estado llevando esa carga durante tantos años, me libró de hacer todas las cosas que supuestamente me tocaba realizar. Creé una vida llena de emociones, de abundancia en todo el sentido de la palabra y de amor sobre lo que antes desconocía.

Me dispuse a escribir, a hablar en público, a grabar cintas y a darme a conocer a través de los medios de comunicación. Aparecía regularmente en la televisión nacional y hablaba delante de numerosas audiencias, ganando a la vez mucho más dinero del que nunca hubiera imaginado. Y llegó un día en el que recibí algo por correo que iba a poner a prueba mi recién estrenado éxtasis. Era una carta certificada que me notificaba que me habían demandado. Aunque yo sabía que ello no significaba nada, por unos momentos me quedé asombrado. Jamás en mi vida nadie me había amenazado con nada parecido, y por otra parte pensaba que no conocía a ningún abogado.

Tras gastarme miles de dólares y pasar dos años enzarzado en batallas de carácter legal, llegué a la conclusión de que había vuelto a las andadas, a mis viejas ideas y deseo de venganza. La rabia que sentía me estaba destrozando. No comía lo suficiente. Perdí mucho peso. Me encontraba fatal y la ira seguía apoderándose de mí. Me sentía como una víctima. Me hacía constantemente la misma pregunta: «¿Por qué me está sucediendo todo esto? ¿Por qué no desaparece de mi vista?».

Una tarde, tras haber contado en una charla la historia del perdón que concedí a mi padre, se me encendió una pequeña luz en la cabeza. Comprendí que la clave se hallaba en el perdón y no en el odio o la rabia. En ese momento ya no me preocupaba la demanda en lo más mínimo. Esa noche dormí mejor que nunca. Pensé en las personas que me habían demandado y les envié a todas el perdón. A la mañana siguiente completé mi acto de perdón. Me negué a seguir participando en ese absurdo proceso. Pensé en todos los problemas que ello me acarrearía y en las personas a las que afectaría. Abrí las puertas de mi corazón de par en par y detuve todos esos pensamientos negativos que fluían por mi cerebro. Esa misma mañana les envié un ramo de flores y una serie de libros para que los leyeran. Notifiqué a mi abogado que iba a hacerme cargo de todos los costes judiciales y honorarios en los que hubiera incurrido hasta el momento y le pedí que se mantuviera al margen y no prosiguiera con el caso. Mis pensamientos, que en un principio habían sido de rabia, se vieron invadidos por el amor. Sabía que yo solo podía enfrentarme a cualquier imprevisto y que las cosas me irían muy bien.

Tres días después recibí una nota del abogado de la parte demandante en la que me comunicaba que habían dejado el caso y se disculpaban por todos los problemas que me habían causado. Habían firmado su renuncia. ¡Todo había acabado!

Tras haber gastado miles de dólares y haber vivido una pesadilla durante dos años, aprendió del todo la lección del perdón que ya había comenzado a comprender en Biloxi hacía mucho tiempo. Me sentí obligado a recrear una existencia desgraciada para comprender todo el contenido del mensaje, y todo lo que gasté y lo que pasé, ahora sé que fue por una poderosa razón. Enseñarme la lección del amor sobre el odio y asegurarse de que no la iba a olvidar. La única respuesta al odio es el amor; todo lo demás sólo le perjudicará. No me lamento por nada de lo que me ocurrió. En el momento en que pasé de la rabia al perdón todo llegó a su fin. Fui libre en tan sólo un instante, y el resto sencillamente tuvo lugar en la forma.

Tras ese encontronazo con la justicia me juré a mí mismo que iba a poner en práctica el perdón. Me puse en contacto con todas las personas de mi vida por las cuales había sentido cierta hostilidad o molestia. Decidí eliminar las viejas asperezas mediante el perdón. Quería estar bien seguro de que si moría en ese preciso momento no iba a quedar ninguna persona en el planeta que me guardara rencor sin que yo hubiera intentado hacer las paces, a pesar de saber que «yo no era el culpable de ello». (¿Acaso no somos todos así?) Había unas cuantas personas a las que les había prestado algún dinero y no pensaban devolvérmelo. No hablaba con ellos desde hacía varios años y esas deudas pendientes habían estropeado nuestra relación. A todas ellas les envié ejemplares de mis libros autografiados, algunas cintas que había preparado y una nota en la que les deseaba la mejor de las suertes, les ofrecía todo mi amor y la esperanza de que estuvieran en perfecta salud. En ningún momento mencioné la deuda. Había decidido que no pasaba nada si no me pagaban. Y no sólo les perdonaba, sino que también les enviaba todo mi amor.

Me he comprometido a perdonar por pequeño que sea al motivo. Sólo me llevó unas horas zanjar ese caso. No me quedaba ningún enemigo. No podía dirigir mi odio a nadie del planeta. No podía echar las culpas de lo sucedido años atrás a ningún miembro de mi familia. Ni a algunos de mis colegas o jefes con los que había estado en desacuerdo. Me había subido al tren del perdón y el trayecto era maravilloso. Todo me salía a la perfección.

Mi relación con aquellas personas era prístina, y no solamente me encontré enviando amor sino que también lo recibí. Logré cobrar algunas de mis deudas, y aunque otras nunca fueron saldadas, no importa. Quiero a todas esas personas de igual modo, y ahora en el momento de escribir este libro no se me ocurre pensar en ninguna persona a la que guarde rencor.

Por otro lado, ahora sé que no tengo a nadie por perdonar y que nunca lo hice. Lo que sucedió es que corregí mi errónea concepción de suponer que los demás eran los causantes de mi insatisfacción. Paradójicamente, a través del acto del perdón, he llegado a un punto en el que el perdón me resulta totalmente innecesario. He aprendido a aceptar a mis semejantes tales y como son, y nunca he pretendido amar algo que en realidad no amo.

Ahora también soy consciente de que ya no necesito de esas reacciones emocionales e inmovilizadoras que solían acompañarme en mis encuentros con aquellas personas que me desagradaban. En consecuencia, la aceptación me ha permitido verles según lo que en realidad son y el lugar que ocupan, y no olvidarme de que lo mismo sucede en mi propio caso. Toda reacción hostil o negativa, como resultado de los demás, me permite ahora ver el lugar en el que estoy o dejo de estar y ya no requiere mi perdón. He llegado a un punto en el que ya no necesito perdonar, a través del perdón, y valga la redundancia. Otra paradoja, de las tantas que he ido apuntando a lo largo de este libro.

EL PERDÓN EN ACCIÓN

Me resulta obvio, y supongo que a usted también, que nos resistamos al perdón y prefiramos culpar a los demás. Buscamos venganza por todas partes puesto que vivimos en un mundo que la practica en todos sus rincones. Descubrimos que el perdón es un principio positivo cuando leemos las Sagradas Escrituras, y sin embargo nos cuesta muchísimo vivir según el mismo porque supone debilitar la necesidad de medirse con el otro y así obtener un buen resultado en el marcador. Tampoco sabemos darnos cuenta de que la persona que lleva una carga de rabia u odio no se siente capacitada para perdonar. La primera frase que sale de nuestros labios al enterarnos de que se ha cometido un acto violento absolutamente reprobable, suele ser: «Espero que maten al bastardo que lo ha hecho». Cuando alguien nos molesta o ataca, normalmente pensamos: «Ahora me toca a mí», o «Le daré su merecido».

Poner el acto del perdón en acción le llevará a aceptar en su vida los otros seis principios universales. La parte del perdón aparecerá automáticamente al cruzar el umbral, es decir, al aceptar su transformación personal y honrar a la inteligencia que se halla detrás de su forma y del resto de formas. Cuando usted utiliza el poder del pensamiento para estar en armonía en vez de enfrentarse al flujo de energía que constituye el universo; cuando deja de esculpir su propio mundo y vive en unidad con todos los seres humanos, sabiendo que todos nos hallamos conectados por esa inteligencia divina, incluso con quienes no actúan o piensan como desearíamos; cuando usted comprende que todo en lo que piensa acaba por expandirse y se concentra en lo que ama y en lo que le induce a mostrar agradecimiento; cuando usted se libra de todas las ataduras y comienza a vivir plenamente; cuando es consciente de la sincronía que une a todas las cosas, y del perfecto funcionamiento de esta única canción.

Al empezar a vivir de esta manera, a pensar en este sentido y a permitir que sus semejantes también lo hagan, el perdón surge automáticamente. En su interior no tendrán cabida el desequilibrio ni el odio. El perdón aparecerá de un modo tan natural y automático como una pirueta de Nureyev tras horas y horas de práctica, o como un ejercicio de Isaiah Thomas. Nadie puede explicar cómo producen milagros estos dos genios. Lo hacen guiados por la intuición y tras innumerables horas de práctica. El perdón es equivalente a su trabajo. Tras haber practicado la lección de la conciencia superior se dará cuenta de que el perdón es el principio universal de más fácil aplicación en su vida diaria. Sucederá automáticamente. Si en estos momentos no se produce este hecho tal como he descrito, entonces le corresponde practicar en otros aspectos de su vida.

No lamente sentirse todavía incapaz de otorgar el perdón. Lo que debe hacer es vivir según los principios de la conciencia superior y antes de que transcurra demasiado tiempo se dará cuenta de su existencia, sin que ello le represente ningún esfuerzo. Cuando observe a los demás practicando actos que son producto de la ira, el odio y la venganza, no los tenga en consideración, perdóneles y ayúdeles a cambiar lo que han escogido, puesto que en nada les beneficia a ellos ni al resto de personas. Comenzará a dedicarse a ayudar a quienes le rodean, eliminando sus pensamientos vengativos y rencorosos, y entonces usted se percatará de que eso es lo que le ha sucedido en su propio caso. Sería algo parecido a un vuelo con el piloto automático conectado, reaccionando con sus pensamientos de la misma manera que lo haría si estuviera automatizado, sin ser consciente de que está pensando, puesto que además ya lo ha hecho muchas veces. Pero hasta que no llegue el momento en que ese acto del perdón tome forma, puede acelerar el proceso siguiendo lo que a continuación le presento.

DAR ES LA LLAVE DEL PERDÓN

Ésta constituye una de las mayores lecciones que he aprendido a lo largo de mi vida. Si es capaz de comprenderla sin cinismo alguno, entonces se dará cuenta de que el perdón constituye una forma de vida para usted. Dar es la respuesta a la pregunta: ¿Por qué estoy aquí? Porque no puede poseerlo todo y todas sus ataduras le mantienen apartado de la abundancia, entonces sólo le queda darse a usted mismo y ofrecer todas las cosas que se encuentran en su vida. A la mayoría de nosotros nos gusta acumular objetos. Y nos olvidamos de que también necesitamos ponerlos en circulación. El deseo de poseer nos conduce a veces a relaciones fundadas en el enfado, incluso con desconocidos, puesto que nos ponemos en guardia en cuanto imaginamos que algo que nos pertenece corre peligro de desaparecer de nuestras manos.

No olvide que es imposible crear o generar odio o amargura en los demás si su objetivo primordial es ser una persona generosa que se da abiertamente. El perdón aparecerá automáticamente cuando se desprenda de la necesidad de conseguir algo y se concentre en su deseo de abrirse a los demás. La ironía se halla en que cuanto menos se obsesiona con lo que puede obtener, más dispuesto está a dar y más parece lograr.

Recuerde que todo en lo que piensa se expande. Así pues, si desea conseguir tanto como pueda y vencer a su vecino en esa pugna, se encontrará constantemente pensando en ello, se preocupará y probablemente se decepcionará. Sus pensamientos se centran en la falta de honestidad de su vecino y la insensibilidad del mundo al que pertenece. Y eso es lo que precisamente logrará expandir en su vida, porque justamente en eso piensa. Por consiguiente, sentirá un mayor temor a perderlo, de que sufra algún engaño, y lo asegurará para estar prevenido, y pagará abogados para que le protejan, en una palabra, se irá rodeando de adversarios. Se pondrá en una situación contraria respecto a quienes conozca. Y seguramente eso continuará en expansión.

Ahora dispóngase a echar una ojeada al otro punto de vista sobre su vida. Sus pensamientos (usted) han cambiado de perspectiva. Usted no está pensando en sus propias cuotas, sus adquisiciones, su situación financiera. Está dando todo lo que tiene en su interior. Es decir, la armonía y la aceptación. Puesto que no espera obtener nada de nadie, no tiene nada que temer. Supongamos que alguien entra en su vida con el propósito de engañarle, y esa persona se da cuenta de que es usted un ser al que le preocupa y lo tiene en consideración. La probabilidad de que el engaño se produzca se verá reducida hasta llegar a cero. La búsqueda de la armonía y la cooperación y la entrega a los demás normalmente conduce a obtener un mismo tratamiento. No atraerá enemigo alguno porque no está ocupando una posición de enfrentamiento con nadie, a pesar de lo que los demás hagan. Dar es la clave para crear relaciones en las que el perdón no tenga cabida. ¡Y esto es lo que realmente funciona! No se separe de mí hasta que me haya explicado del todo y contenga ese escepticismo que puede estar invadiéndolo en estos momentos.

Por supuesto, sé que algunas personas no actúan con

honestidad en este mundo. Sé que los delitos se cometen a diario. Conozco el deseo de muchas personas en favor de un mayor número de cárceles y de «poner a esas personas a la sombra» para siempre. Pero eso no funciona. Hemos llegado a doblar y cuatriplicar el número de prisiones en la última década y la población carcelaria todavía resulta excesiva. La solución la hallaremos descubriendo por qué hay tantas personas que desean robar a los demás, y corrigiendo el modo que tienen de entender el mundo. Al elevar nuestras conciencias damos un paso importante en este viaje. He descubierto que la forma más rápida de desarmar a alguien que se centra única y exclusivamente en lo que pueda sacarme consiste en conocerle y hacerle saber que mi forma de vida dista bastante de la suya.

Hace poco tiempo compré un coche y tras efectuar el pago me di cuenta de que habían añadido unos doscientos dólares de más en el precio de compra. No me percaté de este detalle hasta que regresé a casa y comprobé los documentos. Para mí fue una magnífica oportunidad para practicar aquello sobre lo que había escrito en ese libro. Hace algunos años probablemente me hubiera enfadado y enfrentado con el vendedor. Esta vez, sin embargo, no sucedió así. Sencillamente opté por llamarle y le expuse mi opinión sobre lo ocurrido, y le dije que creía que no había actuado con total honestidad. También llegué a hablar con el propietario de la tienda y de nuevo le manifesté mi punto de vista sobre la cuestión sin que un ápice de rabia u odio asomara por mi parte. El hombre se disculpó y me dijo que sentía mucho no poder devolverme el dinero puesto que ya habíamos firmado los papeles de la compra y después de todo un «trato era un trato». Le contesté que no me merecía ningún respeto el comercio que practicaba y me marché. No necesitaba perdonarle puesto que la rabia no me había invadido en ningún momento. Me prometí a mí mismo que la próxima vez, antes de firmar cualquier contrato, lo examinaría con mayor detenimiento. Y así acabó la historia, hasta que diez días más tarde me llegó la siguiente carta:

Querido Wayne:
Tras la conversación que mantuvimos telefónicamente he decidido devolverle los 200 dólares que me reclamaba. Creo que todo esto no ha sido más que un malentendido y no intento llevarle a engaño. Sin embargo, nos importa la respuesta positiva de nuestros clientes y espero que esta devolución lo ponga de manifiesto.
Si puedo servirle en algún otro sentido, le ruego que se ponga en contacto conmigo.
Muchas gracias.

Doné el dinero que me enviaron para la causa de poner fin al hambre en el mundo, y cinco días después recibí un cheque por valor de unos 1.000 dólares en concepto de derechos de autor sobre algo que había escrito hacía quince años. Di unos seiscientos dólares a unos parientes y seis días más tarde, recibí otro cheque por valor de unos 6.300 dólares procedente de México, por algo que había realizado hacía muchos años. En mi caso no tengo más alternativa que creer de nuevo en que «lo que el agua trae, el agua lleva».

Usted es consciente de que una serie de principios que ya funcionan en su interior le mantienen vivo y en perfecto funcionamiento, como por ejemplo la salivación, la digestión, la excreción y demás. También debería saber que los principios de la abundancia, la sincronía, la independencia y la unidad funcionan en el universo. Todo lo que tiene que hacer es sintonizar con ellos y dejar que funcionen en su interior al igual que lo hacen los que mantienen su perfección física. Si se halla en armonía consigo mismo, deseará compartir esa satisfacción con los demás y ello se convertirá en el eje central de su vida. Puesto que usted es energía y todo lo que compone el universo también lo es, lo único que debe hacer es asegurarse de que dicha energía no deja de circular. No debe haber barreras, sólo el flujo libre de la energía. Cuando la envíe hacia el exterior, regresará a su persona. Recuerde que debe dar por el mero hecho de dar, sin esperar nada a cambio y permitir que el flujo energético funcione sin impedimento alguno, para que muy pronto comience a aplicarse en su vida.

Si tiene dudas sobre este principio, seguramente no le funcionará. Su propia duda es el bloqueo al que antes me he referido. Todas las personas que conozco que se han sometido a esta prueba al final se dan cuenta de que este principio funciona a la perfección en sus vidas. En mi caso, sencillamente sé que es cierto. Y por este motivo raramente me encuentro con personas que desean aprovecharse de mí y engañarme. Cuando sucede, actúo motivado por el amor y no por el odio, dándome cuenta de que ellos no pueden experimentarlo porque sólo se empeñan en conseguir y no ofrecen nada a cambio. La calidad de sus vidas se ve afectada por sus pensamientos respecto a la escasez y a la obtención de objetos materiales, creyendo por otro lado que nunca llegarán a tener lo suficiente. Yo creo que siempre contaré con lo necesario, a pesar de las circunstancias en las que me vea involucrado. En consecuencia puedo dar, y sé que todo vuelve hacia mí en una u otra forma, casi mágica. Todo lo mantengo en circulación, puesto que no deseo depender de ningún objeto. Lo que ocurre es que a mí sencillamente nadie me roba nada.

Me di cuenta de este hecho cuando empecé a regalar ejemplares de *Los regalos de Eykis*. Cuantos más daba, mejor me sentía y mayor abundancia llenaba mi vida. Me percaté de que dar y recibir eran exactamente lo mismo. No existía ninguna diferencia entre ambas acciones. Todos los regalos que ofrecí me aportaron algo a cambio. Y modifiqué mi comportamiento a medida que fui aplicando este principio.

Convertirme en un filántropo no formó parte de ninguna elección consciente. Todavía me resulta difícil responder a quienes desean saber qué es lo que pueden dar. Todo lo que yo hice fue responder automáticamente a todas las modificaciones de mi mente. El acto de dar a los demás fue muy enriquecedor para mi vida. Una noche, mientras estaba meditando, vi que sólo somos lo que damos, y que el amor es la cosa más importante que puede darse, en toda circunstancia.

Todavía, sin embargo, tengo grandes dificultades en detener mi ira cuando observo la falta de humanidad en un hombre con respecto a otro. La fotografía de un periódico que muestra a un hombre joven y colérico que ha asesinado a dos personas inocentes me resulta una prueba difícil de superar. A veces echo una ojeada a esa foto y me pregunto: «¿A este ser también sería capaz de darle amor?». Intento imaginarme a esa persona como si se tratara de un bebé, para ver así su inocencia y el hecho de que, a pesar de todo, él también merece amor. Cuesta mucho alcanzar este punto sobre todo si usted u otro ser al que amaba ha sido víctima de una agresión. Recordemos que todo juicio que emitamos sobre su persona no la define, puesto que ella ya viene definida por sus propios pensamientos y acciones. Joel Goldsmith escribió en *Paréntesis en la eternidad*:

> Amar a nuestros vecinos como a nosotros mismos es conceder a nuestro vecino el mismo reconocimiento de santo que nos damos a nosotros mismos, a pesar de las apariencias circunstanciales. Ese vecino puede ser la mujer que ha cometido adulterio o el ladrón en la cruz, pero nosotros no tenemos nada que ver con todo esto. Lo nuestro debe consistir en amar a nuestros semejantes conociendo su propia naturaleza, al igual que nosotros somos amados cuando la nuestra también es conocida, a pesar de lo que las apariencias temporales puedan representar.

Podemos comenzar ofreciendo amor y comprensión a esa parte de nosotros mismos que lucha entre el dolor, la pena y la rabia. Podemos ocupar ese lugar en bien de nosotros mismos; somos capaces de formar parte de esa energía universal, esa conciencia superior, esa santidad que existe en todos y cada uno de nosotros, y de dar incluso a quienes nos dañan, porque eso es lo que guardamos en nuestro interior. Existe en todos nosotros. Es el amor y puede aparecer si así lo deseamos.

Dar tanto como uno pueda sin esperar nada a cambio supone un gran paso en la consecución de la abundancia en nuestra vida y la superación de la necesidad de perdonar. Paradójicamente, al no esperarlo recibirá más y más cada vez.

PERDONARSE A SÍ MISMO: ¿Y POR QUÉ NO?

Al vivir según los principios tratados a lo largo de este libro, se percatará de que cada vez se vuelve más amable con usted mismo. Este acto constituye el perdón de su propia persona, y demuestra que usted experimenta una vida tras un despertar. En mi despacho tengo un cojín en el que se lee: «Tengo permiso». Lo hizo mi cuñada hace muchos años. Me sirve de recordatorio de que puedo vivir mi vida a mi antojo, cometer errores y demás. Muchos se pasan la vida creyendo que no tienen permiso para ejecutar ciertas acciones. Los adultos acostumbrados a los juicios de valor están convencidos de que existen reglas que les dictan lo que deben decir o dejar de decir, que les ordenan que no lleguen tarde, que no beban o fumen, que odien a sus enemigos, que nunca se masturben, que rechacen todas las religiones a excepción de la suya propia, que se separen de aquellos que son diferentes de uno mismo, que nunca se divorcien, etc. Seguramente llegado a un determinado punto de su vida usted ha adoptado todas estas prescripciones y las ha convertido en norma de conducta. Sin embargo también se ha percatado de que es imposible vivir de acuerdo con las mismas todo el tiempo. Por consiguiente puede llegar a sentirse culpable por el inclumplimiento de alguna de ellas.

Este sentimiento de culpabilidad le impide vivir el

nuevo despertar y entonces el único modo de escapar consiste en perdonarse a sí mismo por lo que ha hecho. Una vez se da cuenta de lo absurdo que puede resultar la necesidad de perdonar, no tiene nada de que perdonarse, y sin embargo, si no lo hace permanece en el fango de su propia culpa. Cuantas más lecciones sobre la conciencia superior aprenda y más experimente su vida bajo esta perspectiva, menos tendencia tendrá de pensar en la necesidad de perdonarse a sí mismo.

Examine cualquiera de las creencias que usted alimenta y compruebe qué servicio le prestan con respecto a llevar una vida plena de armonía y propósitos. Si usted se comporta de una manera que viola una de esas reglas irrevocables que antes he mencionado, piense que no ha hecho nada malo. Sencillamente ha hecho algo. Y ahora ya está. Si en cambio le remuerde la conciencia y se siente culpable, tal vez piense que su juicio sobre esa acción pueda prevenirle de tropezar de nuevo con esa misma piedra. ¿No es así? Probablemente no. En consecuencia, lo que debe hacer es sacar el máximo partido de ese acto y decidir si según *su* escala de valores desea repetirlo o si por el contrario desea ignorarlo y pasar a otra cosa. Requiere mucho esfuerzo llegar a saber si uno se encuentra operando o no según los controles de los demás. El esfuerzo vale la pena, si usted no asume responsabilidad alguna por su propia mente. Tiene permiso, tal como suena. No necesita que nadie le perdone, a no ser que sea por usted mismo, e incluso esa acción resulta totalmente innecesaria si llega a aceptarse a sí mismo sin traba alguna. Se percatará en el mismo momento en que verdaderamente llegue a dominar el arte del perdón. Cuando ya no emita juicios de valor sobre los demás, se habrá perdonado a sí mismo y se hallará camino de la iluminación.

Al liberarse de esos juicios también se desprende de los que le afectan a usted en particular. Recuerde que la necesidad de colocar a sus semejantes en diferentes categorías le define. Al dejar de actuar así, se perdona a sí mismo por lo que ve en ellos. Cuanto más tranquilo se encuentre con respecto al comportamiento de los demás, a pesar de que seguramente usted nunca llegaría a actuar como ellos, una mayor calma también reinará en su vida. Cuanto más se empeñe en reaccionar con respuestas violentas ante la conducta de sus semejantes, más le costará obtener el perdón de sí mismo.

Dígase: «Tengo permiso». No porque yo se lo diga, o porque sus padres ya no se ocupan de usted o porque alguien le haya concedido autorización, sino porque sencillamente usted se halla en ese lugar y en ese momento a través de un acto de amor. No culpe a nadie, no envíe odio, no se castigue por las cosas que usted considera erróneas. Debe comprender que usted nunca fracasa, que sólo produce resultados y que tiene el derecho de aprender y crecer a partir de lo que usted genera. La palabra «fracaso» es un juicio y si lo que hace usted es aplicar esta palabra a su vida, entonces se está juzgando en vez de aceptarse. La aceptación de uno mismo se convertirá en amor por su propia persona, y cuando usted se llene de amor por quien usted es, entonces eso tendrá para ofrecer a los demás.

Por consiguiente, la disposición para perdonarse a sí mismo constituye un paso necesario para encontrarse en armonía con todos los principios universales. Le permite ser tal y como guste. Le concede el derecho a la propia determinación. Todo lo que haya realizado, délo por hecho, a pesar de la opinión que pueda sostener al respecto. El pasado ya lo hemos superado, y todo lo que ejecutó le ha llevado al punto en que hoy se encuentra. Todo tenía que suceder tal como ocurrió, sin excepción, para que usted se halle ahora aquí, leyendo este libro en este lugar. Necesitaba actuar tal y como lo hizo, y ahora todo lo que debe hacer para aprender la lección del perdón es permitir que el pensamiento tenga vía libre por usted y en un acto de amor concederse el perdón. Reciba con brazos abiertos esa lección y esté en armonía con respecto a sí mismo y a todas y cada una de las personas con las que se relaciona. Cuanto más tranquilo se encuentre con esta idea y más dispuesto esté a ser amable consigo mismo, aunque cometa algún tropiezo, más se dará cuenta de que el perdón es su forma de vida, lo cual significa que le resultará más fácil aceptarse a sí mismo y que logrará desprenderse de la necesidad de perdonar.

Se percatará de que son muchos los que violan los valores y creencias que usted defiende. Niéguese a juzgarlos por ello. Intente por el contrario ayudarles cuando se lo pidan, y sea consciente de que desde esa posición tiene el privilegio de no dejarse afectar por su conducta. Cuanto más consciente sea de que está pensando y actuando en armonía con todo lo que el universo es, menos deseos albergará de emitir juicios sobre los demás. Y también dejará de juzgarse a sí mismo, lo cual representa un aspecto glorioso en este proceso. Se está dando a sí mismo el trato que desea, en calidad del ser divino que usted es. Tiene la inteligencia que da soporte a toda forma que pasa por usted en cada momento. Es lo suficientemente importante para saberlo, y lo suficientemente divino para darlo.

LA RENDICIÓN: EL ÚLTIMO ACTO

Me acerco al final de este libro, que con tanto amor he escrito, y terminaré haciendo mención del concepto que denomino rendición. Esta idea no implica que usted conceda el control de su vida a otra persona, organización o conjunto de ideas. Al referirme a rendición aludo al hecho de confiar en las fuerzas y principios que siempre funcionan en este universo perfecto, al igual que usted día tras día se rinde ante los principios que le convierten en una unidad de trabajo basada en el amor, sin llegar a poner en duda, luchar, demandar o incluso preguntarse si son plenamente comprendidos por su ser. Y del mismo modo puede rendirse ante los grandes principios que gobiernan el universo y todos los seres vivos que contiene.

El acto del perdón resulta más fácil si se produce la rendición por su parte. Cuando sabe que todos nos hallamos en nuestros propios caminos, realizando justamente lo que sabemos hacer en ese determinado momento, según las condiciones que nos marca nuestra vida, entonces puede descargar y librarse de toda la malicia que alberga con respecto a los demás por actuar según su propio destino. También es consciente de que de alguna manera el comportamiento de cierta persona seguramente le ha influido en algún sentido y por alguna razón. En la rendición usted nota que le aguarda una poderosa lección en el comportamiento de esa persona, aunque él o ella le haya causado un profundo dolor o le haya perjudicado en gran medida. El perdón aparece cuando se produce la rendición ante la perfección del conjunto. La rendición sustituye al deseo de cuestionarse por qué algunas cosas son tan dolorosas y difíciles de comprender.

La rendición subyace al perdón y puede cargar con toda la responsabilidad de este capítulo o bien con la de todo el libro. La acción en torno a la rendición encierra la noción de confianza. Al rendirse, confía en la perfección y la belleza del conjunto, y a la vez demuestra que conoce la paradoja que forma nuestro conocimiento, es decir, que el sufrimiento también va incluido en la perfección, al igual que nuestro propio deseo de ponerle fin.

La muerte no es un castigo, sino una transición. La única cosa que muere es la forma, mientras que el pensamiento continúa existiendo como energía eternamente. Usted es ese pensamiento, y nunca puede morir. Ríndase sin condiciones y deje de luchar contra todo. Si mantiene plena confianza en lo que he explicado, alcanzará un alto nivel de paz y tranquilidad, y llegará a preguntarse por qué no había optado por ello antes.

Una forma de aproximarse a la rendición consiste en comprometerse en perdonar a todas aquellas personas con las que en algún momento ha mantenido un conflicto. Envíeles a todas y cada una de ellas una nota deseándoles lo mejor, y cuando esté a punto de caer en la tentación de volver a sentir amargura o angustia por lo ocurrido, no olvide que la herida de esa relación ya ha sanado gracias al bálsamo del perdón. Es como si supiera que mañana va a morir, y creyera que no puede dejar a los suyos sin eliminar antes las rencillas que a veces han existido. Imagínese que el cielo requiriera la presencia del amor en todas las personas, sin excepción alguna, y que usted tuviera la capacidad de lograrlo. En muchos sentidos, tanto la tierra como el cielo requieren la presencia del amor, sin condiciones, libre de toda demanda, que permita a los seres que amamos ser lo que deseen sin depender de nuestro gusto o amor por ellos. Estoy hablando de un tipo de rendición que equivale a la confianza en el perfecto funcionamiento de todo según el orden establecido en el universo, incluyendo a su propia persona.

Cuando empecé a preparar este libro, también pasé por una rendición. Acepté todos los principios sobre los que iba a escribir como algo verdadero y omnipresente en el universo. Confié plenamente en ellos, tal como lo hago ahora mismo. Cuando me dispuse a redactar me concedí la libertad de dejarme llevar por el proyecto sin permitir que ninguna tensión, preocupación o temor me impidiera llevar a cabo la nueva empresa en la que me había enfrascado. Me rendí sabiendo que este libro iba a ser escrito y que no tenía nada contra lo que luchar o por lo que sufrir en la elaboración de mi trabajo. Solía sentarme y apuntar a modo de esquema todas las ideas que me daban vueltas por la cabeza como resultado de mi propia experiencia vital, mis investigaciones, mis lecturas y mis conocimientos de los grandes maestros espirituales.

Todo lo que necesitaba se me aparecía en el momento más indicado. Por ejemplo, mientras me hallaba redactando un determinado capítulo recibía por correo una serie de cintas procedentes de personas que me habían oído en alguna conferencia, las cuales me recomendaban escucharlas porque sin duda me ayudarían mucho en ciertos puntos. Y siempre fue así. En otras ocasiones alguna persona me enviaba un libro indicándome que debía leerlo, sin más. Y sin duda alguna ése era el libro que precisamente necesitaba ese día. Muchas veces, cuando intentaba encontrar alguna cita en concreto, echaba una ojeada a la ingente cantidad de libros y folletos que cubrían mi mesa, y mis manos seleccionaban el volumen preciso. Cuando me sentaba delante de la máquina de escribir, abría el libro por una página determinada y allí estaba aguardándome lo que buscaba. La cita justa. Era perfecto. Era precisamente lo que necesitaba para embellecer mis comentarios. Nunca antes me había sucedido nada parecido: me encontraba con la perfección sin esfuerzo alguno por mi parte y durante un período de tiempo muy extenso. Estaba sumido en la rendición y eso es lo que me ha permitido fluir de mi interior hacia usted. No se ha producido ninguna ansiedad, ni preocupación ni lucha de ninguna clase. Sólo he sido consciente de que todo funcionaba a la perfección.

No estoy abogando en favor de la ausencia de la planificación o del cuidado en la preparación. De hecho, se encontrará planificando y cuidando más que nunca la elaboración de su trabajo. Lo que estoy describiendo en estas páginas es el proceso hacia la comprensión de que todo va a salir bien puesto que usted se halla en perfecta armonía con el conjunto. Sólo tiene amor y serenidad para ofrecer a sus semejantes. Le recomiendo muy encarecidamente que en el proceso de su trabajo tenga la firme convicción de que todo va a suceder tal y como debe ser.

De esto es de lo que trata precisamente la rendición. El conocimiento interior. La satisfacción interior que le inunda al confiar en el universo con el deseo de estar en armonía consigo mismo. El saber que la abundancia es un derecho que adquiere al nacer, que fluye por usted libremente cuando ya no le perturba la idea de desafiar a algo o a alguien. Es como si pudiera contar con un ángel de la guarda o un fiel y apasionado observador de su conciencia que fuera como un compañero con el que mantuviera conversaciones en silencio. Usted es en realidad una conciencia que siempre es perfecta detrás de la forma en la que el esfuerzo o el sufrimiento no tienen cabida. Ésa es la dimensión trascendente del pensamiento.

Un poeta noruego de exquisita sensibilidad, Rolf Jacobsen, escribió un hermoso poema titulado *Ángel de la guarda*, el cual merece ser leído con tranquilidad y amor:

Soy el ave que golpea tu ventana por la mañana
y tu compañero, al que no puedes conocer,
las flores que iluminan al ciego.

Soy la cresta de un glaciar que se asoma por los bosques
[deslumbrante
y las voces de latón de las torres de la catedral,
el pensamiento que de repente se te presenta al mediodía
y te llena de una felicidad singular.

Soy el que has amado hace mucho tiempo.
Te acompañé en tu camino de día y te miro atentamente
y pongo mi boca en tu corazón,
pero tú no lo sabes.

Soy tu tercer brazo y tu segunda
sombra, la blanca,
para quien no es tu corazón
y jamás puede olvidarte.

Todos nosotros nos hallamos conectados a esa parte invisible de nuestro propio ser. La vida es mucho más que la experiencia de su forma en los días que le han concedido, para que luego simplemente desaparezcan en el abismo de la nada infinita. Nuestros pensamientos constituyen una parte mágica de nuestro propio ser y pueden conducirnos a lugares en los que las fronteras y los límites no existen. En ese mundo del pensamiento carente de dimensión todo es posible.

Esta nueva vida tras el despertar, sólo le pide que se deje inundar por esa energía vital que pone en funcionamiento la dinámica de la misma, y que celebre no sólo la existencia de su parte invisible sino también la de la visible. Permita que estas ideas penetren en usted y simplemente vea hasta dónde le llevan. Cuando lo haga:

Recuerde que no tiene que esforzarse...
No tiene que luchar...
No tiene que vencer...
Sólo tiene que Saber.

NAMASTE*

Yo celebro ese lugar en usted
donde todos somos uno.

Está muy bien que copie lo que ve, pero es mejor dibujar lo que ve en su mente... Así su memoria y su imaginación estarán libres de la tiranía impuesta por la naturaleza.

EDGAR DEGAS

* Expresión hindú que sirve para dar la bienvenida o para despedirse, con las palmas de las manos unidas y dispuestas verticalmente ante el pecho. (N. de la T.)

La fuerza de creer de Wayne W. Dyer
se terminó de imprimir en junio de 2017
en los talleres de
Impresora Tauro S.A. de C.V.
Av. Plutarco Elías Calles 396, col. Los Reyes,
Ciudad de México